本书受四川省卓越教师教育培养计划改革试点项目
"基于'U G-S'合作平台的县域小学全科型卓越教师改
革项目"资助（川教函［2016］681号）

U0498171

小学生异常心理与行为问题

Xiaoxuesheng Yichang Xinli yu Xingwei Wenti

王金霞　王吉春　编著

西南财经大学出版社
Southwestern University of Finance & Economics Press

中国·成都

图书在版编目(CIP)数据

小学生异常心理与行为问题 / 王金霞,王吉春编著 . —成都:西南财经大学
出版社,2018. 12
ISBN 978-7-5504-3243-7

Ⅰ.①小…　Ⅱ.①王…②王…　Ⅲ.①小学生—心理—健康—健康教育
Ⅳ.①G444

中国版本图书馆 CIP 数据核字(2017)第 250327 号

小学生异常心理与行为问题

王金霞　王吉春　编著

责任编辑:廖术涵
封面设计:杨红鹰　张姗姗
责任印制:朱曼丽

出版发行	西南财经大学出版社(四川省成都市光华村街 55 号)
网　　址	http://www.bookcj.com
电子邮件	bookcj@ foxmail.com
邮政编码	610074
电　　话	028-87353785　87352368
照　　排	四川胜翔数码印务设计有限公司
印　　刷	四川五洲彩印有限责任公司
成品尺寸	170mm×240mm
印　　张	13
字　　数	243 千字
版　　次	2018 年 12 月第 1 版
印　　次	2018 年 12 月第 1 次印刷
书　　号	ISBN 978-7-5504-3243-7
定　　价	68.00 元

前　言

　　小学生的心理问题可分为三大类型，即发展性问题、适应性问题和障碍性问题。发展性问题往往会随着年龄的增长而自行消失，适应性问题通过教师和家长的引导以及儿童自身心理调节能力的恢复也能得到解决，然而，障碍性问题通常却给小学生的学习与生活造成了严重困扰，需要结合医学、心理学和教育学等学科的相关知识才能解决。目前，系统论述小学阶段儿童异常心理问题的著作可谓凤毛麟角，我们希望该著作的出版能够使家长、教师、学校心理辅导工作者了解小学阶段儿童可能会面临的心理障碍，并知晓解决这些问题的工作思路与方法。

　　本书在写作的过程中注重学术性和实用性，对小学阶段儿童各类常见异常心理从概念界定、临床表现、诊断标准、病理学分析及心理矫正与治疗等方面展开讲述，各章以案例导读的方式引发学习者的学习兴趣，用阅读链接等栏目丰富相关章节的内容以增添趣味性与可读性，并通过案例帮助读者深入理解所学内容，提高分析问题与解决问题的能力。

　　本书面向的读者是小学阶段儿童的家长、教师、心理学专业的本科生及儿童心理辅导与矫治工作者，主要围绕小学生学习问题及障碍、情绪问题及障碍、社交问题及障碍、对立违抗及品行障碍、发展性障碍和与身体健康有关的障碍等较常见问题与障碍构建内容体系，但因作者学识水平有限，难以涵盖该领域所有问题及障碍，不足之处恳请谅解。另外，因时间仓促，本书内容难免有纰漏之处，欢迎批评指正。

最后，感谢西南财经大学出版社的支持；感谢家人给予的支持和鼓励。

王金霞　王吉春

目　录

第一章 小学生异常心理与行为问题概述

◆ 小学生异常心理概述
◆ 小学生行为问题概述

第一节 小学生异常心理概述

案例导读：

小俞，男，10岁，小学五年级学生，父母离异，和妈妈一起生活。开学一个星期时，小俞还能正常完成各科作业，但是一周后经常不做作业，被妈妈、老师批评后，就把自己反锁在家里，不上学、不说话、砸东西，逃避他人。

经了解，小俞的爸爸是个简单粗暴的人，爸爸和妈妈都是再婚，但小俞的爸爸仍不珍惜这段婚姻。小俞在年幼的时候就经常被爸爸打骂，但是，当爸爸心情好的时候，又会满足儿子一切合理与不合理的要求，这就造成了他既胆小怕事又固执任性的性格特点。两年前，父母离了婚，小俞因此受到很大打击，加上妈妈常常在小俞面前哭诉自己的不幸，使得这个小孩的情感更加脆弱，心理压力更大，觉得自己在同学面前抬不起头来，干脆就把自己反锁在家里，不去上学，采取有意回避的态度，压抑自己。

一、什么是小学生异常心理

小学生异常心理是小学阶段儿童在成长过程中出现的心理及行为障碍，是在特定情境和特定时段出现的由不良刺激引起的心理异常现象，属于正常心理活动中暂时性的局部异常状态。① 小学生在遭遇父母离异、亲人亡故、人际关系冲突、转学、自然灾害等事件时，会表现出沮丧、退缩、自暴自弃、焦虑、恐惧甚至愤怒、冲动及报复等行为，如果这一系列情绪及行为未得到及时、恰当的疏导和调适，就有可能导致精神疾病的产生。

二、小学生异常心理的类型

小学生常见的心理障碍包括注意缺陷/多动障碍、品行障碍、焦虑障碍、恐惧症、强迫症、创伤后应激障碍、抑郁症、精神发育迟滞、孤独症、沟通障碍与学习障碍等。

（一）注意缺陷/多动障碍

注意缺陷/多动障碍是小学生中常见的一种以注意力不集中、活动过度和行为冲动为主要特征的综合性心理障碍。其明显特征有活动过度、注意力难以集中、情绪不稳定、冲动任性、学习困难、适应不良等。

（二）品行障碍

品行障碍即儿童的品行问题和反社会行为，是指与儿童年龄特征不相符的、不恰当的、违背家庭愿望和社会规范的、侵犯他人的人身权和财产权的行为和态度。② 品行障碍主要包括违法行为和攻击行为。违法行为指纵火、偷窃、酗酒、吸毒以及破坏公共财物的犯罪行为；攻击行为包括打架、破坏、挑衅、威胁他人以及在学校捣乱等。③

（三）焦虑障碍

焦虑障碍是指持续的精神紧张或发作性的惊恐状态，这些症状并非由实际威胁所引起，其紧张及惊恐程度与现实事件不相符。小学生常见的焦虑障碍主要有：

（1）广泛性焦虑障碍

患有广泛性焦虑障碍的儿童，几乎每天都会对很多事件和活动产生过度的、不可控制的焦虑，即使在没有任何诱因的情况下，他们也会担忧，这种担忧可能是间断的，也可能是连续的。由于他们自身不能缓解焦虑，时间久了就会出现肌肉紧张、头疼或恶心、睡眠不安等症状。

---

① 埃里克·J.马什，戴维·A.沃尔夫.异常儿童心理 [M].徐浙宁，苏雪云，译.上海：上海人民出版社，2009：11-15.

② 赵淑文.小学生心理发展与心理健康 [M].北京：首都师范大学出版社，2005.

③ 艾里克·J.马施，大卫·A.沃尔夫.儿童异常心理学 [M].孟光璋，等译.广州：暨南大学出版社，2004.

（2）分离性焦虑障碍

分离性焦虑障碍是指小学生在与父母分离或离家时表现出来的不适当的、过度的和影响行为能力的焦虑。患有分离性焦虑障碍的小学生常常会对新的环境产生恐惧感，并伴有躯体不适症状。为了避免分离，他们时常会烦躁不安、哭泣、叫喊，甚至威胁父母。他们会出现包括疼痛、心率加快、眩晕、头痛、胃痛、恶心等躯体不适的症状。

（四）恐惧症

恐惧症是以恐惧症状为主要临床表现的一种神经症。患者会对某些特定的对象或处境产生强烈和不必要的恐惧情绪，而且伴有明显的焦虑及自主神经症状，并主动采取回避的方式来解除这种不安。患者明知恐惧情绪不合理、不必要，但却无法控制，以致影响其正常活动。恐惧的对象可以是单一的或多种的，如动物、广场、闭室、登高或社交活动等。儿童常见的恐惧症有以下几种：

（1）学校恐惧症

学校恐惧症是小学生对学校这一特定环境异常恐惧、强烈拒绝上学的一种情绪障碍，是儿童恐惧症的一种特殊类型，是一种典型的心理适应不良综合征。

（2）特异性恐惧症

患有特异性恐惧症的小学生会对一些危险较小甚至没有危险的物体或情境表现出极度的、影响其行为能力的恐惧，他们会想方设法地回避这些物体或情境。

（3）社交性恐惧症

社交性恐惧症是指明显并持续地对社会交往活动或一些需要自我表现的场合表现出过度的恐惧。

案例阅读专栏：费利西娅的多重问题

费利西娅因忧郁、拒绝上学、社交退缩、睡眠紊乱等问题而被带来咨询。大约一年前，她的父母开始注意到她的问题，那时正好是她的母亲因肺炎住院的时候。她的社会性行为也日益变糟。她希望每时每刻都能与母亲亲近，经常要母亲陪她做功课或者做家务。她变得特别安静，看上去总是很伤心或者不快乐，而且非常逃避参与社交活动。不久后，她变得寝食难安。成绩也从大多数的 B 掉到了 C，最后变为 D。她说，没有人喜欢她，自己一无是处，而且觉得生活毫无希望。费利西娅在胎儿期和出生后的最初阶段都没有什么复杂的情况发生，总的来说是愉快的。但后来，她的发展就相对比较慢了，在很多发展任务上需要特别的帮助，而且她非常沉默、不喜欢与人交流，出现过口吃问题。她的父母说，因为女儿发展缓慢，所以他们总是把她看作"小婴儿"。在老师眼里，她基本上被认为是发育不成熟的。费利西娅不善交流，很少与人视线接触，说话声音几乎让人听不见，非常少言且很少主动开口，说不出自己有什么好的地方。

（五）强迫症

强迫症是指没有客观必要性而又不断重复某些观念、意向或行为的症状。有强迫症的儿童在主观上会感到有一种不能克制和不可抗拒的观念、意向或行为，个人也意识到这是不合理的、不必要的或毫无意义的，但却无法控制和摆脱，并因此感到十分苦恼。

（六）创伤后应激障碍

创伤后应激障碍（PTSD）是指个体经历、目睹一个或多个涉及他人死亡的实际情形，或个人受到死亡威胁、严重受伤，或躯体完整性受到损伤后出现并持续存在的精神障碍。①

（七）抑郁症

抑郁是一种广泛的不愉快的情绪，有时被称为"心理感冒"。每个儿童偶然都会感觉到哀愁、忧郁、不高兴或心情沮丧，但这些感觉很快就会消失，他们又会恢复正常的活动。患抑郁症的儿童的主要表现为：否定性的自我评价；逃避社会交往；自我封闭；认为学习和生活没有乐趣，没有希望，没有意义；经常无缘无故地感到身体疲倦、不适，并经常出现睡眠障碍；还会出现焦虑、恐惧等症状；等等。

（八）精神发育迟滞

精神发育迟滞是指先天或围生期或在生长发育成熟以前（18岁以前），由于各种致病因素如遗传、感染、中毒、头部外伤、内分泌异常或缺氧等，造成大脑发育受阻或不全，使其智能发育停留在一定的阶段，且随着年龄的增长，其智能明显低于同龄正常儿童的现象。②

（九）孤独症

儿童精神病学家里欧·坎纳最早提出了孤独症。他认为孤独症的核心特征是无法通过普通的方式与人和情境互动，极度的封闭孤独，在任何情况下都会

---

① JOHN BRIERE, CATHERINE SCOTT. 心理创伤的治疗指南 ［M］. 徐凯文，等译. 北京：中国轻工业出版社，2009.

② 王建平，梁耀坚，汤宜朗. 变态心理学 ［M］. 北京：高等教育出版社，2005.

忽视、排除任何外界事物。

（十）沟通障碍与学习障碍

沟通障碍是指口语发声方面的困难或言语不流利（口吃），不能使用口头语言沟通（语言表达障碍）或理解他人言语有困难（"表达-接受"混合型语言障碍）。

学习障碍（Learning Disability，简称LD）是指智力正常的儿童，在获得或运用听、说、读、写、推理和计算能力的一个或多个方面未能达到与其年龄相应的能力水平，出现明显困难，并因此导致学习落后、学习成绩不理想的状态。

三、小学生异常心理的评估

评估小学生的心理是否异常需要遵循一定的原则，在具体评估过程中可根据实际情况选用合适的评估模式和方法，科学地、客观地鉴别出需要进行心理干预与治疗的学生。

（一）评估原则

美国心理学家 M. 拉特（M. Rutter）和 N. 加米泽（N. Garmezy）在其《发展心理病理学》一书中提出了发展心理病理学的一般原则，即儿童的情感和行为机能必须在发展的背景下去理解，同时也必须在发展的框架内去评价。① 儿童心理评估中与发展有关的原则主要涉及发展常模、发展过程、发展的稳定性等。

1. 发展常模

在发展的背景下理解儿童的异常心理和行为，首先要考虑发展常模，儿童的许多行为是随年龄变化的，某一年龄段很普遍的行为在其他年龄段可能被界定为异常反应。如对黑暗产生恐惧的情况在学前和低年级学龄儿童中相当普遍，但随着儿童年龄增长，这种情况会逐渐减少。

儿童的心理特点及行为方式具有鲜明的年龄特征，因而在选择评估工具时应考虑评估工具是否提供了适当的、特定的年龄常模，正确利用发展常模所提供的信息对评估结果做出合理的解释在儿童异常心理评估中是非常重要的。

2. 发展过程

为了正确解释评估的结果，评估者还必须了解发展过程。发展过程应包括

---

① 埃里克·J.马什，戴维·A.沃尔夫.异常儿童心理［M］.徐浙宁，苏雪云，译.上海：上海人民出版社，2009.

两个方面：一是儿童的一般发展过程，二是每个评估对象独特的个人发展史。

一般发展过程指各年龄阶段的发展共性。每个年龄阶段都有特定的发展任务或发展需要，儿童需要发展一些相互联系的机能如认知、情感、言语等，每个年龄阶段的独特发展需要促成了与年龄相关的发展变化，仅把儿童的行为与年龄常模比较，并不能解释为什么一些行为在某些年龄段有明显的增多，也不能确定它们究竟是正常发展过程的变形还是与正常发展有质的偏离的病理发展过程。①

此外，评估者还需要评估个人的成长史。儿童的个人成长史应包括个人在不同发展阶段如胎儿期、新生儿期、学龄期等阶段的一般发展状况，既往病史和家庭史。了解个体独特的发展过程将有助于探明儿童异常心理形成的机制和原因。

3. 发展的稳定性

稳定性指的是行为跨时间、跨情境的一致性。从发展的观点正确看待儿童青少年心理特质和行为的稳定性是非常重要的。

稳定性在心理评估中一直存有争议。例如，有人对人格概念提出质疑，认为人格是指行为跨时间、跨情境的一致性特征，但实际上许多行为却并不具有这种一致性；儿童与成人相比就显得不稳定，许多行为测验也证明了这一点。儿童期身心飞速发展的特点决定了儿童行为的稳定性低于成人。考虑到发展的稳定性和变异性，因此对儿童异常心理的评估必须基于多种背景、多种信息源，这样才能做出综合的、客观的评价。

4. 共生现象

除了在异常心理评估中要考虑发展因素外，儿童异常心理的共生现象也是值得注意的。共生现象是指同一个体的适应问题或心理障碍总是与两个或更多的问题相继或同时出现，很少是孤立的单一问题。观察发现，许多出现异常心理的儿童也伴随着情绪、学习及社交等问题。这种共生现象的高比例决定了心理评估必须是综合性的，评估不仅应跨越不同的背景，也应跨越不同的心理机能；不仅要评价学生、家长和教师所报告的问题，也应该评价在适应过程中那些潜在的共生问题。

（二）评估模式

异常心理评估即按照一套特殊的规则，将不同的心理现象放入不同的类别，一是确定什么样的心理功能是变态的、偏常的或需要治疗的，二是区别心

---

① 戴晓阳. 常用心理评估量表手册［M］. 北京：人民军医出版社，2015.

理功能的类型和不同的维度。学校心理学中的心理评估长期以来遵循的是医学诊断模式，由于强调心理健康服务，心理疾病一直是评估的重点，这里的评估含有诊断的意义，通常要确定心理疾病的性质、程度以及起因，以此为心理咨询和治疗服务。

心理现象的复杂性和心理学发展水平的局限性决定了心理功能分类系统的复杂性。随意给被评价者尤其是给儿童贴标签，将会带来很大的危险。由于这一问题的污染效应，许多专家强调心理评估的个别化。他们认为每个人都是独特的个体，心理功能的评价也应保持这种独特性，对每个学生的评价都应具有特异性，不必与其他个体去比较或归入某一类别。其实，心理评价的一般性和特异性是一个事物的两个方面，都是应当考虑的。心理正常或偏常、智商高或低总是相对而言的，但每个个体的表现形式、不同问题的独特组合、不同心理功能的内部差异以及问题的成因却又是特殊的。因此，对学生的心理评价必须慎之又慎。

临床心理学的分类模式至今仍影响着学校心理学中的心理评估，这些模式有医学模式、多元模式和整合模式。

1. 医学模式

医学模式主要是以临床经验为基础，它认为只要存在一种心理或精神疾病，就会有表明这种疾病存在的症状，诊断系统定义了哪些特征是诊断的指标。医学模式的主要特点是：第一，由于强调了心理障碍的核心症状，因而不同的诊断系统会因定义心理障碍的理论的不同而有很大的差别；第二，由于强调了病理学的内容，诊断系统在病与非病之间做了明确的划分，基本的假设就是有障碍与无障碍的个体间有质的区别。

2. 多元模式

多元模式又称心理测量方法。这种模式通常采用多元统计技术来分离有内部联系的行为模式，行为的症状则用行为间或行为与协变量间的统计关系来进行定义。如果行为间相关性较强，那么这些行为就构成了一个症候群，一旦行为症状通过统计分析被分离出来，儿童在行为各维度的机能水平就可确定了。行为症状是沿着正常到偏常的连续体被概化的，一般是将儿童与代表性常模样本相比较，如果在某些维度上远低于常模团体的平均水平，即被认为是异常的。

3. 整合模式

医学模式过分强调了正常与非正常间质的区别，而多元模式则过分依赖统计分析，又缺乏明确的理论支持。儿童青少年的某些心理现象可能是分布在一个正常的连续体上，而另一些可能适合于做质的区分。如果能够将两种方法结合起来，将有助于提高心理评估的水平。现在，心理评估更多强调的是用定性与定量相结合的综合评估模式来评估儿童的心理特性与机能。

（三）评估方法

评估方法主要有以下几种：

1. 主观经验判定法

主观经验判定法就是根据自己的主观感受来判断儿童的心理与行为是否异常。这有两种情况：一是小学儿童根据自身经验和主观感受来判断自己是否存在某种心理不适，如是否因为上学而恐惧、是否对考试过度焦虑等，进而主动采取相应的行动；二是教师、监护人（主要是家长）或者相关工作者从经验出发进行判断。

主观经验判定法在生活中常常为小学教师所使用。他们往往从自身知识经验出发，从学业成就、课堂表现、人际交往等方面对小学儿童的心理发展状况进行判别。但是，主观经验判定法具有明显的随意性，受外界的影响和干扰比较大。不同教师的知识层次、生活阅历不同，对儿童心理与行为敏感性的把握也存在差异，因而对儿童心理与行为问题的判断可能会存在分歧。同时，小学教师往往倾向于认为文静、内向、顺从的儿童具有正常的心理与行为，而调皮、活泼的儿童往往容易被判断为存在多动行为等问题。

2. 社会规范判定法

社会规范判定法就是以人的行为的社会意义及个人的适应程度为出发点，以社会规范来衡量、判断某种行为是否异常。一般来说，人的行为总是与环境协调一致的，如果个体的行为特征总是与环境或社会规范要求不一致，就很容易被判断为存在某种心理与行为问题。

3. 统计学方法

统计学方法主要建立在正态分布的基础上。有关正态分布的假设是这样的：人群中大多数人都处在一般的水平上，非常优秀和非常糟糕的人都是比较少的。这样，就构成了一条中间高、两端低的分布曲线。因此，统计学方法确定的心理健康都是相对的，其程度根据个体与全体的平均偏离程度而确定。例如，通过正态分布曲线我们可以知道，学业成绩多次低于全班平均分数两个标准差以上的小学生可以界定为学习困难者。

4. 临床诊断法

临床诊断法是指工作人员采用测量、观察、谈话等专业手段来判断个体是否具有异常心理的一类方法。比如，对于强迫型人格障碍，其诊断要领是患者在相对较长的时间内，其行为特征符合《中国精神疾病分类方案与诊断标准》（CCMD-2-R）中关于强迫型人格障碍描述中七条中的任意三条，方能进一步判定。[①]

临床诊断法的科学性较强，是相对客观、准确的一类方法，其要求也最高。只有建立在对症状关键点有充分把握的基础上，才可以进行判断。

上述这些方法各有所长，也各有缺点，目前还没有一个完善的方法可以简单、客观、有效地对小学儿童的心理与行为问题进行鉴定。要区别其心理正常或异常，需要配合使用多种方法，不能单凭一个标准下结论。

第二节　小学生行为问题概述

案例导读：

康康，10岁，小学四年级学生。康康自入校以来经常无缘无故打同学、揪女同学的辫子、上课扰乱课堂秩序，这些行为引起了班上同学的反感和部分家长的不满。除此之外，康康的学习成绩也很差，经常不按时完成作业，老师也不喜欢康康。在家里，康康不听父母的话，经常发脾气，动辄摔东西。爸爸工作忙，对康康的管教简单粗暴，孩子一不听话，爸爸不是打就是骂；康康的妈妈则溺爱孩子，康康喜欢看有打斗场面的电视节目，还时不时地拳打脚踢加以模仿，而妈妈从不干涉和制止，还经常顺着康康。

一、小学生行为问题的界定

"心理行为问题"是一个含义相当宽泛的概念，泛指个体一切不适应行为与心理状态，即对自己、他人或环境中事物不利的心理与行为，在一定情况下不被视为期望的、有价值的行为。与此相关的概念有问题行为、偏差行为、功能失调行为、心理异常、心理困扰、心理障碍、心理疾病等。

界定小学儿童行为问题时要注意以下三个方面：一是年龄特征。儿童的发展是阶段性与连续性的统一，对儿童行为问题的评定不能脱离年龄特征。二是标准的确定。对于儿童表现出的相同行为，不同的观察者会有自己的主观判断。例如，安静内向的母亲会认为喜好安静的女儿是乖巧的，而外向、好交际

[①]　戴晓阳. 常用心理评估量表手册［M］. 北京：人民军医出版社，2015.

的父亲可能认为女儿是社会退缩的表现。所以，对儿童行为问题的判断必须有相对客观的判断标准。三是持续时间。儿童的不良行为必须有一定的、稳定的持续时间。例如，多动症的诊断前提是出现多动行为持续六个月以上，如果儿童只是偶尔出现上课多动的行为，则并不能认为他患有多动症。①

二、小学生行为问题的分类

（一）外攻性问题与内攻性问题

外攻性问题指违规犯过行为、敌意抗拒行为，包括打架、骂人、偷窃、逃学、离家出走、撒谎、挑衅、反抗、不合作、欺负弱小、毁坏公物等。内攻性问题指自卑、自贬、自残、畏缩、悲观、孤僻、消极顺从等行为。外攻性问题与对待他人有关，是"缺少控制"的结果；内攻性问题与对待自我有关，是"过度控制"的结果。

（二）行为问题、性格问题与未成熟问题

行为问题指的是那些敌对性、攻击性、破坏性、不服从行为，有时包括犯罪行为，相当于前述的外攻性行为。性格问题指各种焦虑征候、退缩行为，相当于前述的内攻性问题。未成熟问题是指不安静、无耐心、注意力不集中、被动、易受暗示等。②

除此之外，小学生行为问题还包括咬手指、咬指甲、肌肉抽搐、口吃、偏食、尿床、吸烟、做异性打扮等偏畸习惯。

三、鉴别小学生行为问题的基本方法

鉴别小学生行为问题的基本方法有观察法、行为评定法、社会计量法、会谈法、自我报告法。

（一）观察法

观察法是通过有计划地、系统地直接观察学生个体的行为表现，并对所观察的行为适时加以记录和解释，以了解学生心理与行为问题的方法。由于外向性行为问题与偏畸行为习惯（如骂人、偷窃、毁坏公物、咬指甲等）通常有比较明显的客观观察指标，故观察法是鉴别外向性行为的适宜方法。此外，观察法也适用于了解个体、行为与环境的互动关系，对于制订有效的矫正计划有辅助作用。

---

① 余晓敏. 小学生行为问题及影响因素研究［D］. 武汉：华中科技大学，2010.
② 林格伦. 课堂教育心理学［M］. 昆明：云南人民出版社，1998.

（二）行为评定法

行为评定法是由父母或教师对学生过去一段时间内的有关行为进行评定，以确定某些行为是否存在以及出现的频率、程度，可以使用 5 级或 7 级标尺做出评定。行为评定一般是一种回溯式的评估方法，使用这一方法时应注意避免因观察者个人偏见、过度类化倾向、趋中倾向及光环效应所带来的偏差。

（三）社会计量法

社会计量法用来评估学生被接受的程度、在团体中的角色地位和团体互动状况，通常用同伴提名法、配对比较法、列队法、猜人法进行评定。同伴提名法是让班级学生列出最具有某种指定特征的几个学生的名字，如"写出 3 个情绪最消极（或经常打架）的学生的名字"。配对比较法是将学生姓名两两配对，要求教师指出每对学生中哪一个更具有某种指定的行为或特征（如攻击性）。列队法是请教师或其他对学生熟悉的人，把具有指定的行为或特征的一些学生依照表现程度从最低到最高排列起来。猜人法要求学生按照所描述的一些人格特质，猜出班级中最符合这些人格特质的人。使用这些方法的目的在于筛选，即初步确定谁是有行为问题的学生，而不是对这些学生做进一步的评估。

（四）会谈法

会谈法是了解学生心理行为问题最重要的方法，尤其适用于评估那些缺少明显客观观察指标的内攻性问题。教师通过会谈既可以了解学生的心理与行为问题，也可以对学生的认知、情感、意向施加影响。除了与学生会谈外，与父母或教师的会谈对于客观地评估学生的心理行为问题也很有帮助。会谈法的优点是：可以当面澄清问题，以提高评估的准确性；通过会谈中双方的互动和学生的非言语行为可以了解一些重要的附加信息；通过会谈可以获得当事人与周围重要关系人的资料，了解当事人的认知风格以及对有关事物的主观体验和态度。这些都有助于建立有效的调适方案。会谈法的不足是：在会谈中，一些学生对自己说谎、偷窃等外攻性行为的掩饰态度会增加评估的难度，遗忘、夸大、欺骗等现象也会使会谈资料的真实性打折扣。

为了增强评估性会谈的效果，除了要多采用半结构性的会谈方式、与谈话对象建立良好的人际关系、了解有关事实和当事人对有关事实的看法外，还要学会运用一些专门的技术，如倾听、鼓励、询问、反应、澄清等。

（五）自我报告法

自我报告法是评估内向性问题的常用方法，包括标准化的评估工具与非标准化的技术。前者指各种自陈量表，后者指自传、日记、自我描述性的短文等。

四、小学生行为问题的影响因素

小学儿童成长过程中出现的异常心理与行为问题是心理因素、生理因素和社会因素等多种因素相互作用的结果。

（一）儿童自身因素

儿童自身因素主要包括儿童的健康状况、生长发育状况和心理特征等。儿童的健康状况和生长发育状况会影响儿童行为问题的发生。研究发现，遗传、脑损伤、怀孕期及围生期受损、新生儿缺氧、婴幼儿期中枢神经系统感染、中毒外伤、重度营养不良以及体弱多病、过度肥胖、躯体残疾、智力低下等都会使儿童行为问题的发生率明显增高。①

儿童早期的气质特性也会对其以后的行为产生一定的影响，早期自我控制力缺乏如情绪不稳定、多动、注意持续时间短与后来产生攻击性行为之间有关联。研究发现，难养型气质类型的儿童在学校出现适应不良、活动较多、情绪消极等行为问题的概率高于一般儿童。②

（二）家庭因素

儿童所处的家庭环境，包括家庭经济状况、家庭教养方式、亲子关系、父母的婚姻质量和父母心理状况等都会对儿童行为问题的发生产生影响。

（三）学校心理环境

儿童所感受到的学校心理环境主要体现在对上学的喜欢程度上，尤其是在学业的胜任度、师生关系和同学关系的和谐度方面。学习成绩不佳的儿童对同伴的接纳程度更差，不良的同伴关系会进一步促使儿童行为问题的发生。社会技能较差、个性发展不良和学业不良的儿童相对正常儿童而言，更难以建立和维持良好的同伴关系和师生关系。③

五、小学生行为问题的干预

正如前面所述，小学儿童行为问题的发生是多种因素综合起作用的结果，因此，干预策略需要学校、社区、家庭和儿童共同协作进行。

第一，以儿童自身特殊性问题为主导进行的干预，例如为有攻击性行为倾向的儿童制定个性化干预策略。

---

① 任传波，李晓非，姜季妍. 大连 1 200 名儿童行为问题的调查研究 [J]. 中国健康心理学杂志，2005，13（3）：218-219.
② 陈锦光. 气质与儿童行为的研究 [J]. 中国医药导报，2007，4（17）：140.
③ 余晓敏. 小学生行为问题及影响因素研究 [D]. 武汉：华中科技大学，2010.

第二，以学校为主导，以社会技能和生活技能教育为基础的综合干预策略。研究发现，社会技能训练、行为训练和父母集体训练可以有效地改善儿童的躯体攻击行为。

第三，以社区为基础、以医疗保健机构为主导的综合干预策略。学校、家庭、社区和妇幼保健院开展心理讲座和咨询，通过社区板报等方法使人们掌握减轻儿童的违纪、多动和社交不良行为的方法。①

第四，改善亲子互动，增强家庭和个人在矫正儿童行为问题中的作用。国内外研究证明，通过亲子互动训练可以减少儿童行为问题，促进儿童社会技能的发展。

---

① 赖爱平，徐秀芳. 行为问题儿童的"亲子互动"干预研究 [J]. 中国儿童保健杂志，2006，14（1）：364-367.

第二章　小学生学习问题及障碍

◆入学适应不良

◆学业不良

◆厌学

◆学习障碍

第一节　入学适应不良

案例导读：

　　小宇是某小学一年级新生，父母对他非常宠爱，很少批评他。可是，小宇的父母发现，自从上小学以后，小宇的话越来越少，而且吃东西也不如以前了。从前那个活泼、调皮的孩子像完全变了个人似的，有时还会无故乱发脾气，早上一起床，就嘟囔着不愿去学校。父亲有些担心，就去学校向老师了解情况。老师也说不出为什么，只是觉得他比较内向，不太爱说话，与同学们的交往也较少；一天到晚耷拉着脑袋，无精打采，上课时注意力不集中，也不爱回答问题。父亲问他为什么不积极发言，他说怕回答不正确，挨老师批评。

　　小学一年级是幼儿教育与小学教育衔接的重要转折时期，儿童从以游戏为主要活动形式的幼儿园进入以学习为主要任务的小学，接受正规学习成为其主要发展任务。初入学的小学生面临着学习环境的变化，学习方式的不适应，同学关系、师生关系的改变，社会期望的增强等挑战。尽管孩子们的学习、生活方式发生了诸多变化，大部分的孩子都能够正确应对这些"不适应"，然而，有一些孩子却会出现"入学适应性问题"。

一、小学生入学适应不良的界定

　　适应学校是个体发展的中心任务之一。儿童对学校的适应主要表现在学业适应、行为适应、情绪适应、人际适应等方面。① 学者们将学校适应分为两种状态，即适应良好与适应不良，学校适应良好就是学生通过积极的身心调整，愉快地和学校环境相互作用，从而达到学校教育目的，顺利完成学业，反之则称之为学校适应不良。

小学入学适应不良是特指儿童从幼儿向小学过渡的阶段，因不能随着学习条件的变化而积极主动进行身心调整，从而导致的学习成绩和身心健康达不到应有发展水平的现象。②

二、小学生入学适应不良的具体表现

初入学的小学生被暴露在一个由不熟悉的同伴和成人组成的新群体中，呈现在他们面前的是一组新的特定环境的挑战，尽管大多数的孩子能平稳地完成衔接与过渡，然而，仍会有一部分儿童存在明显的入学适应不良问题，具体表现在以下方面：

1. 学习时间的不适应

幼儿园每天集体教学的时间大约只有两小时左右，其他时间基本上是游戏和其他生活活动，而小学生每天的集体教学时间大约为 7 到 8 小时，这对新入学的小学生来说是一个巨大的挑战，他们会因此感到疲惫、厌倦。

2. 规章制度的不适应

进入小学后，孩子们就面临着规章制度的约束，而这些要求在幼儿园是没有的。学校要求他们必须按时到校上课，不能迟到、早退，有事有病需要请假，交假条；小学生要自己背书包，自觉带齐各种学习用具，要遵守课堂纪律、专心听讲，记住老师留下的作业并且认真完成；要轮流当值日生、打扫卫生，积极参加集体活动；等等。相对于幼儿园时期，这对孩子的自制、自理能力来说是一种考验，这就导致一些小学生难以适应，出现紧张、焦虑、拖拉、冷漠等不良的反应。

3. 学习内容的不适应

幼儿园阶段以游戏作为主要的教学形式，虽然也上课、也学习，但毕竟是以"玩"为主。在小学，儿童则要学习许多工具性的知识，而且要掌握读、写、算的基本技能，虽然这些知识和技能在成年人看来比较浅显，但对于他们来说却比较困难。在入学初期，无法适应教学方式、无法明白学习内容的孩子

---

① 白波燕. 小学生入学适应及干预研究 [D]. 开封：河南大学，2010：5-7.
② 杨雪梅. 儿童的学校适应研究综述 [J]. 四川心理科学，2002 (2)：21.

往往会感受到较大的压力。

4. 教师教学风格的不适应

幼儿园的教师主要是引导儿童在游戏中积累经验、增长知识，强调动手操作，教学上多是师生共同活动的形式，而小学的学习则有着严格的教学大纲，教师也必须按照教学计划严格实施。因此，学生需要形成以听为主的学习方式，教师的教学风格和教学组织形式与幼儿园阶段形成了鲜明的对比，教师对学生的要求更为严格，儿童会体会到由此带来的不适应感。

5. 师生关系的不适应

一般来说幼儿园每个班级实行"一教一保"的教师搭配形式，通常会有一位教师和一位保育员照顾儿童，老师更多的是充当照顾者的角色。然而，进入小学之后师生互动模式、相处时间发生了很大变化，一个班通常有五六个科任教师，每班只有一个班主任，老师更多的是充当知识的传授者角色，单独关照儿童的时间明显减少了，所以，儿童需要学会自己解决一些困难，从而造成小学生在入学初期主观上的一些担忧。

三、小学生入学适应不良的产生原因

（一）理论基础

1. 哈克的幼小衔接断层理论

德国著名教育家哈克教授通过调查、研究和分析，认为儿童从幼儿园到小学，不仅是学习环境发生了改变，教师、同伴、行为规范和角色期望等因素也发生了变化。因此，他指出，处于幼小衔接阶段的儿童必然出现六大断层：①主要关系人的断层。儿童离开扮演着"第二母亲"角色的幼儿园教师，接受要求更为严格、学习期望值较高的小学教师的教育。②学习方式的断层。从幼儿园以游戏教学为主的方式向小学正规的学科学习的方式过渡。③行为规范的断层。通常在幼儿园被认为是合理的要求，到小学却可能不被重视甚至被否定，孩子的感性认识将逐渐被理性和规则所取代。④社会关系的断层。儿童进入小学后需重新建立新的人际关系，寻求自我在群体中的价值并被他人所认同。⑤期望水平的断层。进入小学后，家长和教师会给予孩子更高的期望值。⑥学习环境的断层。幼儿园自由自发的学习环境转换为受教师支配的学习环境。①

幼小衔接断层理论较为全面地分析和总结了幼儿园与小学两个阶段的各方

---

① 杨敏，印义炯. 从哈克教授的幼小衔接断层理论看法国的幼小衔接措施［J］. 天津市教科院学报，2009（4）：55-56.

面差异及入学坡度所在。哈克在一次调查中发现大约有30%的孩子进入小学一年级后，会对小学的学习和生活产生不适应感，进而在心里产生紧张感，医学上把这种体会称为"适应性障碍"。①

2. 社会适应理论

从心理学的角度来看，社会适应是一种复杂的、综合的社会心理现象，大致包括感觉适应、行为适应、认知适应、人格适应等方面。社会适应理论认为入学适应不良是儿童难以与社会环境达成和维持和谐平衡关系，无法应对生活与学校方式的变化而出现的一种心理不适现象。②

（二）影响因素

1. 个体因素

众多研究表明，个体因素是影响学生入学适应的重要因素。这是因为，学生个体是接受来自学校、家庭、社会施加教育影响的主体，主体的身心发展状况、主观能动性等都会影响入学适应教育的效果。

（1）身心发展的不平衡

一般而言，儿童的身体发育要稍快于心理发育。到了七八岁时，他们的大脑已经接近成年人的水平，但是由于他们缺乏阅历、知识、经验等，就可能导致他们在认识能力、理解能力以及思维能力等方面都远不及成年人，身心发展的不协调是造成适应不良的主要原因。

（2）性格特征

内向、胆小、谨小慎微、急躁和情绪不稳定的学生适应新环境的能力差，缺乏与同伴交往的技巧，入学适应不良表现更为明显。

（3）入学年龄

在调查中发现，提前入学的孩子比正常或晚入学的儿童适应能力差，更容易出现入学适应问题。提前入学使孩子感到疲于应对超越个体认知发展水平的学习生活，更容易产生挫败感，导致其在学校生活的初期就丧失学习信心，失去学习动力。

阅读链接：名人名言

链接一：

"一个小孩，1岁时不会走，4岁时不会骑自行车，6岁时不会在另一个房

---

① 王向红. 小学一年级学生入学适应的个案研究——以潍坊市奎文区A小学为例 [D]. 烟台：鲁东大学，2014：4-8.

② 陈建文. 论社会适应 [J]. 西南大学学报（社会科学版），2010（1）：11-15.

间里想象这一个房间，10 岁时仍不能抽象思维。但到了 18 岁，他就能做所有这些事情了。并不是有人教会了他，而是因为他和他的神经系统演变进化了。"

——Vaillant

链接二：

"大自然希望儿童在成人以前就要像儿童的样子。如果我们打乱了这个秩序，我们就会造成一些早熟的果实，它们长得既不丰满也不甜美，而且很快就会腐烂。我们将造成一些年纪轻轻的博士和老态龙钟的儿童。"

——卢梭《爱弥儿》

2. 家庭因素

家庭是影响一年级学生入学适应的重要因素，在家庭因素中，父母的教育方式无疑是影响儿童入学适应的最主要因素。研究发现，父母教养方式为专制型的儿童更容易出现社会适应和学习适应问题，而父母教养方式为民主型的儿童则倾向于能较好地适应学校的社交和学习活动。[1]

3. 学校因素

师生关系与同伴关系的和谐程度、教师的课堂学习组织实施等一系列因素都会影响学生的入学适应，一般而言，团结向上型班级的学生比一般型和问题型班级的学生更喜欢学校，在学习兴趣、学习效能感和学习自信心上的得分也更高。

四、小学生入学适应不良的应对策略

（一）家庭层面

进入小学后，作业量增加、学业负担加重，小学生很容易产生心理上的不适，家长在新生入学阶段要注重对孩子学习习惯、学习兴趣、独立能力、集体意识等方面进行教育，使他们能够轻松地度过这一阶段。具体而言，为了避免小学生出现入学适应不良，家长应该从以下方面做起：

1. 带领孩子做实地考察

对新生而言，从熟悉的幼儿园到陌生的小学，环境发生了很大的变化。所以，在正式入学之前带孩子参观新学校，让他们熟悉上厕所、打饮用水的地方、即将就读的班级位置等，有利于孩子尽快适应新的学校环境，并对学校产

---

① 曾琦，芦咏莉，邹泓. 父母教育方式与儿童的学校适应 [J]. 心理发展与教育，1997（2）：46-51.

生好感。

2. 帮助孩子尽快养成良好的学习习惯

小学的学习、生活环境与幼儿园的大不相同，因此若要尽快适应小学生活，就首先要在日常生活的一点一滴中培养孩子养成良好的学习、生活习惯。比如培养孩子按时上学、带齐学习用品、每天自己整理书包、按时预习复习、认真完成当天作业的习惯等。

3. 分享孩子对学校的感受和体验

对每个入学的新生而言，小学的每天都是崭新的，会给孩子们带来各种感受和体验，这些积极或者消极的经历将直接影响到他们对学习和生活的态度。家长应该重视亲子之间的沟通和交流，鼓励孩子叙述自己当天看到、听到、经历的事情，分享他们的内心体验，以便及时发现问题、解决问题。

4. 鼓励孩子与同伴交往

步入新学校，随之而来的是一系列新挑战，此时，孩子常面对的困难就是如何与新的伙伴建立友谊。在家庭中习惯了以自我为中心的孩子往往缺乏同伴交往的意识和技巧，容易在学校处于同伴交往不良的境况，从而更容易产生孤独感。所以，作为家长应引导孩子学会与人交流，教会孩子和新同学成为友好的小伙伴，同时尽快与班主任老师熟悉起来。此外，还要教给孩子处理同伴冲突的做法，避免孩子因同伴交往不良而出现负面体会。

5. 培养独立性和主动性

小学生课间和课余时间需要由自己支配，生活需要自理，这就要求他们有较强的独立生活能力，家长要注意培养儿童的时间观念，增强其独立意识，培养其自理、自觉的能力。

家长应培养儿童的自信心、对周围的人和事物的积极态度，激发儿童参与活动的积极性和兴趣，给他们提供自己选择、自己计划、自己决定的机会和条件，鼓励他们去探索、去尝试，并使他们获得成功的体验。研究证明，富于主动性的儿童思维活跃，做事有信心，能主动与人交往，他们在入学后能比较快地适应小学新环境，学习成绩也较好。

（二）学校层面

面对新出现的种种适应问题，首要的就是学校环境的适应问题。因此，教师应该帮助孩子尽快适应新的校园环境，比如以"参观新学校"作为开学的第一课，带着初入校的孩子们到学校的各个角落去走一走看一看，让他们熟悉校园中的一草一木，感受新环境的可爱，从而激发孩子们对新学校的热爱之情。

1. 引导学生尽快适应学校生活

对新生来说，教师应该向孩子们介绍小学学习生活的各种特点，鼓励他们参与到学习中，要求他们以积极的态度对待学习，争取学习的成功，并体验到学习生活的乐趣。

2. 构建良好的师生关系

良好的师生关系能使孩子们有良好的心理状态，心情愉快、情绪稳定是孩子们健康发展的重要条件，所以教师首先要端正自己的态度，通过自己的言行让学生感受到对他们的关怀和信任，使孩子们在学习中获得安全感与归属感。

3. 帮助学生转变角色

对每个人而言，身处不同的角色，就有着不同的责任和义务。教师要引导小学生扮演好自己的角色，在家里要承担该承担的义务如尊敬长辈、帮爸爸妈妈做力所能及的家务活等，在学校便要好好学习各种技能和本领，从而引导孩子尽快完成幼儿向小学生的角色转变。

第二节　学业不良

案例导读：

芳芳是一个生长在知识分子家庭中的女孩，父母对其学习都很重视。父亲是一名工程师，对数学尤其重视，数学对他来说是非常容易的事，他认为女儿也应如此。在小学低年级，芳芳的数学成绩还是比较好的，但她在做作业与考试时总害怕做错，每道题做完总是一遍又一遍地检查，使得做作业的速度非常慢。到了高年级，她的数学成绩开始下降，她成了班里成绩不好的几个学生之一，并因此开始厌学，成绩越来越差。通过对她的观察与诊断后发现，迫于父母对她的压力，她非常担心在数学学习上失败，久而久之，她便对数学产生了焦虑与恐惧感。这种焦虑与恐惧容易使她注意力不集中，影响了学习的速度，跟不上数学教学进度，造成学业成绩下降，加上其父母又没有正确的教育方法，经常责骂她而不是在学习上帮助她，最终使她成为数学上的学业不良儿童。

一、学业不良的界定

学业不良是指智力正常的学生，由于生理、心理、行为、环境、教育等因素的影响，致使其学业成绩明显低于其能力应达水平或明显低于平均水平的现象。学业不良的界定主要包括以下几个要素：第一，学习成绩低下；第二，智商属于正常范畴；第三，没有行为障碍和精神障碍；第四，没有生理疾病，即排除智能不足、身体残疾和精神异常。①

学业不良是一种普遍现象，不只存在于学龄前儿童、学龄儿童、青少年学生当中，也存在于成人的学习生活中，即使是著名的科学家，在某一方面或某一年龄阶段也可能存在某种程度的学业不良。美国发明家爱迪生小时候曾被认为是智力有缺陷的儿童，他的学业成绩落后，父亲曾把他看作笨蛋，爱迪生本人也认为自己很笨。法国著名雕塑家罗丹在读小学时是成绩最差的学生，老师认为他是不可教育的。伟大的科学家爱因斯坦3岁时还不会说话，7岁时才能说出完整的句子，各门功课都很差尤其是数学，在其他学科上也没有什么特殊能力，写作对他来说也是一件非常困难的事。

二、小学生学业不良的类型

每个学业不良学生都有自身的特点，如：有的学生在数学学习上有困难，而有的在阅读或写作上感到困难；有的学生在记忆方面存在问题，而有的学生是由于学习方法不当或缺乏学习兴趣而导致的学业不良。

（一）发展性学业不良

发展性学业不良是指学生在其成长过程中，某些心理与语言功能的发展出现与正常发展过程相偏离的现象。发展性学业不良可分为两种：一种是原发性缺陷，主要表现为注意力的缺陷。研究表明，注意力缺陷是导致儿童学业不良的主要原因。另一种是衍生性缺陷，即由于原始性的缺陷造成某些高级能力上的缺陷，主要表现为思维能力与语言能力上的缺陷。

（二）学业性学业不良

学业性学业不良是指学生在某学科的学习中存在困难。如：有的学生几何学习无法入门，存在着严重问题；而有的学生就是学不好英语；也有的学生有两门或两门以上学科成绩不良。

（三）行为-情绪性学业不良

这是由行为或情绪问题导致的学业不良，主要表现在三个方面：①不适应或不成熟行为。学业不良学生因不适应环境和逃避学习而产生的不良情绪和行

---

① 杨润田. 小学生学业不良现象的成因及对策 [J]. 西北成人教育学报，2011 (1)：71-72.

为，如厌倦学习、漫不经心、做白日梦等。②有某些不良个性。如相当一部分学业不良的小学生都有敏感、不自信、恐惧、焦虑、自制力差及耐挫能力差等不良个性。③品质缺陷。有的小学生有一些不端的品行，如攻击性强、破坏性强和脾气暴躁等，这些表现导致他处于同伴关系不良的境地，也会间接地影响其对上学、对学习的感受。行为-情绪问题会引起学业不良，反之，学业不良也可导致行为-情绪问题。

（四）学习无能与学业成就低下

学习无能是指因个体内部原因如遗传、神经功能失调等因素造成的学业不良。学业成就低下不仅指由某些内在因素如认识能力缺陷等造成的学业不良，还指由外部的不利环境如缺乏教育机会、家庭经济条件差、教学手段不当等造成的学业不良。

三、小学生学业不良的原因分析

学业不良的形成原因是多方面的。有的学者认为其主要是由学生的内部原因造成的，如生理、心理因素等，有的学者则强调外部因素的影响，如教育环境和生活条件等。事实上，在学业不良的形成过程中，这些因素可以单独起作用，也可交互作用。大多数学生的学业不良是因各种不良因素交织在一起而形成的。

（一）内部原因分析

学业不良形成的内部原因既有生理因素又有心理因素，生理因素主要表现在神经系统的功能失调、生物化学因素的影响等方面，心理因素则主要与其认知能力低下和缺乏合理的自我认知有关。

1. 生理因素

研究发现，一些学生的学业不良可能是由脑损伤、出生前脑发育不良、遗传或生化功能失调造成的。这些因素中的任何一个或某几个的组合都会在不同程度上影响其在不同领域内各种能力的发展，进而直接或间接地影响学生的学习与行为。尽管因生理原因而造成学业不良的学生人数并不多，但这种情况在教育与评价过程中同样不容忽视。

（1）神经系统的功能失调

神经心理学的研究结果发现，学业状态良好或优秀的学生与学业不良学生在某些神经功能上存在差异。学业不良学生常常要花费更多的精力才能集中注意力，需要花费更长时间才能完成作业，这与此类学生神经系统的不成熟有关。学业成绩好的学生能够同时发挥两个大脑半球的作用，而学业不良学生往往过多依赖一侧大脑半球，而不能很好地激活另一侧较弱的大脑半球的功能，对外部刺激的反应往往比其他学生慢，因此，他们需要更长的时间来加工信息与完成任务。

（2）生物化学因素的影响

生物化学因素的影响往往通过药物对学习与行为的控制与调节作用得到证实。有证据表明，人体内生物化学物质的失调会导致学业不良，其主要表现有：

①维生素缺乏

大脑对化学物质的变化特别敏感。大脑功能的正常发挥需要有正常的化学物质来保证。研究发现，缺乏某种维生素的学业不良学生在摄入适量其所缺乏的相应维生素后，能够减少多动行为，改善注意与行为，因此研究者才提出学业不良可能与体内维生素缺乏有关。

②内分泌功能失调

某些激素失调会引起学生早期大脑损伤或身体状态的改变，并由此干扰学生的学习，最典型的例子是甲状腺功能失调。无论是甲状腺激素分泌过多还是过少，都会造成生理的变化，降低学习的有效性。甲状腺激素分泌过多会引发学生的多动症，而甲状腺激素分泌过少则会使学生精神低落、过于安静，使其缺乏动机、缺乏学习热情。

③低血糖

有些小学生在上学前不吃早餐或早餐搭配不合理，于是在上午学习时常常会感到困倦，这是因为脑的代谢要依赖一定量的葡萄糖供给，如果进食过少，使体内的血糖远远低于正常水平，则大脑便不能保持正常的活跃状态。研究表明，一些学业不良学生长期处于低血糖状态，他们会经常感到疲倦，昏昏欲睡，思维处于混乱状态，没有足够的精力完成学业，不能维持足够的注意水平。科学地改善饮食结构对于治疗低血糖是很重要的，能够防止学生因低血糖而出现学业不良。[①]

（3）疾病的影响

听力、视力轻度异常或有心身疾病的小学生，由于长期听不懂老师的讲述或看不清板书，无法充分理解教学内容，便会造成学习信心减退、学习动机丧失，从而间接导致学业不良。

2. 认知因素

（1）认知能力缺陷

许多学生的学业不良是由其认知能力上的不足造成的。认知能力指的是个

---

① 杨润田. 小学生学业不良现象的成因及对策［J］. 西北成人教育学报，2011（1）：71-72.

体了解与认识世界的一套心理能力，包括知觉、注意、记忆、语言、思维和社会学习能力等因素。这些认知能力与学习有密切关系，任何一种认知能力的失调都可能引起学业不良。研究发现，学业不良学生存在明显的认知能力缺陷如注意障碍、记忆障碍、知觉加工障碍、想象障碍等。

①注意障碍

注意是学习的基础和前提，学生在学习过程中首先必须了解解决问题与完成任务所需的信息并对这些信息保持一定的敏感性。学业不良学生难以长时间地把注意力集中于某项任务，而经常把注意力指向无关目标或把注意力同时指向许多不同的方向，从而导致分心。注意障碍往往被看作引起学生学业不良的主要原因之一。

②记忆障碍

对学习者而言，记忆是一个整合的过程。与正常学生相比，学业不良学生在记忆的储存及提取方面均存在困难。他们不能根据以往的经验与知识来组织和解释正在学习的信息，因为他们不能保持或提取过去的经验或已经学过的知识。例如，学生不能记住词汇的意义、不能记住公式等。

③知觉加工障碍

与学习有关的知觉加工主要包括视觉、听觉与运动觉三个方面，涉及对来自外界刺激的再认、辨别、排列、回忆和把来自各个感官的信息进行综合、连接等过程。这些加工过程需要以正常的神经系统功能为基础，而学业不良学生生活在有偏差的知觉世界中，尽管他们的感官没有完全损伤，但他们也不能以正确的方式解释感知到的事物。

④想象障碍

想象力缺陷明显地表现在荒诞联想上。这类小学生虽不善于思考学习问题，但大脑并没有闲着，而是浮想联翩，并用这样的浮想代替了思考，代替了学习。这些学生的想象力非常丰富，但往往是一味根据自己的兴趣、爱好无缘由地凭空想象，从而导致学习效果明显下降，最后成为学业不良学生。

（2）自我认知因素

在影响学业不良的成因分析中，研究者很少考虑到小学生的自我认知因素。实际上，自我认知薄弱也是导致学业不良的一个重要原因。

①自我评价

自我评价中最重要的内容是内省，通过内省来体察和分析自己的心理活动，从而对自己有正确的认识和评价。自我评价与学业表现之间互相影响：一方面，学业表现不良会导致小学生自我评价低下；另一方面，自我评价低下的小学生更容易出现学业不良的情况。

②自我体验

自我体验与学业不良有也有一定的相关性，在学习过程中经常体会到成功的孩子自我体验更为积极，这种积极的自我体验会促使其对待学习的态度更为主动，学业表现也更为优秀。

③自我调节

人的行为产生是包含信息输入、加工、反馈和输出的过程。自我调节就是把当前的我和理想中的我进行比较并不断缩短二者间差距的过程，这就需要很强的意志力和自我控制的技巧。有些学生不知道该如何来调节自己、科学地安排时间并采取有效的学习策略来改善自己的学习状况，久而久之，他们会觉得对改善自己的学习状况无能为力，从而失去学习动机，成为学业不良学生。

案例阅读专栏：老师眼中的郭灵

一个叫郭灵（化名）的女生，每次考试的分数都是班里最低的。她坐最后一排，看黑板的目光空洞散漫，常常低着头，偶尔和老师眼神碰撞，她就立即躲闪开。上课时我试着和她目光交流，向她微笑，她也回以笑容，但短暂而紧张，目光很快就游离到别处，多半还是低下头。她还常在课上做手工，中国结什么的，这个时候她头埋得更深，有时额头甚至磕在课桌边上，看着手里的活计。但是老师并不管她（只要她不讲话），她上课似乎没有发言，她瘦小的身影在教室里几乎可以忽略不计。

3. 基本学习技能失调与学习方法不当

（1）基本学习技能失调

基本学习技能指的是学科学习中所必需的学习技能，主要指听、说、读、写等技能。这些基本学习技能的发展与认知能力的发展直接相关。基本学习技能是学习所必需的，所以基本学习技能失调是造成学业不良的直接原因，直接妨碍或影响了学生的学业表现。与认知能力失调一样，很少有学业不良学生在所有基本学习技能上都失调，大多数学业不良学生只在一种或几种基本学习技能上失调。

（2）学习方法不当

在中小学阶段，"教会学生学会学习"是学校教育教学的一项战略性任务。联合国教科文组织在《学会生存》一书中提出，"未来的文盲不再是不识字的人，而是没有学会怎样学习的人"。学生是否能够掌握科学有效的学习方法直接影响着其学习效果。有的学生课前不会预习、课上不会听课、课后不会复习，遇到难题时束手无策，自己不会动脑琢磨怎样将所学知识理解透彻、记得牢固，只是机械地按老师的话去做，随着时间的推移，没有弄明白的知识点越来越多，最后导致学业不良。

4. 学习动机

学习动机指让学习者进行学习并维持学习活动，使学习朝向某一目标的内部心理过程或内部动力。[①] 人的各种学习活动都是在学习动机的指引下进行的，缺乏学习动机是造成学业不良的一个关键原因。因此，对学生学习动机的培养是改善其学业不良状态的有效途径。

5. 个性

个性是一个人独特的、整体的心理特性，是一个人带有一定倾向性的各种心理品质的总和。个性的心理结构是复杂的、多侧面、多层次的体系，某些个性上的问题也会引起学生的学业不良。

（1）性格

许多研究者都指出，学生的性格与学习成绩有显著的关联。性格内向的学生不敢轻易向同学或老师提问，因此，学习上的难点未能得到及时解决，学习上的薄弱环节越积越多，最终导致学业落后。

（2）认知风格

认知风格是个体在信息加工过程中表现在认知组织和认知功能方面持久、一贯的特有风格。它既包括个体知觉、记忆、思维等认知过程方面的差异，又包括个体态度、动机等方面的差异，与学习过程有关的认知风格类型主要有场独立型和场依存型、冲动型和沉思型等。

①场独立型和场依存型

场独立型的学生善于进行知觉分析，通常总能把要观察的刺激从背景中分辨出来。场依存型的学生则很难从背景中将刺激分化出来，所以其知觉容易受背景影响。

在教育情景中研究这两种认知风格的学习者发现认知风格会影响学生不同科目的学业成绩。例如，场独立型的学生，往往在数学和自然科学的学习中胜于场依存型学生，而对于社会和人文科学的学习，场依存型学生则占优势。同时，他们对教学和学习方式也有偏好：场依存型学生喜欢集体学习，而场独立型学生则喜欢独自钻研，一旦明确自己的目标，便能独立思考，发现适合自己

---

① 龙成志，刘志梅，吴喜雁. 大学生自主学习策略对学习绩效的影响：学习动机的调节作用 [J]. 心理技术与应用，2017，5（2）：90-91.

的学习策略。

②冲动型和沉思型

这是指学习者面临两种或两种以上选择时，做出反应的速度。一般来说，冲动型学生思维动作迅速，并未认真考虑所有答案就做出了选择，而沉思型的学生则会在仔细考虑每个选项后再做出选择。研究表明，冲动型学生在解决问题时，不充分琢磨假设，具有凭直觉做出反应的倾向，因此反应时间短，但错误次数多；相反，沉思型学生在解决问题时，总是费尽心思、慎重地思考假设，力求准确无误地解决问题，所以反应时间长，但错误次数少。

6. 学习习惯

不良学习习惯是导致学业不良的一个直接原因。有些学生积习难改，写字不规范，作业马虎潦草，演算习题时粗心大意，上课喜欢做小动作，经常迟到早退，破坏课堂纪律；懒于思考、意志薄弱、兴趣淡漠、信心不足……这些不良习惯是学生成长发展道路上的"绊脚石"，是学习的大敌，不但会影响学生的学业表现，而且会影响他们的个性与社会化发展。

7. 情感、情绪与意志

影响学业成绩的情绪或情感因素主要有以下几方面：第一，自信水平。因连续的失败而失去学习信心，回避学习成绩不良学科，由此使成绩不断下降。第二，焦虑与恐惧。由于总担心下一次也会失败而造成在学习时注意力不易集中，干扰了学习所必需的一些基本能力的发挥，如记忆力、组织技能等。第三，挫败感。长期的成绩低下损害了学生的自尊心与自信心，使得学生对学习产生了对抗与恐惧心理。

学生的学习活动并非始终由兴趣所左右，总会遇到困难、挫折和失败。真正能将一般兴趣转化为稳定兴趣的是意志，而小学生心理、生理尚未成熟，独立性、意志力还有待提高，因此有些学生在学习活动中遇到困难就会出现畏缩不前或逃避的情况，表现为缺乏自觉性、控制力和持久性，并最终影响其学业表现。

（二）外部原因分析

学习者本身的内在因素对学习的影响固然重要，但家庭、学校、社会等外部因素无疑对学生的学习也有深刻而长远的影响。

1. 家庭环境

家庭是孩子的第一所学校，孩子最初体验生活的场所就是家庭，父母是孩子的第一任教师。家庭环境对学生学业表现既可能有积极影响，也可能产生消极影响。家庭环境对学生学业的不良影响主要有以下几方面：

（1）家庭结构与特点

生活在有缺陷家庭中的学生，其家庭环境因素会使学生缺乏安全感和归属感，使其无法安心学习，更无法培养其形成良好的学习习惯，从而影响学生的学业。这些因素包括：父母亲亡故；父母健在，但长期分居，家长无法悉心照顾孩子；父母感情不和，动辄争吵、打骂，对孩子撒手不管；父母离异，子女由单亲照顾；离异的父母再婚，出现情感不融洽的继父或继母；等等。另外，家庭中的突发事件，比如家庭成员生病或遇其他变故，会给学生造成精神刺激，也可能影响儿童的学业表现。

（2）父母教养方式

放任型教养方式往往容易使孩子没有责任心，行为放纵，一些不良的个性与态度会影响学业成绩。专制型教养方式易使孩子形成粗暴无礼或懦弱、说谎、欺软怕硬、缺乏同情心等个性特征，很难听从劝告，师生交往、同伴交往不良，从而影响其学业成绩。家长溺爱孩子容易使其形成骄横、自私、任性、懦弱、好逸恶劳、以自我为中心等不良品行，这些孩子在学校里的行为也肆无忌惮，养成无视任何法律规章、组织纪律及道德准则的坏习惯，不但学习成绩差，道德品质也败坏。

（3）家庭气氛

学生的发展很大程度上取决于家长的兴趣如何，家长在谈什么、想什么以及他们本身的文化修养如何。一些家长目光短浅，只看到眼前利益，对学生的学业不重视，在这种环境中长大的孩子自然也认识不到学习的重要性，对学习不感兴趣，因学习缺乏主动积极性而成为学业不良学生。

（4）父母的期望

父母对子女正确、合理、切合实际的期望，会成为引导子女刻苦学习的动力。但有一些父母不顾子女的学习基础和智力发展水平，把自己的一切愿望无条件地全部寄托在孩子身上，对孩子提出过高的期望，这些不切实际的期望给孩子造成了极大压力，不但会影响孩子的心理健康，还会对其学习状态产生不良影响。

2. 学校环境

在导致学业不良的各种环境因素中，关键因素是学校教育环境。

（1）教育观念

基础教育阶段是学业不良学生产生的主要时期，若基础教育只片面追求升学率，都这对一些学生自身水平的全面展现是不利的，且会间接地影响学生的学习状态。

（2）教育内容

教育内容主要体现在教材中。我国现行小学教材内容偏多、要求偏高、课时偏紧，再加上大量的各种课外辅导材料，在加重学生负担的同时，使学生因掌握知识困难而严重影响学习质量。

（3）同伴关系

同伴间有一点矛盾化解不开或因小事而不高兴，都会使他们心神不宁而无法安心学习，如不找到恰当的化解矛盾的方法，他们会一连几天因这些小事听不好课、写不好作业，从而影响学习状态。另外，同伴交往不良的学生或校园欺凌的受害者因在学校缺乏安全感，久而久之也会直接影响其学业成绩。

（4）师生关系

教师是学生在生活中接触较多的人，师生关系也会影响学生的学习态度和学习积极性。有研究表明，师生关系的好坏与学生的学业成绩显著相关。被老师喜欢和欣赏的孩子，会感受到老师对自己的积极期望，有很强的学习动力，容易成为成绩优异的学生；相反，如果学生认为老师不喜欢自己，则会对老师产生敌对情绪，进而影响自己的学业情绪，并最终导致学业不良。

3. 社会环境

社会是一所没有围墙的学校，人从出生之日起，就自始至终不断地接受着社会的教化，个人社会化、个体成长的过程实际上是把社会的行为规范、道德准则等内化为个人特质，从而使个人成为合格的社会成员的过程。良性的社会环境因素会使学生积极上进、热心学习，一些不良的社会因素则会使学生厌恶学习。

小学生正处于长身体、长知识的关键时期，还没有形成自己的人生观，也缺乏辨别是非的能力。"读书无用""读书贵，就业难"等不良观念会影响孩子的学习信念，使其对学习感到迷茫，不知为什么而学，也不知学什么，消极对待学习，致使其学业不良。

案例阅读专栏：无法进步的杰克

杰克因为他的学习问题来见我的时候大约 12 岁，自从进入四年级以来，杰克的学习成绩一直处在班级的平均线以下，他的注意力难以集中，而且让人感到"太安静和容易紧张"，他参加了补习班来提高阅读成绩，但目前的阅读水平只能达到三年级的水平。他的父母收到了学校发来的一封信，说如果杰克的成绩再不能提高的话，可能就很难升级了，似乎所有的人都为杰克的学业失败而生气。

当我和杰克见面的时候，他简要地说明了自己在学校时的问题，"都是因为老师"，他一边说着，一边看着地板并在椅子上动来动去。"他们总是对我大喊大叫，我怎么可能学到东西呢？当我告诉我的英语老师我还没有完成课堂阅读时，他却说我总是走神。如果他们都认为我是个哑巴，那还能指望我怎么学呢？"后来，杰克用一种平静、闷闷不乐的语气总结了自己对问题的看法："我想我的脑子不管用了，我不能很快地算出结果，老师也不会给予太多帮助。一想到学校，我就觉得紧张不安，我害怕上课时说出什么愚蠢的话，让每个人都嘲笑我。"

四、小学生学业不良的诊断与评估

对学业不良学生进行评价的主要目的是帮助有关专家与教育工作者收集各种学业不良学生的信息与数据，并通过这些信息与数据做出教育与干预的决策。学业不良的评价应遵循以下原则：

（一）评价原则

1. 学习者中心原则

学业不良学生是我们研究和教育的对象，因而任何评价首先都要把注意力集中在学生本身，然后再考虑学生自身以外的影响因素，这样才能保证取得良好的评价效果。

（1）注重生理或病理原因的评价

在评价学业不良学生时，由于生理和生物化学知识的不足，往往容易忽视学生因生理或病理原因而产生的学习问题。在评价学业不良学生之初，首先应以学生本身的身体条件为中心，进行相应的医学检查。

（2）注重信息加工过程的评价

信息加工过程主要指外界信息的输入、编码、短时储存、长时贮存以及提取与应用的过程。在信息加工过程中，任何一个环节出现缺陷都会导致学习问题，像生理因素一样，加工过程的缺陷内容也没有得到应有的重视。学业不良学生并不一定是因为生理疾病或智力不足，而很可能是因为信息加工缺陷妨碍了他们正常的学习，因此我们也不能忽视对信息加工过程的评价。

2. 任务分析原则

任务分析是通过对学生完成学校学习任务情况的分析，帮助教育者发现哪些任务和矫正方法最适合了解学业不良者目前的能力以及学习风格。任务分析过程中可以发现学习者间的差异和学习者个人的学习缺陷，我们可以在此过程中对学业不良学生做出充分的评价。

教育者在进行任务分析的同时也要对学生完成学业任务的过程进行评价。教育者可以通过观察学生操作各个任务的情况，了解学生已有的知识水平和解决问题的技巧，由此了解学生完成任务的能力与方法。任务分析的一个重要方面是错误分析。例如，数学学业不良的学生，要分析他是应用能力差、理解能力差还是计算能力差，假如是计算能力差，就要进一步实施错误分析，以便了解学生在计算过程中错在何处。

3. 科学性原则

对学业不良学生的评价，不只限于对任务的分析，还要通过各种测验来诊断。运用各种测验时，必须注意其科学性。首先，在测验选择上要科学，比如量表所适用的人群、年龄范围、量表所测内容等都要与评价对象相符合。其次，在施测过程中，对学业不良学生的诊断测验应以个别测试为主，让接受诊断的学生在安静的测验室里一一接受测试。测试时要做到：①观察与分析学生学习和操作的过程。如记录学生在计算过程中采用的方法或所出现的错误的性质，以便在制定干预措施时参考。②分析其声音反应。在学生解题的时候，让他说出计算的过程，以便分析其症状。③进行面谈时，可直接问被测学生：为什么要这样做？为何会变成这样？为何要这样写？以了解其问题所在。最后，测验完成以后，要对测验结果进行统计分析，然后得出科学的结论，这是整个测验的关键。

4. 多维评价和教育的原则

学业不良学生评价的主要目标是制订一个有效的教育程序，帮助个体在学业和心理上得到发展。为达到这一目标，评价者必须注意到学习并不是孤立发生的，它受学习的主体特征以及这些特征与各种任务、情境等特定特征之间相互作用的影响。因此，评价者需尽可能多地获得学生在各项活动中的信息，与这一过程有关的人员包括教师、行政人员、特殊教育工作者、心理工作者、眼科医生以及家长等。因此，多维评价要求评价者既要考虑到学生本身的内部因素，也要考虑到学生与课程、情境之间的相互作用，以及儿童与其他有重要关系的人物，包括教师、家长、朋友和亲戚等之间的相互作用。总之，评价要依据多维、全面、客观、科学的原则进行。

（二）学业不良学生评价的内容

在进行学业不良评价时，需要考虑学生的早期经历与社会文化背景、一般智力水平与基本认知能力、行为表现与个性因素、学业水平和学习动机等因素。

1. 学生的早期经历与社会文化背景

精神分析理论认为，人在5岁前的经验是非常重要的，它将决定一个人一生的个性发展方向。因此，必须充分考虑学生早期经历及其所受社会文化背景的影响。小学生早期经历主要涉及学生身体与教育有关的一些历史，包括患病史，如母亲怀孕期间的经历、孩子出生时是否有一些特殊情况、婴儿期是否发过高烧等；受教育史，如是否上过幼儿园、家庭教育情况等；以及早期心理与行为发展的历史等。这些早期心理行为发展中，最重要的是早期语言的发展。

学生的社会文化背景涉及家庭与社会两个方面。然而，这些因素对学生的学习成就很少有直接的影响，它们的影响往往通过家庭，特别是父母而起作用。例如，家庭的结构、人口、家庭成员间相互作用的模式、家庭教育状况、父母文化程度、家庭经济状况等，这些不仅对学生的学习成绩有影响，对评价过程也有一定的影响。因而，在评价过程中，我们应通过与家庭成员交谈、非正式问卷调查等方式来获得这方面的信息，这样才能保证对学生学业不良有全面而精确的了解。

2. 学生的一般智力水平与基本认知能力

学生的智力水平与基本心理能力是学生接受教育的潜在能力。智力水平的测量是对学生的总体评价，而基本认知能力，如感知、注意、记忆、思维等能力方面的失调则是判断学业不良的一个重要指标，也是评价过程中不可缺少的内容。

3. 学生的行为表现与个性因素

虽然学生的行为表现与个性并不是评价学生学业不良的主要依据，但它们对学习却有重要影响，有些学业不良学生是由行为与个性因素造成的。我们可以通过标准化的行为与个性测验来了解学生的各种学习行为表现以及性格、气质、认知风格等，也可通过非正式测验获得有关信息，如了解学生在课堂上、课后学习中的行为表现。

4. 学生的学业水平

学生的学业水平可通过标准化成就测验获得，学生平时各学科的考试成绩可作为评价学业成绩的辅助指标。学生学业水平所包括的内容主要有：各科学习所达到的水平与程度；各门课程学习中存的问题以及优势，即哪些学习内容已经掌握，哪些内容还没有掌握；产生学习问题的原因、学习方法；等等。

5. 学习动机

评价过程中，我们可以运用标准化测验来评价学生学习动机、自我效能感、归因方式等主观因素，进而制定干预措施。

学生的学业成绩也是评价的重要内容，必须通过客观、公正的测验得出，并在一个时期的观察后，经过反复评价、验证后再做出结论。

（三）学业不良学生评价的方法

在鉴别学业不良学生时，需要遵循严格的评价程序，采用有针对性的评价方法，以确保评价结果的可信性和科学性。

1. 评价的基本程序

学业不良的基本评价程序包括症状鉴别和原因评价两个方面：

（1）症状鉴别

鉴别是评价的第一步。鉴别的目的是发现哪些学生在学习上明显地落后于同伴。由于特殊学生的类型很多，我们必须知道其中哪些属于学业不良。

根据学业不良的定义，鉴别学业不良的标准包括：①智力测验的结果表明智力属于正常范围。②在学科的学习上有困难，表现为某些课程的学业成绩经常不合格或学业成就测验的结果表明没有掌握规定的学业内容。③在基本学习技能如听、读、写、拼、算等方面有困难；在心理或认知能力的发展上表现出某种缺陷，如注意力缺陷、记忆有问题、思维没有逻辑、语言发展上有问题等。④上述各方面的问题不是由身体上的原发性损伤造成的，如盲、聋、哑、肢体残疾等；也不是由精神情绪障碍、教育、环境剥夺造成的，如精神疾病、心理迟滞、没有接受连续的教育等。⑤需要教师不断地督促和指导。

鉴别的方法是将标准化的正式测验施测于一个群体的学生，然后从中找出哪些学生落后于同龄学生，或者评定所要测试的学生是否确实落后于同龄学生。例如：通过智力测验与成就测验可检查学生的学业成绩是否低于智力水平，同时，进行成就测验以确认在学习的哪一方面有困难。

（2）原因评价

明确哪些学生属于学业不良学生之后，在教育与干预之前还需要知道这些学生是因什么原因而导致的学业不良，到底在哪些方面存在缺陷。由于学业不良学生是一个异质群体，即学业不良的成因相当复杂，类型众多，出于教学与合理安置的需要，必须把各种类型的学业不良学生进行分类，究其"症结"所在，以确定将来的干预方法与方式。所以，原因评价的最终目的是要证实和详细说明应如何对学业不良学生进行干预。

2. 评价的主要方法

通常用于学业不良的具体评价方法主要是测验法和观察法。

（1）测验法

鉴别和诊断学业不良的标准化测验主要有以下几种：

①智力测验。智力测验是对各类学习不良学生鉴别与诊断的第一步。鉴别

学业不良常用的智力测验有斯坦福-比奈智力量表、韦克斯勒智力量表等。

②心理能力测验。某种或某些心理能力或认知能力上的失调或各种能力发展上的差异是学业不良儿童的重要特征，所以诊断学业不良时需要对儿童进行心理能力测验，用于评价学业不良的心理能力测验主要有：视觉辨别、观察、思维推理、空间位置、空间关系等。

③学业成就测验。学业成就测验用来测量学生在各门学科领域的知识与技能的发展情况，它所测量的内容必须能反映出所学课程的内容。一般性的学业成就测验几乎测量了所有学科的内容，如数学、语言、自然、人文科学等，同时也测量了一些基本学习技能，如听、说、算、拼、阅读等。

④行为与人格测验。学业不良学生除了有学业问题外，还可能有一些行为或人格问题，如冲动、低自尊、退缩等问题。这些问题会干扰或影响对学业不良学生的评价与干预，所以对学业不良学生进行智力、能力、学业等方面评价的同时，还应对其行为和人格做出评价。常用的行为与人格测验有卡特尔16-PF个性因素测验、康纳斯父母与教师评定量表等。

⑤感觉筛查测验。感觉困难也是造成学生学业不良的一个原因。因为感觉困难可能会导致学生不能正确接收信息，从而直接影响其学习的有效性。感觉困难一般表现为视、听方面有问题，如弱视、色盲、弱听等。这类检查要借助精密的医学仪器。

除了正式的标准化测验外，在评价学生学业不良时还有许多非正式测验的方法。这些测验不仅能够提供有关学生学习水平的信息，还可以提供有关教学内容与如何教学的信息。非正式测验适用于了解来自学生与情境、任务相互作用的一些特殊问题。

常用的非正式测验方法有：教师以课程教学为基础而设计的课堂测验与作业，利用任务分析技术来评价学生学业问题与水平，使用没有经过标准化处理的问卷、评定量表等。例如为了了解学生的一般背景与家庭、健康情况，可以设计一份个案问卷，通过与父母及有关人员交谈以了解情况或让他们填写有关信息。

与正式测验相比，非正式测验简便易行，不需特殊训练就可以操作，而且所测内容具有针对性，直接明了，解释起来也比正式测验简便。非正式测验常用于对学生进行细致的诊断，特别适于分析学生学业不良的原因和特征，对教学有直接帮助。

（2）观察法

学生的许多特征是不能通过测验工具来获得的，也难以通过交谈来获得，有经验的评价者能够通过对学生行为的细致观察来了解学生的特征。因为观察是在自然情景中进行的，通过观察能详细了解学生的行为及行为进程，发现出现问题的关键环节，所以，任何一个评价都应该采取观察的方法来加以补充和验证。

五、学业不良的补救与矫正

（一）发展未成熟理论

该理论由"发展未成熟"学派提出，认为学业不良是发展不成熟的表现，可从以下四个方面来补救：

（1）对发展落后的症状、原因进行研究；

（2）利用正式、非正式的测验和课堂活动中的表现进行诊断；

（3）干预；

（4）对落后的缺陷进行训练。

（二）行为直接教导理论

行为直接教导理论认为可以从以下方面对学业不良进行分析和矫正：

（1）课程分析：分析完成课程的认知任务需要有哪些行为；

（2）对学业不良学生的行为进行分析，看具备了哪些行为，不具备哪些行为；

（3）建立目标，对学业不良学生进行连续监控，及时反馈。

（三）认知心理学补救理论

1. 心理过程异常论

心理过程异常论认为学业不良是由认知心理的不健全造成的，认为学业不良学生的认知心理的不健全具有永久性，而其自身却很难体会到。

心理过程异常论者主张先训练优势的心理历程，使其体验到优势的感受，再训练其弱势心理历程，让学业不良学生自己去体验弱势的内容，再混合训练，将优势、弱势交织在一起训练，使其弱势得以扭转。

2. 信息处理理论

信息处理理论强调学习就是记忆，只要训练了以下三个记忆系统就可以改变学业不良状况：①瞬时记忆系统，主要是训练注意的集中和注意的稳定性；②短时记忆系统，主要是复述和组织编码的训练；③长时记忆系统，主要是训练学习策略、合理监控、解决问题的适当方法。

3. 认知学习训练理论

补救学业不良学生的学习动机，主要是训练其思考能力，激励其心智和认知学习的动力，目标是让他体会到学习的乐趣。

（四）神经心理学基本过程训练理论

这是 20 世纪 90 年代兴起的神经心理学流派的理论，该理论认为学习中的弱势通道是永远无法改变的，故不主张对弱势进行训练，而是提倡训练优势通道，发展优势才能，使其增强信心。儿童通常会发现自身的优劣势，比如男生若在小时候外语较弱，则其成年之后会有意识地去加以补救。

这些理论从不同的角度阐述了对学业不良进行补救与矫正的方法，单一使用任何一种理论与补救措施都无法解决学习不良儿童所面临的问题，所以，我们应该根据学业不良儿童所存在的主要问题，有选择性地采用合适的策略。

第三节　厌学

案例导读：

赫文辉，9 岁才上一年级，成绩较差，尤其是这学期以来，成绩逐步下降。他在课堂上虽能遵守纪律，但注意力不集中，一直昏昏沉沉、无精打采，老是趴在课桌上，不肯写作业。有时还会干扰同学听课，同学们也不喜欢他。他的父母是小商贩，无暇顾及他的学习，也没有心思管他。他平时住在奶奶家里，奶奶没有文化也没有能力管教，奶奶说话他也根本不听。由于他讨厌学习，不想完成作业，又不愿意接受同学的帮助，学习成绩便越来越差，在此恶性循环之下更是丧失了学习兴趣，对学习越来越厌倦。

有研究表明，目前大约有 45% 左右的二年级以上小学生有不同程度的厌学心理，其中有 20% 的学生有较严重的厌学心理。厌学是学生对学习采取敷衍态度或排斥、拒绝行为的一种消极现象，是学生的学习需要得不到满足或缺乏学习兴趣时对学习丧失信心的一种心理反应。厌学不是特定学生所有的，而是大多数学生在某种程度上共同的潜在问题。作为基础教育危机的一种表征，我国小学生厌学现象有愈来愈严重的趋势，无论是发达地区还是欠发达地区、城镇还是乡村，厌学现象都普遍存在。

一、什么是厌学

从心理学角度来讲，厌学是指学生消极对待学习活动的行为反应模式，主要表现为学生对学习的认识存在偏差，情感上消极对待学习，行为上主动远离学习。厌学的学生在学习活动中的基本特征表现为：

特征一：对学习目的存在认识偏差，认为读书无用。

特征二：对学习态度存在认识偏差，消极对待学习。在教师和家长的督促下，厌学的孩子也会机械、被动、应付式地勉强学习，但却伴随着明显的不愉快体验，如紧张、焦虑、厌恶等，这些孩子谈到学习就头痛，看到作业就心烦，听到考试就害怕，缺乏学习兴趣和求知欲、好奇心。

特征三：表现为对学习活动存在认识偏差，远离学习活动。厌学的孩子一般很少把精力放在学习活动之中，表现为不愿做作业，不认真听讲，违反课堂纪律，时常迟到、早退、旷课、逃学，有的干脆弃学出走或辍学。

二、小学生厌学原因分析

（一）从社会学角度看

1. 家庭的影响

孩子的第一位老师是自己的父母，家庭教育对孩子的心理发展起着至关重要的作用。父母不只是孩子生命的创造者，也是孩子心灵的塑造者。苏霍姆林斯基指出：父母是创造未来的"雕塑家"。因此，孩子厌学是对家长的某些不恰当行为（如溺爱、放任或要求过严、态度粗暴）的一种反应。

案例阅读专栏：厌学的孩子们

案例一：李英，女，10岁，小学四年级学生，一至三年级均是班级学习委员，喜欢学习，是老师心目中的"尖子生"。但父母对她的期望过高、要求过严，有时她考了97分，在班上名列前茅，父母却仍不满意，对她严厉批评。对于孩子的业余爱好，父母也抓得很紧，要求她"琴棋书画"样样精通，稍不用功，李英便少不了受皮肉之苦。在父母的严厉管教下，李英的心理压力很大，学习丝毫不敢怠慢。但是自从四年级开学以来，她常感到力不从心、疲惫不堪，学习成绩明显下降，对学习也产生了厌倦。"

案例二：上海青少年服务热线接到家住长宁区的张阿婆的求助电话——外孙开学即将读小学二年级，最近却屡次跟张阿婆说想死。昨天路过河边时又对她说："我想跳下去，死了以后就可以不用写字了，灵魂就可以去玩了……"

2. 学校的影响

学习负担过重是小学生产生厌学心理的重要原因。繁重的课业负担剥夺了小学生自由活动、自我发展的机会，学生潜能得不到发挥，创造性和个性受到压抑，使学生把学习视为一种"苦差事"，并由对学习的不满转变为对学习的厌倦。

教师是学校教育的实施者,教师的下列做法将会使学生体验不到学习的乐趣,使其失去动力并产生厌学情绪:

(1)教学方法不当

如果教师片面地追求分数,采用"填鸭式"的教学方法,对学生进行"疲劳轰炸",搞"题海战术",那么学生对这门功课就会产生厌倦心理。

(2)教师对学生缺乏耐心和爱心

著名教育家陶行知说:"小心你的教鞭下有瓦特,你的冷眼里有牛顿,你的讥笑里有爱迪生。"

个别教师并没有掌握育人的艺术,往往会采取批评、责骂、冷嘲热讽的方式消极对待学习成绩不佳的学生,由学习成绩差带来的连锁反应便出现在这些孩子的学校生活中,他们会产生"破罐子破摔"的消极态度,甚至会出现扰乱课堂秩序等消极、叛逆行为。

(3)师生关系紧张

古语说"亲其师,信其道",师生关系直接影响着学生的学习态度和学习积极性。师生关系融洽时,学生觉得老师喜欢他、欣赏他,便会激发自身的学习动机;师生关系紧张时,学生会觉得老师讨厌他,于是就会产生逆反心理和对立情绪。

一位厌学的学生曾说:"我原本很爱学习数学,但是自从换了新老师后,有一次我因为一道题不会做,老师随口就是一句'你怎么像猪一样笨!'难道我真的那么笨吗?从那以后,我便再也不喜欢上数学课了……"

3. 社会的影响

"打工热潮""金钱万能""文盲大亨"等观念或现象出现,致使"读书无用论"有蔓延的趋势,受到这些观念侵蚀的学生认为"学与不学一个样,学好学坏一个样",由于长期缺乏动力,消极被动地对待学习,"厌学"心理就逐渐产生了。

(二)从心理学研究角度剖析

1. 成功的学习有赖于充分的学习准备

所谓学习准备,是指学生在开始新的学习活动时,原有心理发展水平对新的学习的适应性。在对学生的调查中发现,由于学习准备不足而导致的厌学现象主要发生在三年级,但根源可追溯至一年级。孩子刚上小学时,学习内容相对比较简单,凭着幼儿园时打下的"基础",小学一、二年级时的成绩基本上都能保持较高水准,这就给儿童一种原来学习并不难的错觉。三年级开始后,教材难度逐渐增加，孩子发现学习已不再轻松，成绩便开始逐渐下降，然而孩子并没有做好接受这一事实的心理准备，因此学习上的挫败感是导致学生出现厌学情绪的根本原因。

2. 意志品质差是导致厌学的一个重要因素

对于小学生来说，与学习有关的意志品质主要是自觉性、坚持性和自制力。自觉性是指一个人在行动中有明确的目的性，坚持性是指能够长时间专注地做某件事情，自制力即善于控制和支配自己行动的能力。学生意志品质差是导致其厌学的一个重要因素。从自觉性来看，现在大多数小学生的学习目的不明确，对学习的认识只停留在为了得到父母、老师的夸赞或为了得到奖品等外部诱因上，而外在的奖励随着时间的推移会逐渐失去作用。从坚持性与自制力来看，当今小学生多数为独生子女，凡事都由父母为他们安排，学生很少有克服困难、战胜困难的体验。一旦在学习上碰到一点困难，便打退堂鼓，畏缩不前。然而，学习毕竟是一项艰苦活动，需要付出脑力，消耗体力，需要克服人本身的惰性。因此，应对学生进行意志力训练，使其认识到学习的艰苦性，指导其克服学习上的困难，体验战胜困难后的愉悦，从而激励自己进行新的学习并形成良性循环。

3. 不合理、不正确的归因会诱发学生的厌学

部分学生的厌学与成人对他们的归因有关。父母认为孩子学习成绩不好的原因是孩子不用功、贪玩，教师认为学习成绩差的孩子又懒又笨。正是这样的评价才助长了学生的厌学情绪。心理学对儿童自我意识发展的研究表明：小学儿童对他人的评价和自我评价，大多是重复父母、教师或其他有威信者的评价。当成人把学习成绩的不理想简单归因为儿童懒惰、不努力时，儿童大多数会接受这种归因，觉得自己真的又懒又笨，无力提高学习成绩。

4. 过量的作业会挤占业余时间，抑制儿童的兴趣

学生课业负担过重的问题由来已久。小学生的课业压力主要来自两个方面。其一，受以升学考试为中心的教育思想的影响。教师在课堂上拼命灌输，课外则采用题海战术使学生掌握知识，应付考试。其二，家长对子女的期望过高，给孩子布置额外作业。众所周知，小学生的坚持性还处于发展阶段，注意力集中的时间比成人短。大量的、长时间的作业必然给他们带来心理压力。首先，长时间做作业会导致小学生分心，这对其作业行为是一种负面强化，使学生越来越厌烦作业。其次，小学生的学习行为需要一种"报酬"，报酬可以是内在的（如成人获取知识后在心理上得到的满足感），也可以是外在的。为了训练小学生的坚持性，可以逐渐延时出现报酬，但不能没有报酬物。许多学生

做作业前，有自己的活动计划。比如，做完作业和伙伴玩游戏，看电影、电视或其他书籍等。实际上，这些他们所喜欢的活动便是其作业的"报酬"。为了这个"报酬"，儿童可以高效率地完成适量的作业。如果成人引导得法，就很容易让儿童"以苦为乐"。

5. 没有激发学习积极性

在学习中，让学生不断重复已学过的东西或者学习力不能及的东西，都会挫伤其学习积极性。研究表明，能够引发学生认知冲突的任务最容易诱发学生的学习兴趣。作业太容易，学生就无须动脑筋，对学生来说就无法构成一种"问题情境"，不能激发学生去尝试、去探索。作业难度大，学生经过一定的努力仍无法解决时，便会产生焦虑与无助，这些体会容易使其在学习时陷入被动状态。

三、小学生厌学心理的矫正措施

小学生厌学是一种不良的心理表现，厌学不仅直接影响到学生的学业表现，还会危害他们的身心健康。因此，分析厌学心理产生的原因，采取相应矫正措施，是心理学工作者必须研究解决的一项重要课题。

（一）社会方面

我们应尽量净化社会风气并优化青少年成长的社会环境，不断丰富学生的业余文化生活。比如，在少年宫、文化宫、博物馆、科技馆、体育场馆等积极为学生组织各种活动，为他们学习知识、锻炼体魄、增长才干、陶冶情操提供方便；管理和监督学校周边的游戏厅、网吧，防止未成年人沉溺其中。

（二）学校方面

对于小学生厌学，学校既要重预防又要重疏导，以尽量减轻学生的心理和学业负担，使他们充满信心地学习、生活。

1. 学校内部要转变评价观念和课程结构

现代教育的落脚点是促进每一个学生的发展，这就要求增加学校课程的多样性、层次性和选择性，从而增强学校教育对学生的适应性。只有这样的教育，才会让每个学生对学习产生浓厚的兴趣，感受学习的成功，避免厌学的产生。

学校以分论质、唯分是求的做法是片面的，也是很不科学的。每个学生都有潜能，都有自己的长处，只要有适合他们的学习内容和学习方法，他们都能学好，都可以成为对社会有用的人。

阅读链接：名人名言

"教育成功的秘密在于尊重学生。"

——美国教育家爱默森

"把劳动的欢乐、学习上取得成功的欢乐给予儿童，在儿童的心里激起自豪感和自尊感——这是教育的第一信条。"

——苏霍姆林斯基

2. 发挥学校的各种力量，营造良好的学习环境

学校应举办多种类型的文艺体育比赛，开展各种社团活动，营造良好的学习氛围和环境，为每个学生个性展示和能力发展提供平台，培养他们的主动性，使其在良好的集体环境中形成正确的自我认知。

3. 重视班主任队伍的建设，强化其主体作用的发挥

班主任是学校最基层和最直接的学生思想政治工作者。一个班的班风和学习风气如何，很大程度上取决于这个班的班主任。班主任不但要认真做好教学工作和班级日常管理工作，更要关爱孩子、理解与尊重孩子，密切关注孩子的思想动态和在校表现，防患于未然。对于已经出现厌学倾向的孩子，要及时引导，形成班级同学"一对一"帮扶的机制，提高其克服困难的信心与勇气。

4. 加强课堂教学研究，切实提高课堂质量

教师要了解各个年龄段学生不同的心理特征，与学生建立相互理解、相互信任的良好师生关系，努力激发学生的学习兴趣和求知欲。

（三）良好的家庭教育是防治厌学情绪的重要保证

家长们需要从以下两方面做起：

第一，家长应注意自己的行为习惯及生活方式。家长是孩子的启蒙老师，家长的一言一行都在无意之中起着作用，家长对学习的态度、学习行为习惯及生活方式等多会在子女身上有所体现。家长乐学好学，孩子受到这种学习氛围的熏陶，自然会乐学上进。

第二，家长应正确估计子女的学习能力。因此，家长首先应冷静分析自己子女的智力条件，抱着"三百六十行，行行出状元"的心态，努力让孩子在轻松、愉快的学习中体验快乐。让孩子从苦学、厌学变为喜学、乐学，需要家长循循善诱、耐心指点，家长要讲究引导方法。

第四节　学习障碍

案例导读：

李某，10 岁 6 个月，上小学四年级。父亲是工人，母亲是司机。据家长介绍，李某从小说话就比同龄孩子要晚，小时候也不爱说话，词汇量少，见人爱笑，说不了特别长的句子。但她小时候动作敏捷，跑步的速度比其他同学都快，特别喜欢手工和画画，写作业也较快，并且很少有马虎的现象，计算和数学中等偏下。她目前最大的困难是记不住字，听写成绩为全班倒数第一。

从上学到现在，学了不少字，可考她过去学过的字，几乎都忘记得差不多了。她好像忘记的字比记住的字要多，家长觉得以往在教字上花费的心血都白费了。由于认字太少，李某从来没有读过一本完整的文字书。家中全是一些连环画的小人书，她非常爱看。由于阅读能力落后，近一年来她的数学成绩也直线下降。

经测评后发现，李某的识字量仅相当于一年级水平，只能认识 300 多个常用字，甚至连"边""猪"等字都不认识。阅读时读不成句子，必须用手指着文字方向，一个字一个字地读，遇到生字不尝试着去猜，而是长时间地停顿下来，想依靠大人帮助。读后不知其意，回答不了问题。对语音的记忆能力很差，尤其是倒背数能力更差。一年级学过的拼音除了简单的，都忘记得差不多了，对四声的判断很不熟练，阅读理解能力落后两个年级。

一、什么是学习障碍

学习障碍（Learning Disability，简称 LD）是指智力正常的儿童，因神经心理功能异常，在获得或运用听、说、读、写、推理和计算能力的一个或多个方面未能达到其适当的年龄的能力水平，出现明显困难，从而导致学习落后、学习成绩不理想的状态[①]，约占小学生总人数的 5%～10%。

二、学习障碍的类型

由于在现实中学习障碍儿童的表现具有很大的差异性，因此对学习障碍儿

---

① 雒强. 学习障碍儿童特征研究及干预建议［D］.西安：陕西师范大学，2013：5-8.

童进行分类有一定的难度，以致到目前为止都没有统一的分类标准。美国学者Kirk 将学习障碍分为两大类，即发展性学习障碍和学业性学习障碍。①

（一）发展性学习障碍

发展性学习障碍是指在儿童正常发展过程中出现的某些心理、语言功能的异常表现，多与大脑信息处理过程出现问题有关。这类学习障碍又包括以下几个类型：

1. 注意障碍

注意障碍表现为好动、注意力分散，不能持续足够长的时间来完成学习任务，也不能有目的地注意周围的事物。

2. 记忆障碍

记忆障碍表现为不能记住曾经见过的、听过的和经历过的事情。

3. 视知觉、听知觉障碍和感知-运动障碍

视知觉有问题的学生，其通常表现为无法理解路标、方向指示、文字或其他符号，无法理解图片的含义。听知觉有困难的儿童，其通常表现为无法理解或转译口语，能认出见到过的事物，可以阅读却不能理解含义。感知-运动障碍的儿童在完成方位辨别、空间定向、需视觉配合的活动等方面存在困难。

4. 认知能力障碍

大脑处理信息时，必须具备记忆、分类、推理、判断等基本的智力活动能力，这是大脑信息处理过程的必要组成部分，在这些方面有缺陷就会影响学习活动，学习障碍儿童在认知和元认知方面都有困难。

5. 语言障碍

语言障碍表现为不开口说话或不能像同龄人那样说话，不能对指示或口头陈述做出恰当反应。

（二）学业性学习障碍

学业性学习障碍是指显著阻碍阅读、拼写、写作、计算等学习活动的心理障碍。这些障碍往往会在儿童入学后因其实际成就水平低于潜在学业能力而表现出来，主要表现为阅读困难、书写困难和数学困难等。②

1. 阅读困难

阅读是一个需要多种认知过程（如知觉、记忆、理解、概括、比较、推理等）参与的学习活动，儿童在这些认知能力的任意一种上存在问题，都会

---

① 辛自强，俞国良. 学习不良的界定与操作化定义 [J]. 心理学动态，1999，7（2）：52-57.
② 辛自强，俞国良. 学习不良的界定与操作化定义 [J]. 心理学动态，1999，7（2）：52-57.

影响其阅读能力，因而阅读困难是较为普遍的一种学习困难类型，其主要表现在以下几个方面：

（1）阅读习惯方面

其表现为：学生在阅读时动作紧张，皱眉、咬唇、侧头阅读或头部抽搐；迷失位置，找不到是从哪里开始阅读的；阅读时和书本距离过近；以哭泣或其他问题行为来拒绝阅读。

（2）朗读方面

其表现为：学生在朗读时常常省略句子中的某一个字或某几个字；任意在句中加字减字；任意将句中的字以其他字替换；将词组的前后字任意颠倒；阅读不流畅，在不适当的地方停顿；声音尖锐，喘气声很大等。

（3）回忆方面

其表现为：学生在回忆基本事实时有困难，无法回答文章中有关时间、地点等基本事实的问题；序列回忆困难，无法按故事情节的先后顺序来复述故事；无法说出所阅读内容的主题。

（4）理解技能方面

其表现为：学生在逐字理解时有困难，无法正确说出阅读内容中的细节和一些特定信息；理解技能不足，不能从阅读材料中得出结论，无法比较观点之间的差异、无法把新观点与学习过的观点综合起来；评论性理解技能不足，无法将阅读材料与自己的生活结合起来、无法分析作者的意向和信念。

（5）阅读策略的运用方面

其表现为：学生难以划出重点、无法认识阅读材料的性质、无法划分段落等。

2. 书写困难

研究发现，许多学习困难儿童在精细动作能力上发展不足，从而表现出不同的书写困难，书写困难也叫书写缺陷或视觉-动作整合困难，学习困难儿童典型的书写困难一般有如下表现：

（1）握笔方法不正确

手指过于接近笔尖或过于远离笔尖；只用食指来运笔；放置本子或纸的位置不正确，常移动或放得太斜。

（2）书写姿势不正确

身体与桌面的距离不当，太远或太近；手臂与身体的距离不当，太贴近身体或太远离身体。

（3）力量控制不当

用在铅笔上的力量过重，会折断笔尖或戳破纸；肌肉过于紧张，手指僵硬，运转不灵活；力量不够，握不住笔或笔道太浅。

（4）字不均匀

写字不匀称，该大的不大、该小的不小，如"吃"的左右两部分写得一样大，变成"口乞"；字与字大小不一，粗细不一。

（5）字间距不当

每个字的组成部分之间距离太远，如"明"的左边部分与右边部分距离太远，变成了"日月"；字与字之间距离太大或太小。

（6）笔顺不正确

不遵循笔画顺序规则，如写"国"字时先封口，再写里面的"玉"字；把一笔分成两笔或把几笔连成一笔。

（7）字迹潦草

字没有结构，东倒西歪，不成比例；没有笔画，横不像横，竖不像竖，信手乱涂。

（8）字混写

特别是在写拼音字母或数字时，分不清6与9、5与2、b与d、p与q等。

3. 数学困难

数学学习需要学生具有良好的推理、分类、组合、抽象、概括等能力。另外，在解决数学问题的过程中，语言能力也有着十分重要的作用。儿童在学习数学前应该已具备了一些准备技能，如按大小、形状、颜色、材料来比较、分类、配对、排列物体的能力，如果儿童这些准备技能发展不足，那么学习数学时就会受到影响。

数学学习障碍表现为计数困难，对上、下、高、低、远、近、前、后等空间及序列概念区分不清，理解数学术语或符号有困难。这类孩子在机械图形与数学任务上能力落后，记不住人脸的图形，交往能力差；在运动和机械记忆方面有困难，解决逻辑思维任务能力和空间想象能力差，学习时较为刻板，不能将新学习的操作迁移到新环境中。学习困难儿童在数学学习上的困难主要表现在以下几个方面：

（1）阅读与书写数字困难

在读和写时，容易把5与2、6与9等混淆。

（2）数数困难

在大声数数时，常会把一些数字跳过去；序数理解有困难，如不知道一周中的第二天是哪一天；无法正确地按一定的要求数数，如要求按顺序从1数到30但不能数含有4的数和4的倍数时，其往往不能正确完成。

（3）数位困难

不能理解数位概念，不能理解相同的数字可以在不同的数位上表示不同的值，而数位困难则会影响到进退位的加减法运算。

（4）计算技能不良

运算方法混淆，如在进行乘法运算中，会将乘号看作加号；对运算法则的掌握不到位，不会退位减或进位加。

（5）问题解决缺陷

解数学应用题时存在困难，这主要是由语言技能的缺陷引起的，还有一些儿童则是因为缺乏分析和推理能力。

（6）空间组织困难

把数字颠倒或反向，如将71读成17；在运算过程中将数字的位置排列错误。

三、学习障碍的评估与诊断

学习障碍诊断的主要方法涉及收集有关信息的手段与来源，主要有以下几种：

（一）诊断模式

学习障碍儿童的诊断有三种基本模式，即常模参照测评、尺度参照测评和以课程为基础的测评。

常模参照测评：这种模式源于学习障碍的定义中所强调的学习潜能与实际学业表现的差距，基本思路是以儿童所在年级的平均学业成就水平为标准，将个体的学业成就水平与之对比，用后者相对于前者的滞后年级数表示偏离水平，如超过预先设定的临界值，则可将该儿童定为学习障碍儿童。[①]

阅读链接：各年级段不同的滞后年级临界值参考

年级	滞后年级临界值
小学1~3年级	1年或以上
小学4~6年级	1.5年或以上

---

① 徐芬. 学业不良儿童的教育与诊治［M］. 杭州：浙江教育出版社，1997.

年级	滞后年级临界值
初中阶段	2 年或以上
高中阶段	2.5 年或以上

尺度参照测评：这是教师或研究学习障碍的专家预先制定的一个评价儿童学习水平的尺度，用以评价学生的学习成效。这种测评模式所提供的测评信息不是具体数据，而是一些描述性信息，在测评的过程中，它可以帮助测评专家把实际的教学目标与儿童的具体情况结合起来，有助于确定教学的目的和进程，而不是筛选学习障碍儿童。

以课程为基础的测评：它以儿童日常课程任务的完成情况为基础，每日或每周进行评价。它既可以由教师评定，也可以让学生自己参与评价。该模式有四个步骤：一是直接观察与分析学生学习的环境，包括教材、教法、教学时间和学习时间；二是分析学生学习的过程，包括态度、注意力、阅读量、听课状态等；三是评估学生的学习成果，如考试、作业、回答问题或练习的表现以及错误的类型；四是诊断分析，即用已有的系统教学方法来观察影响学生学习效果的因素并作为未来干预的基础。

以上三种学习障碍儿童的诊断模式各有不同的侧重点，常模参照测评模式更多地应用于筛选，尺度参照测评模式与以课程为基础的测评模式作为非正式诊断的主要类型，在教育干预中具有重要作用。

（二）诊断方法

1. 医学诊断

根据学习障碍病理机制的神经系统异常的假设，医学界在诊断学习障碍时通常会对儿童神经系统的结构与功能进行检查，了解儿童的生长发育史（家庭环境、孕产史，学会坐、立、走、说话、独立大小便的时间），病史、家族史，并对其进行神经科、眼科和耳科检查，尤其需要检查其感知觉、运动能力有无障碍。

2. 心理诊断

我们可以使用心理测验量表对儿童做出恰当的评估，常用测量工具有智力测验、学业成就测验、心理过程测量、动作测验等。

（1）智力标准。标准化智力测验成绩智商下限为 70~75。若智商低于 70者，便属于智力落后，不属于学习困难。

（2）学业不良标准。我们可以采用绝对学业不良与相对学业不良相结合的方法来确定哪些是学习困难儿童，学科统测是根据大纲命题的绝对评价，而以低于平均分25个百分等级为划分学习困难儿童的标准是相对评价。

（3）学习过程异常。学习过程是学生感知信息、加工信息、利用信息解决问题的认知过程，学习困难儿童在这一过程中往往会在某些方面表现出偏离常态的行为。

3. 教育诊断

通过家长、教师了解儿童的生活史、病史与学校表现来诊断儿童在学业方面存在哪些障碍，如总体学力水平低还是读、写、算等某方面存在困难。

阅读链接：任课教师评定学生的学业表现

请评价（　　　）同学在以下方面的学习能力与成绩（按很好、较好、较差、很差评价）：

1. 听力理解

2. 拼音

3. 阅读

4. 口头表达

5. 书写表达

6. 算术

7. 您对该儿童学习情况和以上问题的了解程度

该儿童的成绩一般在班上排（　　　）名

评定人与儿童的关系：1. 语文老师　2. 数学老师　3. 家长　4. 其他（注明）

签　名：

评定日期：　　年　　月　　日

四、学习障碍的病理学分析

在关于学习障碍的致病原因方面，研究者并没有确切的看法，只是推测该障碍的发生与生理因素、认知因素和环境因素有关。

（一）生理因素

1. 大脑损伤或者脑功能失调

近年来，核磁共振脑成像技术的进步使得研究人员得以发现在完成语言处理任务时，阅读和语言障碍个体在大脑的一些特定区域显示出的和正常个体不同的活动模式。阅读障碍儿童的大脑结构和正常儿童的大脑结构有着轻微的差别，这些缺陷的脑功能定位可能是在一个叫颞平面（Planum temporale）的结构上，这是一个与语言有关的位于大脑两侧的区域，正常的大脑左侧的颞平面比右侧的大，但阅读障碍个体大脑两侧的颞平面大小基本相同，学习障碍儿童的脑电激活不足，负责注意力和信息组织的脑结构发展迟滞。①

2. 遗传

阅读障碍者的兄弟姐妹和子女比正常人更容易有阅读问题。越来越多的证据证明基因至少部分地解释了阅读困难的家族联系，并且发现了基因导致语音缺陷的可能的染色体的位置，而这种语音缺陷可能会在日后导致儿童出现阅读方面的问题。

3. 生化失调

有研究者指出，是儿童身体内部的生化失调导致了学习障碍。例如，儿童食用的许多食物中的人工色素和调味料会导致学习障碍和多动症。也有人指出，学习障碍可能是由儿童的血液无法合成足够的维生素导致的。

（二）认知因素

学习困难是由注意力缺陷、工作记忆容量不足以及学习加工过程中信息系统出现错误的编码、存储和提取等原因造成的，学习困难儿童的注意定向和相关认知加工能力与正常儿童有所差异，对正常儿童和学习困难儿童的注意力品质进行对比实验后我们发现，学习困难儿童在注意力分配上有明显的缺陷，注意的广度上有偏低倾向。

（三）环境因素

环境因素尤其是儿童早期的贫困生活状况和恶劣的早期教育环境很可能导致学习障碍。学习障碍在某些家庭中不断出现的情况表明，儿童早期发展阶段所受的环境影响与其随后的学业表现之间存在着相关性。研究发现，缺乏早期交流的儿童进入学校后更容易表现出词汇、语言运用和智力发展方面的缺陷。

五、学习障碍的干预

尽管学习障碍有稳定的生物学基础，但对其进行干预主要还是依赖于教育和心理社会方法。

对学习障碍儿童进行有效干预并改善其学习过程与效果是所有学习障碍研究者的共同目标。为此，研究者从对学习障碍病因假设出发，针对学习障碍的具体问题，提出了干预方法和治疗方案。

---

① 埃里克·J. 马什，戴维·A. 沃尔夫. 异常儿童心理 [M]. 徐浙宁，苏雪云，译. 3 版. 上海：上海人民出版社，2009.

（一）行为干预模式

行为干预模式主要是对学习障碍儿童在学习过程中表现出的适宜行为给予奖励，并采用学习行为记录表、代币制、操作性条件反射等行为矫正技术，奖励强化良好行为出现的频率，使此类行为得以巩固。

（二）认知-行为干预模式

这种模式更强调使学习障碍儿童自己形成主动的、自我调控的学习风格。认知-行为干预模式的基本程序为：对干预对象现有策略水平进行测评，确立基线和干预目标；向被干预者解释目标策略；示范目标策略的使用；为被干预者进行言语示范；提供低难度材料以供练习；提供与被干预者所在年级平均水平相似的练习，并给予反馈；后测并进一步给予反馈；迁移训练。①

认知-行为干预模式强调对学习障碍儿童进行认知策略训练和自我监控训练。这一干预模式最突出的特点，一是尽量引导儿童成为自己学习过程的主动参与者；二是重视示范目标策略、方法的运用；三是以儿童的外部言语为中介。这一模式使学习障碍儿童学会对自己学习过程的控制，改变了其原有的消极被动的学习风格，通过反复训练和坚持练习以达到改善注意和自我行为控制的目的。

（三）同伴指导模式

这是 20 世纪 80 年代中期兴起的新型训练模式，即让一个学习障碍儿童帮助另一个学习障碍儿童或让学习障碍儿童的同伴（正常儿童）帮助他。同伴指导模式的进行要求事先抽取部分儿童作为指导者，并对指导者进行特殊训练。

（四）神经系统功能训练

神经系统功能训练的创立者认为，对基本心理过程进行训练可以改善脑功能，进而改善学习过程和增强学习效果。在改善心理过程及神经系统功能的框架下，研究者设计了许多干预方案，并针对不同的心理过程进行训练，如感觉统合训练，即采取游戏的方式，利用特制器具让儿童进行全身各个部分的运动，从而改善其感觉统合功能，进而逐步解决其听、说、读、写等方面的问题。

（五）学习能力训练

学习能力训练是建立在心理学和教育学基础上的特定训练项目。通过计算

---

① 陈学锋，谢天壬.5~10 岁儿童发展性学习困难的教育干预研究 [J].心理发与教育，2001 (2)：13-18.

机软件或医师一对一的训练，从注意力、记忆力、运动能力、听觉分辨、视-动统合、阅读写作、数学计算、概念理解、逻辑推理等方面使孩子的能力得到提高，克服自身的学习障碍。

（六）生化与药物治疗

由于儿童的学习障碍问题是由其神经系统的结构与病理性问题等造成的，因此首先需要采用药物治疗控制和改善学习障碍儿童的病情，进而改善其学习状况。

除此之外，学习障碍的早期预防和早期干预也十分重要，包括加强围生期保健、防止烟酒毒等有害物质的侵害和正确开展早期教育等。一旦发现儿童有语言或其他学习问题时应及时送其就诊。家长也应改进养育条件和方法，尽早进行心理咨询与指导。有些学习困难儿童的双亲（尤其是母亲）容易陷入长期担心和慢性焦虑，因受其影响而采取不适当的教养方式，因此及早对家长开展心理咨询与指导也是防治的重要环节。

第三章　小学生情绪问题及障碍

◆ 焦虑问题及障碍

◆ 恐惧问题及障碍

◆ 强迫症

◆ 应激障碍

◆ 抑郁症

第一节　焦虑问题及障碍

案例导读:

琪琪是小学三年级的学生,她从一年级开始就生活在离异家庭中,和母亲相依为命。母亲因工作原因很少陪琪琪,同时对女儿要求严格。二年级下学期,琪琪得知父亲因车祸去世后像变了个人似的,学习格外努力。但在三年级的一次考试中琪琪数学成绩下降得很厉害,老师找她妈妈谈了一次,从此琪琪就非常担心这一科成绩不好会影响自己在老师和母亲心目中的形象。现在,每到考试,她都心慌、头疼、手心出汗,焦虑不安,成绩更是越来越差。

焦虑是儿童期较常见的一种情绪问题,常常表现为无原因的不安、无所指向的烦躁和惊慌,好像某种危险就要来临,但又说不出究竟在担心什么。在小学儿童中,焦虑情绪的存在较普遍,这对儿童的学习、行为、自我意识造成了不良影响,因此我们应对各种儿童焦虑问题及障碍予以积极的干预。

一、分离焦虑障碍

（一）什么是分离焦虑障碍

分离焦虑障碍（SAD）是儿童期最为常见的情绪障碍之一,是发病年龄最小和开始治疗年龄最小的一种儿童焦虑障碍。分离焦虑障碍是指个体与其依恋对象分离或与其家庭分离时过度焦虑和体感不适的一种现象。在青春期之前的发病率为3.5%，女童的发病率为男童的两倍左右。在严重的情况下，儿童可能因为分离焦虑障碍而不能上学或者参加户外活动。同样，因为分离焦虑会使儿童经常出现躯体症状，所以他们通常会多次接受躯体检查。①

研究证实，3~5岁幼儿的分离焦虑程度较高，而7~8岁儿童初入学时期是分离焦虑性障碍的又一高峰期，其并发症有自主神经系统功能紊乱的症状，如心慌、胸闷、尿频、尿急等。分离焦虑容易使儿童出现食欲减退、胃肠功能紊乱、夜间入睡困难、夜眠不安、注意力不集中、学习成绩偏差等症状，有时甚至演化为学校恐惧症。②

（二）分离焦虑障碍的具体表现

分离焦虑障碍的核心症状是当儿童与主要依恋人或家庭分离时会表现出明显的焦虑，学前期儿童的主要表现是儿童常不切实际地担心父母或主要依恋者被伤害，因而拒绝上学。分离焦虑往往有三个阶段：最初表现为反抗、哭闹、拒绝他人；后来发展到无助、冷漠、伤心、失望；最后患儿似乎变得"正常"，对与依恋对象的分离表现冷漠和无动于衷，直到患儿拒绝上学或有躯体不适才会引起家长的重视。③

分离焦虑在不同年龄阶段的表现形式也并不相同。幼儿期的主要表现为与依恋对象分离时大哭不止、抓住亲人不放、打滚、不能接近等。5~8岁患儿则常出现无根据的担心，如担心亲人会离开、自己会发生危险或意外事故，因而不愿离开亲人，拒绝上学或去其他地方。9~12岁患儿的主要表现为对分离的过分苦恼：分离前担心即将来临的分离；分离时痛苦；分离后烦躁不安，注意力不集中。青少年分离焦虑障碍常见的是躯体症状，如呕吐、腹痛、头痛等，75%的患儿表现出拒绝上学的行为。

（三）分离焦虑障碍的诊断与评估

DSM-IV对分离焦虑障碍的诊断标准：

（1）在离开家或者离开依恋对象时，个体出现的与其年龄阶段不相符的、过度的焦虑（表现出至少以下3项）：

①当离开或者预期要离开家或者重要的依恋对象时，反复出现过度的

---

① 翁玉婷，王云霞. 儿童分离性焦虑障碍的研究述评 [J]. 中国校外教育，2011 (4)：15-16.

② 王凯，苏林雁，朱焱. 儿童焦虑性情绪障碍筛查表的中国城市常模 [J]. 中国临床心理学杂志，2002，10 (4)：270- 272.

③ 翁玉婷，王云霞. 儿童分离焦虑障碍的研究述评 [J]. 中国校外教育，2011 (8)：15.

焦虑。

②持续和过度地担心失去重要依恋对象或者担心重要依恋对象会被伤害。

③持续和过度地担心发生不幸的事件，并担心因此导致和重要的依恋对象分离（例如走失）。

④出于对分离的恐惧，持续地不情愿或者拒绝去学校或者其他地方。

⑤持续和过度地害怕、不情愿处于以下情景：独自一人，依恋对象不在家，或者在其他场景但没有重要依恋对象的陪伴。

⑥持续地不愿意或者拒绝在没有重要依恋对象在旁边的情况下睡觉，或者不在家睡觉。

⑦重复做主题为分离的噩梦，以致夜间多次惊醒。

⑧在和重要依恋对象分离或者预期分离的时候，反复出现躯体症状（譬如头痛、胃痛、恶心或者呕吐）。

（2）这种困扰至少持续 4 周。

（3）这种困扰出现在 18 岁之前。

（4）这种困扰造成了临床上的显著痛苦，或者造成了社会、学业或其他重要功能领域的损害。

（5）这种困扰并不唯独出现在一种广泛性发展障碍、精神分裂症或者其他精神病性障碍的病程中。

早期发病：发病时间在 6 岁以前。

阅读链接：苏珊的故事

苏珊今年 7 岁，是个小学生。每次临近上学的时候，苏珊要么躲到床底下，要么把自己锁在卫生间，或者苦苦哀求母亲，说自己"胃痛"无法上学。她不仅担心妈妈会把她遗忘在学校，还担心自己在学校的时候家人会出意外。除了不愿意上学，单独待在家里也会使她感到害怕。她晚上会做噩梦，不敢一个人睡，半夜总是忍不住要溜去父母的卧室。苏珊这样的孩子究竟是怎么回事呢？是胆小，还是厌学、不懂事儿？其实都不是。苏珊是得了一种儿童比较常见的心理疾病：分离焦虑障碍。

（四）分离焦虑障碍的病因分析

1. 遗传因素

如果父母患焦虑症，则其子女出现分离性焦虑障碍的概率明显高于正常父母的子女，同卵双生子分离性焦虑障碍相似率高达 50%，这说明本症与遗传有关。

2. 家庭因素

家长的教养方式是儿童上学适应快慢的重要因素。实践证明，不娇惯孩子、注重培养孩子独立能力、鼓励孩子探索新环境和与新伙伴一起玩的家庭，其孩子上学适应期较短。亲子过分依恋，孩子平时经常与母亲待在一起，不与外界接触，而母亲对孩子过于珍爱、过分保护，使孩子养成了胆小、害羞、依赖性强、不能适应外界环境的个性弱点，则孩子一旦与母亲突然分离，就容易出现分离性焦虑。

3. 生活事件影响

在出现分离性焦虑之前，往往有生活事件作为诱因，常见的生活事件有与父母突然分离、在学校受到挫折、遭遇不幸事故、亲人重病或死亡等。周围的事件给他们带来诸多的不安和紧张，因其在学校得不到宣泄，于是才在回家后把紧张情绪宣泄出来。

4. 环境的改变

儿童从家庭迈入学校，环境有了巨大的改变，这也是他们的"心理断乳期"。生活规律和生活习惯的改变让他们面临适应困难，学校有相对固定的一日生活时间表，什么时候上课、什么时候休息、什么时候吃饭都有统一规定，而孩子在家的生活规律并不一定与此相符，有些家庭生活作息比较随意，一切以孩子的意愿为中心，这与在学校需要接受统一管理形成了明显的对比，会使孩子体验到适应压力。另外，学校中教师要求学生要具备一定的生活自理能力，自己的事情要学会自己解决，这些要求给儿童带来了一定的压力和挑战。于是，部分孩子选择逃避现实，不愿意面对学校，害怕与家庭分离。

5. 畏惧综合征

这是孩子社交能力差的表现，胆小的孩子依赖性强，不会和身边的孩子交朋友，适应能力较差。他们会把陌生的地方看成"狼外婆"的家，充满恐惧。因此，他们不愿与自己的家人分离，分离后则会处于异常恐惧的状态。

（五）分离焦虑障碍的心理学干预

北京师范大学陈帼眉教授指出：儿童在家的生活习惯与作息制度以及儿童的自主能力会影响儿童分离焦虑的程度。儿童对父母的依恋，在很大程度上是由于父母能满足他们生理上的需要，如吃、喝、拉、撒，正因为如此，才使孩子逐渐产生了依恋父母的情感。所以，在孩子入学前，家长应该给予其生活技能上的指导，指导孩子自己穿衣服、自己吃饭、自己洗手、自己睡觉、认识自己的物品等，让他们能够做自己有能力去完成的事情。另外，家长应该有意识地培养孩子的独立性，培养他们简单的生活自理能力，使孩子们觉得自己长大了，是一个能干的小大人了，而不是一个样样都不会的小孩。

此外，学校要与家庭进行密切联系，了解儿童的个性和生活习惯，从而进行正确指导。这就要求学校重视家访，家访可以消除儿童对教师的陌生感，教师也可以了解儿童的个性特点和生活习惯，便于因人施教。作为家长也应主动配合学校，改变儿童家庭生活的随意性，制定相应的作息时间制度，培养孩子良好的生活卫生习惯，提高他们的人际交往技能等，缩小家庭与学校的生活差异，使儿童更快适应小学生活，从而缓解儿童的分离焦虑。对小学生分离焦虑障碍的具体心理干预措施如下：

1. 认知行为治疗

认知行为治疗是通过改变不良认知以消除不良情绪和行为的短程心理治疗方法，主要针对儿童的异常行为和内心矛盾进行干预。认知行为治疗一般采用系统脱敏法、情景再现和处理意外事件等方法使患儿敢于接近令其害怕的情境，采用行为消退法消除对患儿不适当的情绪、行为反应的关注和强化，使之逐渐减弱以致消失。

2. 支持性心理治疗

其要点是帮助孩子尽快适应新环境，如对儿童采用非语言交流形式，给予抚摸、积极心理暗示使儿童相信自己有能力克服恐惧感、陌生感。对于学龄前儿童，应多使用鼓励性语言，重点以语言交流和思想引导为主，尊重患儿的人格与自尊心。

3. 结构家庭疗法

结构家庭疗法是通过调整家庭成员关系来达到对儿童分离焦虑障碍进行治疗的效果。它可以帮助父母以适当的态度对待孩子的焦虑，调整父母与儿童的关系，逐渐改变母子之间的依恋关系，以缓解儿童的分离焦虑障碍。具体的做法是，每周做家庭访谈一次，每次一小时的结构式家庭疗法由心理治疗师与临床医生联合进行，持续三个月，内容包括耐心听取患儿的倾诉、启发患儿讨论发病的原因以及如何改变病态的家庭关系模式，同时对患儿家属给予必要的心理健康教育指导，指导和协助患儿与家庭成员重建有利于身心健康的家庭关系等。[①]

4. 生物反馈治疗

生物反馈治疗适用于年龄稍大的儿童，是通过放松训练来缓解其焦虑。生

---

① 马会斌，李振宇，孙丽娟. 结构家庭疗法对儿童分离性焦虑症的疗效分析 [J]. 中国民康医学，2014（16）：35-36.

物反馈法的运用一般包括两方面的内容：一是让患儿学习放松训练，以便缓解过度紧张的状态，使身体能一定程度地放松；二是当患儿学会放松后，再通过生物反馈仪，使其了解并掌握自己身体内生理功能改变的信息，进一步加强放松训练的学习，直到形成操作性条件反射，解除影响正常生理活动或病理过程的紧张状态，以恢复正常的生理功能。

（六）分离焦虑障碍的防治

第一，创造良好的家庭环境。如果父母本身有焦虑倾向，就要认识到自己的弱点可能会对孩子造成不良影响，因此父母要学会控制自己的情绪，尽量避免将自己的焦虑倾向传递给孩子。

第二，扩大孩子的接触面。让孩子从小习惯多人抚养的环境，为孩子创造接触除家庭成员之外的其他小朋友和大人的机会，让孩子学会与不同的人交往，培养孩子的人际适应能力。

第三，培养孩子的生活自理能力。不要让孩子对母亲过分依恋，要让孩子养成有规律的生活习惯，以免进入幼儿园或者学校后难以适应集体生活。

第四，做好入学前的准备工作。在入学前要经常给孩子讲学校的生活，也可以带他到校园参观，看一看小朋友们是如何愉快地做游戏、学习与生活的，让他对学校产生好感甚至向往之情。

第五，如果孩子出现了儿童分离焦虑症，则要查明原因，解除诱发分离性焦虑的心理应激因素，采取支持性心理治疗和家庭辅导治疗。尤其是父母要加强对分离性焦虑的认识，消除家庭环境或者家庭教育中的不良因素，克服自身的弱点或者神经质倾向。

二、广泛性焦虑障碍

（一）什么是广泛性焦虑障碍

广泛性焦虑障碍（GAD），简称广泛焦虑症，是以持续的显著紧张不安，伴有自主神经功能兴奋和过分警觉为特征的一种慢性焦虑障碍，女性发病率比男性高两倍，常与应激有关，此障碍通常开始于儿童或青少年期。

广泛性焦虑障碍患儿常具有某些典型的容貌特征，如面肌扭曲、眉头紧锁、坐立不安，甚至有颤抖、皮肤苍白、手心和脚心出汗等躯体反应。

（二）广泛性焦虑障碍的具体表现

广泛性焦虑障碍者经常表现出无明确对象或无固定内容的紧张不安和过度焦虑。这种紧张不安、担心或烦恼与现实很不相称，使患儿感到难以忍受又无法摆脱，常伴有自主神经功能亢进、运动性紧张和过分警惕。一般来说，广泛性焦虑障碍患儿的焦虑症状是多样的，可出现一系列生理和心理症状①，具体而言，其主要表现有：

1. 焦虑和烦恼

其表现为对未来可能发生的、难以预料的某种危险或不幸事件的经常性担心，还有害怕性期待、易激惹、对噪声敏感等，他们可能对日常生活中的事物失去兴趣，以致学习受到严重影响。

2. 运动性不安

其表现为搓手顿足，来回走动，紧张不安，不能静坐，可见眼睑、面肌或手指震颤。

3. 躯体表现

广泛性焦虑障碍的躯体症状来源于交感神经系统的过度活动和骨骼肌的紧张性增加，具体症状有：

（1）口干、吞咽堵塞感、食管内异物感、过度排气、肠蠕动增多或减少，胃部不适、恶心、腹疼、腹泻。

（2）出现压迫感、吸气困难、气促和窒息感、过度呼吸。

（3）心悸、心前区不适、心律不齐。

（4）尿频尿急。

（5）震颤、刺痛、耳鸣、眩晕、头痛、肌肉疼痛。

（6）睡眠障碍失眠、夜惊。

（7）兴奋多汗、面部发红或苍白等。

4. 过分警觉

其表现为对外界刺激易出现惊跳反应，注意力难以集中，有时感到脑子一片空白，难以入睡和易惊醒以及易激怒等。

（三）广泛性焦虑障碍的诊断与评估

根据 DSM-5，诊断 GAD 的标准如下②：

（1）在至少持续 6 个月的时间里，对于诸多事件或活动（如学校表现）表现出过分的焦虑和担心（焦虑性期待）。

（2）个体难以控制这种担心。

（3）这种焦虑和担心与下列 6 种症状中至少 3 种有关（在过去 6 个月中，至少一些症状在多数日子里存在。注：儿童只需表现出其中一项）：

---

① 韩雪. 广泛性焦虑障碍的元认知理论 [J]. 社会心理科学，2007，22（1）：220.

② 姜男. 广泛性焦虑障碍 [M]. 北京：北京大学出版社，2015.

①坐立不安，感到激动或紧张。

②容易疲倦。

③注意力难以集中或头脑一片空白。

④易激怒。

⑤肌肉紧张。

⑥睡眠障碍（难以入睡或容易早醒）。

（4）这种焦虑、担心或躯体症状因其有临床意义的痛苦，或导致社交、职业或其他重要功能方面的损害。

（5）这种障碍不能归因于某种物质（如滥用的毒品、药物）的生理效应，或其他躯体疾病（如甲状腺功能亢奋）。

（6）这种障碍不能用其他精神障碍讲行解释。例如，像惊恐障碍中的焦虑或担心惊恐发作，像强迫症中的强迫思维，像创伤后应激障碍中的创伤后事件的提示物。

在儿童中，广泛性焦虑障碍可能被过度诊断。当考虑儿童是否可被诊断为这一障碍时，需对儿童期其他焦虑障碍和其他精神障碍进行全面评估，以确定这些担忧是否可以更好地用其他障碍来解释。

（四）广泛性焦虑障碍的病理学基础

1. 遗传因素

Noyes 等人在其研究中指出广泛焦虑障碍患者的亲属中本病的患者风险率为 19.5%，而正常对照组的亲属广泛焦虑障碍患病风险率为 3.5%，一些研究表明，本病的遗传倾向不如惊恐障碍显著。[①]

2. 生化因素

脑功能成像研究发现广泛焦虑障碍患者枕叶功能异常。

3. 心理因素

弗洛伊德认为焦虑是一种生理的紧张状态，起源于未获得解决的无意识冲突，自我不能运用有效的防御机制，便会导致病理性焦虑。贝克的认知理论则认为焦虑是对"危险情境"的一种反应，信息加工的持久歪曲导致个体对"危险"产生误解从而出现焦虑休验。患儿感到他无力对付环境威胁，失去对环境的可控感是导致焦虑持续下去的重要因素。

---

① VASEY M, BORKOVEC TD. A catastrophising as sessment of worrisome thoughts ［J］. Cognitive Therapy and Research, 1992（16）：505~520.

4. 促发因素

广泛性焦虑障碍的发生常和生活应激事件相关，特别是与有威胁性的事件如人际关系问题、躯体疾病等有关。

5. 持续因素

生活应激事件的持续存在可导致广泛性焦虑障碍的慢性化，同时思维方式也可使症状顽固化，如害怕他人注意到自己的焦虑，或者担心焦虑会影响其学习表现，类似的担心会产生恶性循环，使症状严重而顽固。

（五）广泛性焦虑障碍的心理学干预

广泛性焦虑障碍的心理学干预方法主要有：解释性心理治疗、放松训练、认知行为疗法、生物反馈疗法等。

1. 解释性心理治疗

将本病的性质告知患儿，让患儿对疾病有正确的认识，使其对疾病具有一定的自知力，即虽然自觉症状严重、倍感痛苦，但只是心理上的问题，不会影响身体健康，即使暂时不见好转也不要担心，让患儿放下思想负担，可降低患儿对健康的焦虑，增进其在治疗中的合作，同时帮助其解决或使其适应生活应激事件。

2. 放松训练

采用想象或现场诱发焦虑，然后进行放松训练，可减轻患儿紧张和焦虑时的躯体症状，运用认知重建，矫正患儿的歪曲认知，降低这些症状的出现频率，纠正对发病时的躯体感觉和情感体验的不合理解释，以减少焦虑、恐惧和回避。

3. 认知行为疗法

认知行为疗法被认为是治疗儿童广泛性焦虑障碍的有效方法。治疗师可以帮助儿童重塑积极的想法与行为，重建其认知。认知行为治疗师要求儿童做家庭作业，例如把导致过度担心的想法都写出来，让儿童学习平复紧张情绪的方法，通常3~4个月后，患儿就能有明显好转。如果把认知行为疗法与药物治疗结合起来，则效果会更好。

认知行为治疗具体的步骤：第一阶段建立良好的医患关系，了解患儿的问题及其背后的认知过程，找出患儿的错误认识和观念，如主观推断、过度概括、个性化贴标签和错误标签、极端思维等。第二阶段确定治疗目标，认知行为疗法认为错误认知和观念是导致情绪和行为出现问题的根源。因此，治疗目标就是要发现并纠正儿童的错误观念及其赖以形成的认知过程，使之形成正确的认知方式。第三阶段为认知复习，巩固新观念，用新的思维方式来代替旧的思维方式，用新的行为代替旧的不适应的行为，充分调动患儿内在潜能进行自我调节，使其在现实生活的情境中能够做到完全依靠自己来调节认知、情绪和行为。

4. 生物反馈疗法

利用生物反馈信息训练患儿放松以减轻其焦虑，对治疗广泛性焦虑障碍有一定的疗效。

5. 其他疗法

其他疗法如催眠疗法、音乐治疗等对广泛性焦虑障碍均有辅助治疗作用。

三、考试焦虑症

（一）什么是考试焦虑症

考试焦虑是一种以焦虑、不安、紧张为特征的情绪反应，当学生意识到即将面临或正经历的考试对自己具有某种潜在的威胁时，就会产生这种紧张的内心体验，这是学生安全需要得不到满足时的一种应激反应，也是学生学习的一种心理障碍。①

考试焦虑是由考试压力过大而引发的一系列异常生理心理现象，包括考前焦虑、临场焦虑（晕考）及考后焦虑紧张。

（二）考试焦虑症的具体表现

考试焦虑产生时，会伴随一系列的生理反应和心理反应，一般表现在以下三个方面：

（1）躯体异常：失眠多梦、头晕头痛、恶心呕吐、面色苍白、四肢发凉、胸闷气短、食欲减退、肠胃不适，频繁小便等。

（2）心理异常：紧张、担心、烦躁、恐惧、忧虑、注意力差、记忆力减退，学习效率下降，情绪抑郁、缺乏自信和学习热情，过度夸大失败后果，常有大难临头之感。

（3）行为异常：拖延时间、逃避考试、坐立不安、考试时思维混乱、手抖出汗、视力模糊、常草草作答、匆匆离开考场。

（三）考试焦虑症的原因分析

影响考试焦虑的因素很多，既有个体生理的因素又有个体心理的因素，既有家庭的因素又有学校层面的因素，而考试焦虑正是在这些共同因素的作用下形成的。

---

① 沈颖芳. 小学生考试焦虑心理及教育策略研究［J］. 中国校外教育，2015（11）：3.

1. 影响考试焦虑的个体内部因素

（1）遗传素质

由于每个人从父母那里继承的遗传基因不一样，他们的神经类型的强弱也就不一样，神经系统强型的人比较敏感，容易激动，会较多地体验到焦虑情绪。母亲在妊娠时营养不良、患病、服用药物、情绪抑郁等都会造成孩子神经系统的变异，可能使某些人对环境刺激极易产生紧张反应。研究发现，大约15%的焦虑性神经症患者的父母和同胞兄弟姐妹也是容易焦虑的，大约50%焦虑性神经症患者的孪生者有类似的症状。这些说明，遗传素质对个体考试焦虑的水平是有一定影响的。[①]

（2）成熟水平

郑日昌等人的研究发现，在个体发展的不同年龄阶段其考试焦虑水平也高低有别，这体现了生理成熟对个体考试焦虑水平的影响。小学低年级儿童的高级神经活动的基本过程有了一定发展，但其兴奋和抑制的调节能力还比较低，容易受环境的刺激而失去平衡。例如，取得好分数的小学生会连蹦带跳；而得了低分数的学生会垂头丧气，甚至可能放声大哭。就考试焦虑的水平来说，这一时期相对较高。[②]

（3）动机水平

心理学家认为，心理紧张水平与活动效果呈倒"U"形曲线关系，紧张水平过低和过高都会影响工作效率，适度的心理紧张可以使人保持一定的兴奋性和警觉性，会产生良好的活动效果，但过度的紧张往往会抑制人们的优势反应，阻碍正常能力的发挥。

（4）负面评价恐惧

负面评价恐惧是指为他人对自己的评价担忧，为负面评价苦恼，以及预期他人可能会给自己负面性评价而产生恐惧的心理现象。考试焦虑症者往往有明显的负面评价恐惧倾向。

（5）自我接纳

自我接纳反映了个体对自己的接受、满意程度。自我接纳程度高的学生一般对考试有合理的期望，所以，他们一般不会体验到过度的焦虑。相反，自我接纳程度低的人往往对自己有过高的要求，反映在考试中，他们总是对考试抱有过高的期望，这样就会导致过分的担忧和焦虑。

---

① 郑日昌，陈永胜. 考试焦虑的诊断与治疗 [M].哈尔滨：黑龙江科学技术出版社，1990.
② 腰秀平，姚雪梅. 中小学生考试焦虑研究综述 [J].内蒙古师范大学学报（教育科学版），2005，18（4）：47-49.

2. 影响考试焦虑的外部因素

对学生来说，影响其考试焦虑的环境因素主要是家庭和学校。

（1）家庭

家庭是学生情感依赖的中心，父母的教养观念和方式会在很大程度上影响到学生的观念和态度。有研究者认为，考试焦虑是在童年发生的，是儿童与家长相互作用的结果，家长的负面评价是儿童考试焦虑发生的主要原因。儿童将家长给予的负面或指令性信息进行内化，并因此感到一种敌对、内疚和愤恨，而这种敌对、内疚和愤恨不被儿童理解，会造成焦虑、忧伤、痛苦等情绪体验，反映在学业上则表现为考试焦虑。一般而言，导致学生产生考试焦虑的家庭因素主要包括以下几方面：

第一，家长对学生期望值过高，使学生疲于应付学习和考试；

第二，家长只看重学生的学业成绩，忽视学生其他能力的发展，导致学生将全部的自身价值放在学习上，产生过度焦虑；

第三，家长对孩子的溺爱压抑了孩子的独立自主性，从而导致其产生考试焦虑；

第四，专制型的养育方式造成孩子的逆反心理，使他们的心理更加封闭。这些心理反应都是一种防御机制，表面上的我行我素和玩世不恭与内心对父母的内疚感构成一对严重的矛盾，这种矛盾会越演越烈，影响学生的学习，造成学业不良和考试焦虑等方面的障碍。

（2）学校

学校生活是学生生活中极为重要的组成部分。学校环境因素对学生考试焦虑的影响主要表现在教师对成绩的过分关注，因而使学生产生考试焦虑。同时，教师平时对学生的作业和测验安排得过紧，提出的要求过高，加重了学生对考试的恐惧感。另外，师生关系不良也会助长学生的厌学情绪。

同学关系不融洽，表现在同学间学习成绩的竞争上，使他们过于看重考试的成败。学习时间过长、学习过程中受到许多外界因素的干扰、因学习任务难以完成等也会让学生产生对考试的焦虑。

（四）考试焦虑症的心理学干预

1. 理性情绪疗法

首先，杜绝考试焦虑儿童用"完了""我糟糕透了"等消极的语言暗示自己；其次，引导其消除大脑中的错误信息，不要被一两次考试失败和一两科考试失误所吓倒，不要以偏概全认为自己不行而丧失信心；最后，适当减轻周围环境的压力，针对种种担忧，让他们自己和自己辩论，用这种理性情绪疗法，纠正认知上的偏差。

2. 行为矫正

可用于矫正考试焦虑的方法有两种，即放松训练和系统脱敏训练。放松训练和系统脱敏训练的原理是交互抑制原理，即人在放松状态下的情绪与焦虑是相互抵抗的，比如放松状态的出现必然会抑制焦虑和紧张状态的出现。

放松训练要求学生保证充足的睡眠，考前不熬夜，做好充分的考前准备、预先熟悉考场环境，当在答题过程中意识到自己出现紧张情绪时可暂停答题，身体自然坐正，轻闭双眼，双手平放桌上，在深呼吸的同时收紧双拳及全身肌肉，然后慢慢呼气并随之放松肌肉，待情绪趋于稳定后再继续答题，这些都有助于小学生在考试时恢复平静。

系统脱敏训练是让患儿在考试前，反复想象以下场景：在家复习准备，教师宣布考试，我被第一道题难住了，时间几乎快到了，我根本做不完……有些患儿会说"我不敢想象！"但治疗师会告诉患儿"你必须这样做！"如果想象过程中出现心慌头晕、手抖出汗，立即做深呼吸，一般很快就能平息不安的情绪，如此反复多次（每两天进行一次，每次 3~5 分钟），考试焦虑便会有所缓解。

3. 自我暗示

进入考场后，让患儿自己暗示自己"我能行""我紧张，别人也一样"等，放下包袱，减轻紧张感，增强自信。此外，可采用深呼吸法，以调整身心，保持头脑冷静，避免胡思乱想，发挥出自己的正常水平。

4. 情绪宣泄法

情绪宣泄是缓解压力、保持心理平衡的重要手段。众所周知，有些考试焦虑是由不良情绪的不断积压引起的，如考试成绩不理想、家长的啰嗦等都可能使儿童心境发生变化，久而久之，就会出现"考试焦虑情绪"。针对这种情况，可通过向亲人或朋友述说自己的担忧来让自己的内心得到安慰。如果无法向人倾诉，则可以找一个适宜的地方放声大哭或大笑，以宣泄自己的不良情绪。另外还有书面释放法，即采用写日记或书信的方式来释放自己的苦恼。

5. 音乐疗法

音乐能影响人的情绪行为和生理机能，使人放松，使人的生理、心理节律发生良性的变化。例如：速度较缓的音乐给人以安全感、舒适感，清澈、高雅的古典音乐则可以增进人们的记忆力、注意力。

第二节　恐惧问题及障碍

案例导读：

莹莹是一名四年级的小学生，每天天一黑，她就不敢出门，甚至一个人独处的时候，心里也会无缘无故感到害怕和恐惧。原来，在莹莹四岁的时候，妈妈就对她开始了早期教育，先是学小提琴，后是学画画、英语和数学，尽管莹莹能断断续续地拉完一首简单的曲子，但如果没有达到妈妈的要求，就会被打手掌或是关小黑屋，妈妈还会凶巴巴地说："练不好琴，我就不要你了，等天黑让鬼把你带走。"所以现在莹莹一到天黑就不敢出门。

恐惧是人类和动物共有的原始情绪之一，它是指个体企图摆脱某种危险情境而又觉得没有能力摆脱时所产生的情绪体验。本节重点讲述小学阶段儿童容易出现的各种恐惧问题和障碍，并通过系统了解其症状及矫治措施来帮助面临该问题的小学生战胜障碍。

一、社交恐惧症

（一）什么是社交恐惧症

儿童社交恐惧症（SADC）是指儿童对新环境或陌生人产生的焦虑、恐惧情绪和回避行为，是一种常见的儿童期情绪障碍，严重影响着儿童的身心健康。该类障碍使儿童在陌生环境中表现为过分害羞、尴尬，对自己的行为过分关注或进入新环境时感到痛苦和身体不适，并出现哭闹、不语、退缩等行为①。

社交恐惧症主要可以分成两类：

1. 一般社交恐惧症

一般社交恐惧症患者在任何地方和任何情境中，都会害怕自己成为别人注意的中心，总感觉周围的每个人都在注视他们、观察着他们的每个动作，害怕被介绍给陌生人，甚至害怕在公共场所进餐、喝饮料，他们会尽可能回避去商场和进餐馆，且不敢与同学或任何人进行争论。

---

① 郑海燕，张姝. 儿童社交恐惧症的评估与治疗［J］. 中国特殊教育，2005（12）：75-76.

2. 特殊社交恐惧症

特殊社交恐惧症患者会对某些特殊的情境或场合特别恐惧，如害怕当众发言或当众表演等。然而，在别的社交场合，他们却并不感到恐惧。

社交恐惧症患者总是担心会在别人面前出丑，在参加任何活动之前，他们都会感到极度的焦虑，甚至会想象自己如何在别人面前出丑。在社交活动中，他们会感到不自然，甚至说不出一句话。当活动结束以后，他们会一遍遍地在脑子里重温社交时的一幅幅画面，回顾自己是如何处理每一个细节的，自己应该怎么做才正确。

这两类社交恐惧症都有类似的躯体症状：口干、出汗、心跳剧烈、想上厕所。周围的人可能观察到的症状有：脸红、口吃结巴、轻微颤抖，患者会感到自己呼吸急促、手脚冰凉，最糟糕的结果是患者有时候会进入惊恐状态。

社交恐惧症使患者深感痛苦，并会严重影响其生活。患者通常会认为自己是一个乏味的人，并认为别人也会那样想，于是就会变得过于敏感，更不愿意打扰别人。这样一来，患者更是感到焦虑和抑郁，从而使社交恐惧的症状进一步恶化。①

（二）儿童社交恐惧症的具体表现

儿童社交恐惧症的具体表现有：

（1）在公众场合，如游乐场、公园、商场、亲戚家，孩子感到极度的恐慌、紧张，害怕自己的行为或紧张的表现会遭到羞辱，恐惧程度与实际情境不相称。

（2）在一些人多的场合，孩子怕与同伴、大人面对面地交流，或者即便有交流，也是在极度的惊恐之中度过的，甚至出现尿频、尿急、紧张性手抖、心跳加快、面红耳赤、口干、出汗等现象。

（3）孩子不敢直面陌生人，更不敢与他们交谈，有反复持续的回避行为，并有意避免去公共场所及需要与他人接触的场所。

（三）社交恐惧症的诊断与评估

社交恐惧症的诊断要点包括②：

（1）个体在面对可能被他人审视的一种或多种社交情境时产生的显著害怕或恐惧体验，例如社交活动（对话、会见陌生人）、被观看（吃、喝的时

① RUSSELL C C, AMY K, ERIN L S. Understanding and treating social phobia [J]. Journal of counseling and development, 2004（1）: 3.

② GOLDA S G, RACHEL L G. Assessing and treating social phobia in children and adolescents [J]. Pediatric Annals, 2005（2）: 119.

候）以及在他人面前表演（演讲时）。

（2）个体害怕自己的言行或呈现的恐惧症状会导致负面的评价（被羞辱、被拒绝或冒犯）。

（3）社交情境几乎总是能够触发儿童的害怕或恐惧心理。（注：儿童的害怕或恐惧也可能表现为哭闹、发脾气、惊呆、依恋他人、畏缩或不敢在社交情况中讲话等。）

（4）出现反复或持续地主动回避社交的情况或是带着强烈的恐惧去忍受。

（5）这种恐惧与社交情况和社会文化环境所造成的实际威胁不相称。

（6）明知恐惧是过分的、不合理的、不必要的，但仍无法控制。

（7）这种恐惧或回避通常持续至少6个月。

（8）这种恐惧或回避会引起有临床意义的痛苦或导致其社交方面的功能性损害。

（9）这种恐惧或回避不能归因于某些物质（如毒品、药物）的生理效应或其他躯体疾病。

（10）这种恐惧或回避不能用其他精神障碍的症状来进行解释，例如惊恐障碍、躯体变形障碍或孤独症（自闭症）谱系障碍。

（11）如果其他躯体疾病（如帕金森病、肥胖症、烧伤或外伤造成的畸形）存在，则这种恐惧或回避明显与其不相关或属于过度反应。

（四）儿童社交恐惧症的产生原因

研究者们通常从父母教养方式、遗传及性格因素、应激事件等方面考虑儿童社交恐惧症的病理学原因。

1. 教养方式

无论哪一类恐惧症皆与儿童心理成长过程中的教养方式有关。如：过分严厉和教条化的教育，会使儿童的心理成长过程单一，社会理解和适应能力相对较差；过分粗暴或压抑的教养环境会扭曲儿童心理发育过程，影响儿童的社会认知和社会交往能力。一些家长会告诫孩子不能与陌生人交往，不能随意地去邻居家串门，也不允许其他孩子来自己家里玩，从而弱化了孩子的社交能力，抑制了孩子的社交欲望。

2. 遗传及性格因素

恐惧症具有家族遗传倾向，尤其对女性的影响更为明显。双生子研究结果显示，广场恐惧可能与遗传有关，且与惊恐障碍存在一定联系。

此外，社交恐惧症与儿童的性格特征有关。比如，3岁以前胆小、羞怯者，成年以后发生社会交往恐惧症的可能性更大。

3. 家长角色的错位

父母因自己工作忙，将孩子托付给老人和保姆。相对来说，老人与保姆对孩子的衣食起居和生命安全更重视，而不太注重儿童智力开发和社交能力的培养，封闭的教养环境会使孩子的社会功能受损。

4. 应激性事件

在人际交往的过程中所经历的应激性或羞辱性事件容易给儿童造成心理创伤。这种创伤，也许是他人造成的，如欺辱；也许是家长给予的，如当众打骂。如果孩子的心理创伤没有得到及时修复，便会抑制其社交功能。

（五）社交恐惧症的心理学干预

社交恐惧症的心理学干预方式有：

（1）家庭治疗。此种方式主要是通过改善父母的教养方式和家庭成员间的互动模式，从而优化孩子的成长环境。

（2）行为疗法。其基本原则一是消除恐惧对象与焦虑恐惧反应的条件性联系，二是对抗回避反应。具体操作是先由父母陪同儿童去接触陌生人，特别是同龄的小朋友，通过"陌生-认识-熟悉"的过程，扩大其交往范围，达到减轻与人交往时恐惧、焦虑的目的；通过玩具、图书等方式吸引其他小朋友主动和患儿交往；鼓励孩子与相对熟悉的小朋友主动交往，增加交往的次数；通过大量人际交往的学习、锻炼，增强儿童的自信心，消除其对陌生环境的焦虑感和紧张感。

（3）系统脱敏疗法。它可以是分为实景脱敏和想象脱敏。此疗法的第一阶段通常是进行放松训练，第二阶段是进行脱敏练习。其具体做法是让患儿依次列出令其恐惧的社交情境，从引起最弱恐惧反应的情境开始，逐一让其想象身处这些情境之中，观察其反应，矫正其认知；若患儿在想象某情境时感到恐惧，则对其进行放松训练，直至患儿不再对该情境感到恐惧为止。

（4）认知疗法。医生通过改变患儿在人际交往中不正确的信念和看法，让其掌握人与人交往的基本准则，教会患儿一些与人交往的方法。

（5）催眠疗法。精神分析师通过言语暗示或催眠术使儿童处于类似睡眠的状态，借助暗示性语言挖掘儿童心灵或记忆深处的东西，看儿童是否经历过某种窘迫的事件，寻找发病的根源，以消除病理心理和躯体障碍。通过催眠方法可将儿童诱导进入一种特殊的意识状态，把医生的言语或动作整合进患者的思维和情感，从而产生治疗效果。

二、学校恐惧症

（一）什么是学校恐惧症

学校恐惧症是由明显的焦虑和躯体症状结合而表现出来的对上学的非理性的紧张和恐惧。学校恐惧症并非真正的恐惧，因此也被称为学校拒斥，只要上学的压力不存在，孩子的一切症状便会消失。

学校恐惧症是一种较为严重的儿童心理疾病，多见于7~12岁的小学生。由于存在各种不良心理因素，使学生害怕上学，害怕学习，故又被称为"恐学症"。学校恐惧症的发病年龄有3个高峰，且与发生原因密切相关：5~7岁为第一高峰，可能与分离性焦虑有关；11~12岁为第二高峰，可能与升中学、功课增多、压力加大或更换学校重新适应新环境和人际交往困难等因素有关；14岁为第三高峰，可能与第二性征发育有关。①

（二）学校恐惧症的具体表现

学校恐惧症患儿的具体表现有：

（1）每天上学表现得不情愿、很勉强，早晨该上学时不愿意走，害怕上学，甚至公开表示拒绝上学。

（2）发病期间，原本答应上学，可是一到学校门口或接近学校时就想逃走。如果父母强迫患儿去上学，便会使其焦虑加重，倘若父母同意其暂时不去上学，则孩子的焦虑马上得到缓解。

（3）出现强烈的情绪反应，焦虑不安、哭闹不休、大发脾气，任何言语保证、鼓励和安抚以及物质上的许诺都无法吸引孩子上学，他们甚至宁可在家受皮肉之苦也不愿意上学。

案例阅读专栏："怕"上学的圆圆

上小学三年级的圆圆，性格内向、胆量较小，在学校担任少先队中队长职务，事事以身作则，学习努力，工作认真，深得老师和家长喜欢。但在日常学习和生活中，圆圆难免会做错事，老师和家长也偶尔会批评她几句。虽然这些批评是善意的，圆圆也没有因此产生过抵抗情绪，但私下里，她却以此为耻，更加严格要求自己，不允许自己有半点差错。她严厉地苛求自己，一遍一遍地检查书包、一次又一次地检查作业等，几乎天天要忙到深夜才能上床。

---

① 冒慧芳. 小学生学校恐惧症形成原因及教育对策［J］. 中国校外教育，2009（8）：562-563.

她不再有任何差错了，但却得了一种"奇怪的病"，就是每天早晨起床后都要喊肚子痛，不是想大便就是想小便，从六点到七点这一个小时内，不断想上厕所，最后还得强忍着腹痛去学校上课。

医生检查后虽未发现她有任何胃肠疾病，但她的腹痛却与日俱增。最后，她只能告诉母亲实话："我怕去学校，我怕做错事，我怕答错问题，我怕老师批评。"每当母亲同意她在家休息一天时，她便会安然无事，腹痛不治自愈。假如母亲不允许她请假在家，她立即会出现面色苍白、全身冷汗、心跳加快、呼吸急促、腹痛加剧等反应，并常常痛得在床上打滚。

（三）学校恐惧症的诊断与评估

学校恐惧症与逃学有若干不同之处，因此，要对二者加以区分，必须要有明确的评估与诊断依据：

（1）断断续续地缺课。

（2）经常抱怨肚子疼或者头疼，以此作为待在家里不去上学的借口，但实际上并没有病。

（3）当孩子不去上课的时候，经常和一些不良少年待在一起。

（4）放学回来后，即便待在家里，也显得焦虑不安。

（5）不关心学业，对校园生活不感兴趣。

（6）一次旷课好几天，有时好几周。

（7）对自己旷课没有负疚感。

（8）不去上学，事后才被家长发现。

（9）过去孩子按时上学时，曾是个好学生。

（10）孩子上学时，常常迟到。

（11）在学校感到极度焦虑或恐慌。

对照第（2）条、第（4）条、第（6）条、第（7）条、第（9）条和第（11）条，如果孩子的行为特征与这些条目所描述的症状相吻合，那么就不是逃学问题，而是出现了学校恐惧症。

（四）学校恐惧症的病理学基础

1. 遗传因素

孩子拥有父母的遗传基因，也遗传了父母在情绪反应方面的相关特征。在对299名患有广场恐惧症者的母亲进行家族病史研究后发现，这些母亲的子女比健康母亲所养育的子女更容易发生学校恐惧症。因此，患有学校恐惧症的儿童，其父母往往也带有某些神经症等相关倾向。①

2. 分离性焦虑

有研究者认为，部分学校恐惧症儿童拒绝上学是由分离性焦虑引起的，尤其是年幼儿童，其拒绝上学的实质是害怕与父母分离。当与家庭主要成员分离或是预感到将要分离，他们就会出现强烈的应激反应（哭闹、焦虑、悲痛、社会退缩等）。这些儿童大多对父母依赖性很强，与父母在一起时才有安全感。当与父母分离到学校去时，就会因害怕、恐惧而产生不安的情绪，甚至伴有明显的躯体症状如头痛、头晕、恶心、呕吐等。

3. 自身原因

此类儿童大都心理发育不健全，从小受到父母过分的保护和溺爱，对父母依赖性强，在生活上和精神上独立性差。他们有胆小、害羞、敏感、多疑、爱面子以及经不起批评等性格特点。

案例阅读专栏：追求完美的小玉

12岁的小玉在学校的成绩很好，深得老师喜爱。在因化脓性扁桃体炎而输液一周后，小玉便不愿意上学了。心理医生在和她的接触中，发现她是个敏感而要强的孩子，追求完美，原来小玉是担心自己落下一周的课成绩会下降，也担心自己的好朋友会和自己疏远。这种困扰已经造成了她的情绪障碍，影响了她的认知和判断，导致其行为的退缩，使她在潜意识中认为只有远离学校环境，才能减缓自己的情绪问题。之后，小玉被诊断为学校恐惧症。

4. 家庭因素

这些学生的父母大都工作很忙，无法兼顾到孩子的学习、生活等方面，所以通常会委托爷爷奶奶、外公外婆照顾，有的甚至把孩子交给雇佣的保姆长期照顾，导致孩子严重缺乏家庭的温暖。由于大多数家长对孩子常抱有很高的期望，甚至超出孩子的心理承受程度，进而造成孩子心理失衡，逐渐对学习产生焦虑的情绪，害怕上学。有的家长可能因为太急于求成，甚至因为孩子一次考试不理想而随意训斥、打骂孩子，长此以往便使孩子心理压力过大，以致产生害怕学校的情绪。

5. 学校因素

学习压力、人际交往不适应等是导致学生出现"学校恐惧症"的重要原因，尤其是那些心理素质和适应能力较差的学生、在学校经常被老师批评的学

---

① 李曼. 学校恐惧症的成因表现与矫治 ［J］. 校园心理，2011，9（6）：396-397.

生、学习成绩不好的学生、对新环境不能很快适应的学生、部分过于追求完美的优秀生等更是学校恐惧症的易发学生群。

学校恐惧症实际上植根于病态的母子关系，也就是母亲需要与孩子保持持续的依恋状态，而使孩子正常的独立性发展中断。学校恐惧症的主要诱因可能是学生对学校生活的适应产生了焦虑和恐惧，也可能是由分离性焦虑、学习适应不良、人际交往困难等不良情绪和行为诱发的。前者是由学生的人格缺陷或对上学以及对学校的错误认知所致，后者则往往是因为学生在学校学习时或在其他活动上有挫折和遭受委屈、羞辱的经历。

（五）学校恐惧症的心理学干预

学校恐惧症的心理学干预方法有：

（1）支持性心理疗法。该疗法要求对学生加以疏导、鼓励，耐心地询问学生的担心与焦虑，向其做出解释和指导，并设法改善环境条件（如换一个学校或换一个老师）。

（2）肌肉松弛疗法。这是帮助这类孩子克服恐惧心理、解除焦虑症状行之有效的方法。其具体做法是当孩子接近学校门口时，让其反复做深呼吸，待全身肌肉逐渐放松之后再进校门，以克服上学时产生的恐惧感和焦虑症状。

（3）家庭治疗法。家庭治疗的重点是改变过于溺爱孩子的教育方式，与孩子进行更多的感情交流，而对于家长本身心理存在问题的，也要追根溯源，父母同治。家庭治疗可用来解决家庭内的矛盾与冲突，通过家庭访谈发现，儿童拒绝上学与其所体会到的家庭关系不稳定、家庭界限不清楚有关，因此去除家庭内造成儿童拒绝上学及情绪异常的因素便可使其社会功能得以恢复。

（4）系统脱敏疗法。家长应和学校积极配合，有计划地使孩子减轻对学校的恐惧心理，先让孩子在学校呆的时间短一点，之后再逐渐延长。在治疗过程中，老师、同学要多关心、支持、鼓励孩子，因为这些孩子一般都比较敏感。

（5）暴露疗法。暴露疗法是指让患者暴露在令其恐惧的刺激性情境之中，增加其耐受性并培养其适应力的一类治疗方法。例如，如果孩子害怕去学校，就采取一切办法强制他留在学校，让他体会到学校并没有想象中那样可怕，进而逐渐战胜自己内心的恐惧，最终表现出适宜的态度与行为。这种办法适用于刚上学不久的小朋友，因具有强刺激性，故使用时要谨慎。

（6）认知行为疗法。认知行为疗法对有情绪问题的患儿在急性期和恢复期有较好的疗效。实施认知行为疗法时，首先应详细了解患儿的背景信息，如患儿的家庭情况、在校表现等，其次应对患儿目前的情绪及行为等情况进行评估，之后通过指导、行为示范、布置家庭作业等方式帮助患儿识别自身存在的认知缺陷，教给孩子新的、积极的认知模式，另外，对患儿积极的行为应给予奖励，促使他们对上学的认知及行为发生转变。认知行为疗法不仅包括对儿童进行有关恐惧治疗的训练，还包括对家长进行有关行为训练并对学校有关人员进行协调等，只有将这三方面结合起来，才能使患儿取得进步，使治疗取得圆满的效果。①

案例阅读专栏：不愿上学的阿豪

阿豪是家中独子，爸爸在佛山开厂，家中经济条件很好，阿豪在学校的成绩不错，也很受同学欢迎。

阿豪的爸爸常以应酬为借口很晚才回家，甚至彻夜不归。阿豪的妈妈则听说丈夫有外遇，常以泪洗面，而且常让主动过来安慰她的阿豪打电话给爸爸，劝爸爸回家。

一年多前，阿豪开始不想上学，常常腹痛难忍，每一次发作父亲都会立即回家开车送他就医，但寻遍了珠三角的名医皆效果不佳，最后被转到心理门诊，心理医生认为阿豪患上了学校恐惧症。

（六）学校恐惧症的预防

学校恐惧症的预防措施有：

（1）注意对孩子的性格培养。家长和老师在面对胆小、细心、忧郁的孩子时，不宜对其要求过于严格，相反，宜劝导这些孩子处事不要过分认真，要让他们了解生活有成功也必然有失败的道理。

（2）对孩子期望不应太高。这类孩子的性格特点决定了他们经受挫折和失败的能力较差，因此期望太高易使这些孩子在不良的性格基础上增加心理压力，促使其产生学校恐惧症。

（3）及早发现，及早治疗。一旦发现孩子有学校恐惧症的迹象，便应立即去心理门诊请儿童心理医师对其进行心理治疗，家长们更应注意防范这些孩子可能发生的离家出走等不良行为。

二、特异性恐惧症

（一）什么是特异性恐惧症

特异性恐惧症主要表现为对某些特定的物体产生恐惧。患有特异性恐惧症

---

① 钱昀，施慎逊，杜亚松. 学校恐惧症的研究发展 [J]. 上海精神医学，2005，17（2）：112-114.

的小学生对一些危险较小甚至没有危险的物体或情境会表现出极度的、影响其行为能力的恐惧，他们会想方设法地回避这些物体或情境。尽管有证据证明没有恐惧的必要，周围的人也努力地去说服他们，但他们感觉危险的信念依然会持续存在，并不能意识到自己的恐惧是过度而不合理的。大约2%~4%的小学生会出现特异性恐惧症，它可以在任何一个年龄阶段出现，10~13岁为发病的高峰期。①

案例阅读专栏：蜘蛛恐惧症

夏洛特，8岁，两年来一直为强烈的蜘蛛恐惧所困扰。"蜘蛛很恶心，"她说，"如果有一只蜘蛛爬到我身上，特别是我睡觉的时候，我会怕得要命。当我看到一只蜘蛛，哪怕是很小的蜘蛛，我的心都会跳得很厉害，双手都会颤抖起来。"夏洛特的妈妈说她女儿一看到蜘蛛脸就白得像纸一样，即使离得很远也会如此，她总是在努力避免所有她认为会遇到蜘蛛的场合。夏洛特的恐惧开始干扰她的日常生活，比如她不会去操场玩、会拒绝去上课或跟家人外出，总之她会拒绝任何她认为可能会遇到蜘蛛的地方。她害怕晚上上床睡觉，因为她认为可能会有一只蜘蛛爬到她身上。

（二）特异性恐惧症的诊断标准与评估

特异性恐惧症的诊断标准如下②：

（1）在某一特定的物体面前或某一特定的情境下（如飞行、高空、动物、注射、看见血等）或在对这些物体或情境的想象中，出现明显的、持续的、过度的或不可控制的恐惧。

（2）遇到恐惧性刺激几乎总是能马上引起焦虑反应。

（3）患者认识到这种恐惧是过度的或者不合理的。

（4）患者一般都设法回避这种情境，否则便是以极度的焦虑或紧张忍受这种情境。

（5）这种对某些情境感到焦虑或恐惧的体验严重地影响着患者的日常生活、学习及社交活动，他们也为此感到痛苦和烦恼。

（6）面对恐惧对象，他们往往会出现剧烈的、持久的惊恐和回避反应，而且伴有相应的生理改变，如心跳加速、呼吸变快、出冷汗、面色苍白等植物

---

① 中华医学会精神科分会. 中国精神障碍分类与诊断标准 [M]. 山东：山东科学技术出版社，2001.

② 埃里克·J. 马什，戴维·A. 沃尔夫. 异常儿童心理 [M]. 徐浙宁，苏雪云，译. 3版. 上海：上海人民出版社，2009.

神经系统症状，行为反应则有哭泣、发脾气、身体僵硬等。

（7）病程标准是至少持续 6 个月以上，患者年龄小于 18 岁。

（8）这种与特定事物或情境相关的焦虑、恐慌发作或对恐惧的回避，都不可能归于其他精神障碍，如社交恐惧症（在暴露于所害怕的社会环境时发作）、强迫性障碍（一个有强迫性洁癖的人暴露在灰尘中时发作）、创伤后应激障碍（对一个严重的应激情况做出反应时发作）或分离性焦虑障碍（在离开家或亲属时发作）。

（三）特异性恐惧症的分类

根据恐惧的对象不同，特异性恐惧症可以分为以下几种类型：

（1）动物恐惧症，通常指对猫、狗、鸟、老鼠、蛇和昆虫等产生恐惧。

（2）自然环境恐惧，包括对高度、黑暗、水和风暴等产生恐惧。

（3）情境恐惧症，包括对电梯、飞机、隧道等封闭场所或公共运输工具等产生恐惧。

（4）血、注射和伤口恐惧症。

（5）其他恐惧症，包括疾病或死亡等。

（四）特异性恐惧症的心理学干预

特异性恐惧症的心理学干预方法有：

一是在心理医生指导下采用系统脱敏疗法进行矫治。人类神经过敏不是先天的，而是后天习得的，是每个人在生活中经过模仿、暗示等学习而形成的。"过敏"既然可以由学习而得到，那么也可以通过再学习去消除、摆脱，这就是系统脱敏疗法的理论基础。系统脱敏疗法的优点在于让儿童在比较轻松的状态下，逐渐克服、纠正原有的异常行为，形成正常的行为。

二是放松或生物反馈治疗。该方法训练患儿主动全身放松或采用生物反馈治疗仪进行全身放松治疗，可取得一定效果。

三是音乐及游戏疗法，其对儿童恐惧症也有较好的治疗效果。

另外，家长要采用讲科学、讲事实、讲道理的教育方法，不可用关电灯、讲鬼怪故事的方式来吓唬孩子，孩子亦不应看带有恐怖色彩的电视剧或电影，尤其对胆小、敏感的孩子来说更是如此。对于已出现恐惧症的孩子，家长要了解其发病原因，消除诱发此症的不良因素；鼓励孩子多参加集体活动，注意丰富孩子的知识，还可以利用游戏让孩子逐渐去接近他们害怕的东西，使其战胜内心的恐惧感。家长应指导孩子有效地适应各种紧张情境和事件，有意识地增强其应变能力。

第三节　强迫症

案例导读:

翔翔,四年级小学生,一个多月前出现了许多奇怪的行为,尤其是走在马路上总是要数电线杆,而且数了一遍又一遍,不停地数,有时数着数着因旁人干扰而忘记数的数目了,便会表现得很焦躁,甚至要求回到起点重新数。

翔翔说:"我也不知道为什么要数电线杆,每次放学后总是和奶奶步行回家,路上没什么好看的东西,无聊就数数电线杆玩。后来不知道怎么回事,一走到路上我就想数电线杆了,不数就觉得不舒服。"

患强迫症的儿童和青少年会体验重复的、困扰的、费时的强迫思维和强迫行为,他们会抱怨自己无法停止一直听同样的旋律或歌曲,或者总是担心患癌症类的疾病,总是过度讲究卫生,这些思维或行为会使他们体验到明显的焦虑和痛苦,所以需要引起家长重视。

一、强迫症概述

(一) 什么是强迫症

强迫症又称强迫性神经症,是一种以反复的强迫观念和强迫动作为特征的神经症。患者常为反复出现的强迫观念所困扰,虽竭力克制,但无法摆脱。强迫症的特点是有意识的自我强迫和自我反强迫同时存在,两者的尖锐冲突使患者焦虑和痛苦,患者认识到强迫症状是异常的,但无法摆脱。病程迁移的强迫可表现为以仪式化动作为主而精神痛苦显著减轻,但社会功能却因此严重受损。[①]

强迫症在儿童、青少年中的患病率为2%~3%,男孩的发病率为女孩的两倍,强迫症的平均发病年龄为9~12岁,两个发作高峰分别是儿童早期和青春期早期,在6~10岁发作的强迫症患儿一般存在家族强迫史。

(二) 强迫症的表现

强迫症主要表现为强迫观念和强迫行为,而强迫观念和强迫行为又各自表

---

① 埃里克·J. 马什,戴维·A. 沃尔夫. 异常儿童心理 [M]. 徐浙宁,苏雪云,译. 3版. 上海:上海人民出版社,2009.

现为多种形式。

1. 强迫观念

（1）强迫怀疑。患者对自己言行的正确性反复产生怀疑，继而产生强迫性检查行为。例如出门后总是思考是否关好了门窗、考试后总是怀疑自己忘记写姓名等，并为此反复思考。

（2）强迫性穷思竭虑。患者对日常生活中的一些事情或自然现象，寻根究底、反复思索，明知缺乏现实意义、没有必要，但又不能自我控制。例如反复思索：为什么一加一等于二而不等于三？树叶为什么是绿色，而不是其他颜色？有时甚至欲罢不能、无法解脱，有的患者则表现为时刻与自己的头脑进行无休止的争辩。

（3）强迫联想。每当患者脑子里出现一个观念或看到一句话，便会不由自主地联想起另一个观念或语句。如果联想的观念或语句与原来相反，如想起"和平"则立即联想到"战争"，看到"拥护……"便联想到"打倒……"等，称为强迫性对立思维。由于对立观念的出现违背了患者的主观意愿，常使患者感到苦恼。

（4）强迫回忆。患者经历过的事件不由自主地在意识中反复呈现，无法摆脱，让患者为此感到苦恼。有时强迫回忆和强迫怀疑可同时出现，患者在强迫回忆时怀疑自己回忆有错又不得不从头想起，从而加重了其不安和痛苦。

（5）强迫计数。病人对一定形状的物品进行强迫性数数，虽自知无此必要但不能自控。

（6）强迫表象。病人常在头脑里反复出现生动的视觉体验（表象），常具有令人厌恶的性质，无法摆脱。

（7）强迫意象。患者反复体验要做某种违背自己意愿的动作或行为的强烈内心冲动。患者明知这样做是荒谬的，也努力控制自己不去做，但却无法摆脱这种内心冲动。例如，走到高处，有一种想往下跳的内心冲动，尽管当时这种内心冲动十分强烈，但却从不会付诸行动。

阅读链接：11 岁的希瑟与她妈妈的对话

希瑟：妈妈，你刚才说我们要吃甜点，现在你又说要吃冰激凌，到底吃哪个？

妈妈：冰激凌就是甜点啊。

希瑟：但是到底哪个才是对的呢？

妈妈：两个都对。

希瑟：但是我们到底吃甜点还是冰激凌呢？

妈妈：我们吃冰激凌。

希瑟：那为什么你前面要说我们吃甜点呢？

希瑟变得如此爱争论、固执和坚持，以至于她妈妈以为她有严重的行为问题，但是通过进一步评估发现，希瑟的对抗行为其实是强迫症的表现。当采访她的时候，希瑟说："我就是停不下来，当我和妈妈在一起的时候，我必须要她把每件事都说得完全对，否则我会很难受。"

2. 强迫行为

强迫行为往往是为了缓解由强迫观念引起的焦虑体验而采取的一些无意识的行为，主要有：

（1）强迫检查，即为减轻强迫怀疑所引起的焦虑而采取的行为。

（2）强迫询问，即强迫症患者往往不信任自己，为了消除疑虑或穷思竭虑所带来的焦虑，往往对他人进行询问或要求他人反复地不厌其烦地予以解释或保证。

（3）强迫性清洗，即为了消除受到细菌或赃物污染的担心而反复多次地洗手、洗澡或洗衣服。有的病人反复多次用肥皂洗手，以致造成手背皮肤皲裂或破损，但仍如此反复洗手，否则便会出现难以忍受的焦虑或担心。

（4）强迫性仪式动作，指病人不断重复某些动作，以消除或减轻由强迫观念引起的焦虑或不安。如患者出门时必须先前进两步，然后再向后退一步，如此反复做数次才可以出门。有些患者因强迫性仪式动作而导致行动迟缓，例如早晨起床时，反复穿脱衣服多次，直至自己感到满意为止。

应该注意的是，某些慢性病程的强迫症患者，往往会通过某些意识性的动作行为来消除焦虑，久而久之则成为习惯性动作。

另外，强迫症患者的智力水平正常或一般较好，平时比较安静，好思考，儿时受家庭严厉管束较多，他们有的在某些突然事件下急性发病，有的在长期过分紧张与疲劳下缓慢起病。但大约2/3的人起病缓慢，病程相对较长，症状时轻时重。

（三）强迫症的诊断与评估

强迫性障碍的诊断标准（OCD）[①]：

（1）强迫观念或强迫行为。

---

① 美国精神医学学会. 精神障碍诊断与统计手册［M］. 张道龙，等译. 5 版. 北京：北京大学出版社，2014.

强迫观念以下列四条来定义：

①在某段时间反复而持久地经历某些侵扰的和不恰当的观念、冲动或想象，从而造成显著的焦虑或痛苦。

②这些观念、冲动或是想象不仅仅是对现实生活问题的过分担忧。

③患者努力忽略或者压抑这些观念、冲动和想象或用其他的想法或行动来压制。

④患者认识到这些强迫性的观念、冲动或想象并不是真实存在的。

强迫行为以下列两条来定义：

①患者受某些强迫性思维左右，不得不进行某些反复而无意义的行为（如洗手、排序、核对）或是精神活动（如计数、默默地重复单词）。

②这些行为和精神活动的目的在于减轻痛苦，或者是预防某些"可怕"的事件和情景。然而，这些行为和精神活动实际上与他们所要达到的目的没有关联。

（2）在病程的某一阶段，患者认识到其强迫观念或者强迫行为是过度的或是不合理的。

（3）患者的强迫观念或者强迫行为造成了显著的痛苦，耗费了大量的时间（每天超过1小时），或者明显影响到了患者的正常生活、工作学习或是通常的社会活动和社交关系。

（4）对于同时患有其他精神障碍的个体，强迫观念或强迫行为的内容会因精神障碍的类型发生变化（例如：进食障碍之对食物的偏好；拔毛癖之拔毛；躯体变形障碍之关注自己的容貌）。

（5）这种障碍既不是由某种摄入物质引起的，也不是由生理原因导致的。

二、儿童强迫症

（一）什么是儿童强迫症

儿童强迫症是指没有客观必要性但又不断重复某些观念、意向或行为的症状。儿童主观上感到有一种不能克制、不可抗拒的观念、意向或行为，也意识到这是不合理的、不必要的或毫无意义的，但却无法控制和摆脱，并因此感到苦恼。患有强迫症的儿童每天都体验着反复的、耗时的（每天超过1个小时）和干扰正常生活的强迫观念和强迫行为。强迫观念是指持续的、插入性的思维、意念、冲动或意象，由于强迫观念给儿童带来了极大的焦虑和痛苦，所以患强迫症的儿童总是会想方设法用其他行为抵消强迫观念，这些行为被称为强迫行为，即重复的、有目的的、有意图的行为（如洗手）或心理活动（如不断默读某些词语）。① 最常见的强迫行为是洗手、洗澡、重复检查和布置，例如：一遍又一遍地数课本或其他图书上的人或物的数目，反复检查自己的书包是否整理好，反复数自己走了多少个台阶，反复检查自己的衣服或鞋袜是否摆放整齐，反复检查自己的抽屉、衣柜、房门是否锁好等。由于儿童将大量精力集中于强迫观念和强迫性仪式，他们的正常活动便因此减少了，社会功能也因此会受到影响。

儿童强迫症的平均发病年龄为9~12岁，是一种严重的慢性疾病。

（二）儿童强迫症的病理学分析

1. 遗传因素

儿童强迫症具有遗传易感性，Lenane（1990）发现20%的儿童强迫症患者的一级亲属可以诊断为患有强迫症。

2. 神经递质异常

5-羟色胺回收抑制剂能有效地治疗儿童强迫症，因此可以推论儿童强迫症患者存在5-羟色胺功能紊乱。

3. 心理因素

精神分析理论认为儿童强迫症源于儿童人格发展固着在肛门期，这一时期正是儿童进行大小便训练的时期，家长要求儿童顺从，而儿童坚持不受约束的矛盾在儿童内心引起冲突，导致儿童产生敌对情绪，使人格的发展固着或部分固着在这一阶段，而强迫症状就是该成长阶段内心冲突的外在表现。

4. 儿童个性特征

研究发现，儿童强迫症还与患儿本身的个性特点有关。患儿处事过于拘谨，特别讲究衣饰整洁和个人卫生，酷爱干净，做事井井有条，并严格按程序进行；平常表情较为严肃，甚至有些呆板，过于克制自己，胆怯怕羞、听话、守纪律；对自己缺乏信心，喜欢自我检查做好的事，遇事常迟疑不决。

5. 父母性格特征

早在1962年，Kanner就认识到强迫症儿童多数生活在父母过分追求完美的家庭中，父母具有循规蹈矩、按部就班、追求完美等性格特征。调查表明，部分患儿的父母往往就有胆小怕事、过分谨慎和拘谨、遇事优柔寡断、事后爱反复检查等不良性格特征。父母对孩子过于苛求，如对清洁卫生过分要求等，都可能诱发本症。

此外，突发的精神创伤、严重的躯体疾病以及环境的重大变迁等是诱发强

---

① 郭爱鸽. 小学生异常心理的类型及其识别与干预 [J]. 教育探索, 2010 (6)：130-131.

迫症的重要因素。学校的教育方法不当，如要求过高和过严、作息制度过于刻板化等，也可能成为此病的诱发因素。

（三）儿童强迫症的心理学干预

1. 认知行为疗法

认知行为疗法的重点在于改变患儿的非理性认知，并在此基础上用健康合理的行为方式代替不合理的行为方式。认知行为治疗需要咨访双方的协作，当事人自身也要协助制订计划并认真完成家庭作业才能取得良好的疗效。①

2. 思维阻断法

思维阻断法是通过外部控制的手段，人为地抑制并中断其强迫思维，通过多次重复促使强迫观念逐渐消失的方法。

该方法先是帮助患儿纠正强迫性怀疑、回忆、穷思竭虑等非理性认知，然后让其做放松练习，并熟练掌握放松技术，在较短的时间放松全身，再在此基础上进行思维阻断法治疗。具体做法是先让患儿全身心进入放松状态，想象能够诱导强迫行为的念头、想法等思维活动，并告诉患儿当头脑中出现清晰的强迫思维活动时就抬起食指示意，当患儿抬起食指时，治疗者出声叫"停"，并要求患儿跟着叫"停"。同时，治疗者拿一木槌用力击一下桌子，发出刺耳的声响。如果患儿从想象诱导强迫思维状态到抬起食指这段潜伏期增长，说明治疗有效，若出现想象有困难，也说明治疗有效。治疗见效后，如果患儿在想象中再抬起食指时，治疗者就只需叫"停"，不必击桌子。重复进行治疗时，只让患儿本人在心里叫"停"，不必发出声音。

3. 反应预防

反应预防要求患儿推迟、减少甚至放弃能减轻焦虑的行为，尽可能抑制强迫行为，如缩短洗手时间，减少洗手频率。在实施行为治疗时，首先应教育患儿服从治疗计划，增强其治愈的信心，要求家庭成员鼓励、监督患儿完成家庭作业。起初治疗者和患儿必须制订一个特别的激发焦虑的计划，通过会谈在治疗室内指导患儿如何去做，之后通过家庭作业让患儿单独去做，并逐步增加难度，反应预防一般需 12 次会谈和长时间的家庭作业。

4. 家庭治疗

家庭治疗是治疗强迫症的重要方法，特别是对那些与父母关系较为疏远的儿童。治疗的目标是将家庭成员纳入治疗系统，让所有行为问题都公开呈现出

---

① 蔡成后，杨柳慧. 强迫症治疗中心理干预的方法学特征［J］. 中国临床康复，2005（3）：122-123.

来，充分理解每个家庭成员是怎样对儿童强迫性行为产生影响的，重新建构健康的家庭关系，减轻患儿的强迫性行为，逐渐形成各种良性行为。①

5. 催眠疗法和暗示疗法

采用催眠疗法和暗示疗法治疗儿童强迫症时，首先应采用催眠技术使儿童进入一种特殊的意识状态，提高其受暗示性，然后治疗师用积极的暗示语帮助患儿重构关于强迫症的积极认知，如"你的强迫行为已经去除了""你的病已经完全好了"，以提高儿童的治愈信心，从而达到治愈的目的。

第四节　应激障碍

案例导读：

小草在课间活动时，突然被身后的小男孩用红领巾勒住脖子，小草当时只能用手抓住红领巾挣扎，甚至无法喊叫救命，后来有其他学生告诉老师，才得以解脱。小草回家后神志不清，当天夜里发高烧，到医院后经医生检查发现，小草的脖子里有明显的勒痕，眼睛出血严重，身体发抖。自此，小草不敢自己睡觉，没有食欲，晚上经常被噩梦惊醒，看到绳子就害怕，看到楼下的邻家小男孩也害怕，总觉得后面有人要勒自己的脖子，不敢上学，更不敢面对勒自己的那个小男孩。

小学生正处于心理发展的重要阶段，心理承受能力较差，当面临重大生活事件时，不能够正确、积极地去面对，容易因外界刺激而产生一系列的应激障碍，从而影响其生理心理的正常发展。

一、创伤后应激障碍

（一）什么是创伤后应激障碍

创伤后应激障碍（PTSD）是指个体经历、目睹或遭遇到一个或多个涉及他人实际死亡或自身受到死亡威胁的情境所出现的精神障碍。PTSD 的发病率报道不一，一般来说，女性比男性的发病率高。

PTSD 一般在精神创伤性事件发生后数天至 6 个月内发病，病程至少可持

---

① 丁盛芳. 典型儿童强迫症个案的整合主义心理治疗分析 [J]. 浙江海洋学院学报，2008 (25)：106-107.

续1个月以上，也可长达数月或数年，个别甚至迁延数十年之久。其中病期在3个月之内的称为急性PTSD，病期在3个月以上的称为慢性PTSD，而若症状在创伤事件后至少6个月才发生的则称为延迟性PTSD。

（二）创伤后应激障碍的分类

根据创伤事件发生的时间及其症状的严重性，我们可将创伤后应激障碍分为以下两种类型①：

1. Ⅰ型创伤

Ⅰ型创伤指创伤事件发生在成年期且为孤立创伤事件，例如发生在成年期后的交通事故、自然灾害、遭遇性暴力或虐待等。其临床症状主要为：

（1）闪回：创伤事件的记忆和体验反复顽固地侵入头脑；

（2）回避：对可能引发创伤事件的记忆和体验的场地、物体、人物采取强烈的回避态度；

（3）过度唤醒：对周围的信息刺激产生过度的警觉反应，如惊叫、惊恐发作等。

2. Ⅱ型创伤

Ⅱ型创伤指创伤事件发生在童年期且为多发或持续的创伤事件，例如童年遭遇身体虐待、性虐待、情感剥夺等。该类创伤的临床症状较为复杂，但不伴随人格的扭曲和障碍。Ⅱ型创伤除了具有Ⅰ型创伤的症状外，还伴随有：

（1）情感紊乱；

（2）人际关系紊乱；

（3）躯体化和分离性症状。

（三）创伤后应激障碍的症状

1. 创伤后应激障碍的核心症状

创伤后应激障碍有三组核心症状，即重新体验、回避和警觉性增高。

（1）重新体验

重新体验症状即反复重现创伤事件的体验。其主要表现为患者在日常生活中脑海里反复涌现与创伤经历有关的情境或内容，也可出现严重的触景生情反应，甚至感觉创伤性事件似乎要再次发生。

（2）回避

这是指患者回避与创伤事件有关的刺激，对普通事件的反应显得麻木。其

---

① 美国精神医学学会. 精神障碍诊断与统计手册［M］. 张道友，等译. 4版. 北京：北京大学出版社，2000.

主要表现为患者长期或持续性地极力回避与创伤经历有关的事件或情境，拒绝参加有关的活动、回避创伤的地点或与创伤有关的人或事，有些患者甚至出现选择性遗忘，不能回忆起与创伤有关的事件细节。

（3）警觉性增高

警觉性增高症状在创伤暴露后的第一个月最普遍、最严重。患者会出现睡眠障碍（难以入睡、易惊醒）、易激惹或易发怒、容易受到惊吓、难以集中注意力等症状。在这种状态中，个体会花很多时间和精力去寻找环境中的威胁信息。

2. 儿童创伤后应激障碍的症状

儿童与成人的创伤后应激障碍的临床表现并不完全相同。年龄越大，重现创伤体验和警觉性增高等症状越明显；年龄越小，其临床表现越具有差异性和特殊性。儿童因为大脑功能发育尚不成熟，常常描述不清噩梦的内容，所以时常会从噩梦中惊醒，在梦中尖叫，也可主诉头痛、胃部不适等躯体症状。研究指出，儿童重复玩某种与创伤经历有关的游戏是闪回或闯入性思维的表现之一。一般而言，儿童创伤后应激障碍有如下表现：

（1）再体验

①儿童感觉创伤事件再发生并可能伴随相应的动作。

②儿童常有噩梦，且噩梦的内容不清晰。

③儿童会回放事件（回忆过去）或反复闪现创伤性图像。

（2）回避

①避免谈论创伤事件。

②避免接触让他回忆起创伤事件的地方或人。

③不表现出他的感受或其表现方式与年龄特征不符。

④认为自己将来没有希望，担心自己在童年中死去。

（3）应激增加

①容易受到情感伤害。

②有突然的悲伤、恐惧或愤怒的感觉。

③感到紧张、躁动、慌张或急躁。

④伴有睡眠问题。

⑤患有创伤后应激障碍的儿童内心会出现强烈的恐惧和无助感，并可能通过不安和错乱的行为表现出这些情绪；还可能伴有持续多年的噩梦、恐惧和惊恐；出现发展中的退缩并表现出与年龄不适当的行为，如对陌生人的恐惧；还可能感到悲观、易受伤害或麻木，并出现学习问题。

案例阅读专栏：玛希的遭遇

6 岁的玛希陪她妈妈去邻居家，结果被一只巨大的德国牧羊犬抓伤了面部，十分严重。她 7 岁的哥哥杰夫和两个妹妹目睹了整个意外。尽管妈妈警告过孩子们要离狗远一点，但玛希和杰夫还是接近了它。杰夫拍了拍狗，当玛希弯下腰也打算拍狗的时候，狗攻击了她。出事后母亲立刻对玛希流血的伤口进行了压迫止血的处理，而两个年幼的孩子则同时紧紧抱住了她的双腿。狗的主人见此情景便跑到孩子们的家里去找他们的父亲，使得狗在没有缰绳的控制下，对着被吓坏的家庭成员咆哮了大约 20 分钟。后来，玛希的父亲把家人带回了家，带玛希到急诊室治疗，医生对玛希的面部进行了缝针处理，但玛希仍感到极度恐惧。

在意外发生后，所有的孩子都会表现出某些恐惧情绪，出现一些退化行为，例如尿床、吸吮手指等。他们还会表现出易怒的症状以及出现不同程度的睡眠困扰和做噩梦。玛希还出现了对医学治疗和任何会使她想起医学治疗过程的环境的强烈恐惧。

（四）儿童创伤后应激障碍的心理学干预

目前针对儿童 PTSD 的主要干预与治疗方法包括认知行为治疗法、心理宣泄法和严重应激诱因疏泄治疗、催眠疗法、心理动力治疗等。鉴于认知行为疗法（CBT）得到了广泛的认可和运用，本书具体介绍一种基于 CBT 的治疗模式——情绪和人际调节技能训练法（STAIR 模式）。[①]

情绪和人际调节技能训练法是美国纽约大学儿童研究中心 Cloitre 等人针对儿童创伤后心理应激障碍特点发展起来的一种治疗模式，该模式的治疗目标是帮助遭遇创伤的儿童认识情绪情感，学会进行情绪调节，掌控可能诱发自我悲伤体验的人际情境，重建自我效能感。该模式的治疗时间大约为 16 周，每一周为一个单元。前十个单元的训练致力于提供情绪调节技能训练以及认知重建和人际关系训练，在这些方面得到充分训练后，剩下的六个单元将进行故事描述训练。

STAIR 模式要求治疗师在治疗过程中为儿童布置一定的"家庭作业"，让儿童在教师或家长的配合下进行互动训练，并利用教师和家长的辅助支持，为儿童建构更有效的"康复联盟"。按实施内容与阶段划分，STAIR 模式可分为七个部分：治疗准备与一般心理教育、情绪情感调节训练、人际技能训练、综

---

① 夏竹筠，徐媛. 儿童创伤后应激障碍干预原则和方法述略 [J]. 幼儿教育，2000 (9)：32-35.

合辅助技能训练、自尊重建训练、故事描述训练和治疗结束。

1. 治疗准备与一般心理教育

治疗准备的主要目标是让儿童建立起对治疗师的信任，确信自己的认知暴露和情绪表达是安全的。治疗师还需对儿童的发展水平进行评估，并了解儿童希望在治疗结束后达到怎样的具体目标。治疗师首先要引导儿童认识情绪的变化与相应的生理反应。治疗师可以询问儿童什么事情让他们感到高兴、什么事情使他们感到伤心，在高兴和伤心时身体会有什么不一样的反应，然后让儿童通过写故事、辨认图画和讨论个人经历等方式，了解情绪与事件本身的区别与联系。其次，治疗师要引导儿童认识到人的认知是在各种因素的共同作用下产生和变化的，让儿童学会区别认知与情绪。最后，治疗师要让儿童认识到人的认知影响情绪，情绪影响行为反应，而自我又可以调节认知。在这个阶段，治疗师还要帮助儿童认识自己在创伤后出现的各种情绪、认知和行为反应背后的原因，以理解自己的情绪反应。在儿童充分理解三者之间的关系后，治疗便可进入下一阶段。

2. 情绪情感调节训练

帮助儿童认识和区分"积极情绪"与"消极情绪"是这一阶段的一个重要目标。治疗师要告诉儿童积极情绪是那些让人感到高兴的情绪，而消极情绪是那些令人感到痛苦的情绪，是有害的，可能引发许多负面的行为反应。不同年龄阶段的儿童对客观事件的情绪反应及自我辨认能力都不同，所以治疗师在这一阶段的指导方式应根据儿童的年龄和发展水平而有所调整。另外，治疗师还需修正儿童的错误认知，让儿童认识到错误认知往往是自我无法控制的，而且会带给自己无尽的痛苦。治疗师将运用各种方法帮助儿童重新认识"真实的世界"，帮助儿童认识到自己可以用积极的方式重新认识自己和世界，最终使儿童改变错误的认知，重新建立自信，体验更多的积极情绪。

3. 人际技能训练

该阶段的目标是帮助儿童重建合适的、积极的和自我保护的社会交往方式。对于伴有人际交往障碍的儿童，角色扮演法可以帮助他们有效应对真实生活情境，建立社交自信。例如，治疗师可以模拟这样一个场景：一名儿童正走在教室走廊上，迎面走来另一名儿童，说着攻击性话语。治疗师可以让儿童分析，在这样一个场景中，对方的攻击性话语是否是针对自己，自己又该如何做出正确反应。角色扮演应该在一个安全的环境里进行，治疗师要时刻关注儿童的进步，并对其扮演做出适当反馈。此外，治疗师还需安排足够多的"积极事件"，使儿童产生积极情绪，从而更好地控制与其创伤体验有关的那些消极情绪。

4. 综合辅助技能训练

这一阶段的训练目标是帮助每个儿童根据个别需要来发展相关的技能，如调节情绪的认知策略、社交策略和动作策略等，以帮助儿童更好地调节自身情绪。一般来说，当儿童感到紧张、焦虑时，可采用认知策略，如告诉自己"我知道坏情绪是可以过去的"；也可采用社交策略，如远离焦虑情境，转而与自己熟悉的朋友对话；还可采用动作策略，如深呼吸、放松肌肉等。放松训练可以帮助儿童更好地应对突发事件，也可以很好地帮助其应对创伤记忆。

5. 自尊重建

经历过创伤体验的儿童往往持自我否定态度，他们会认为"不幸的事发生在我的身上是因为我是一个坏孩子""我是失败的""我很丑，我很令人讨厌"等，这些认知和创伤事件有关，也与他们所经历的其他事件以及自我能力有关。所以在训练过程中，治疗师应当给儿童提供尽可能多的成功体验，使其产生积极的自我评价。在儿童的自我效能感重建中，治疗师要和儿童一起制作一份自我描述清单，挖掘和记录儿童所获得的成功体验，重建儿童的自尊和自信。

6. 故事描述训练

故事描述训练的预期目标是改变儿童的错误认知和减弱或消除其与创伤体验相关的心理、生理症状，该训练要求儿童以叙述的形式展现创伤经历，这是为了给儿童提供整理破碎情绪和混乱认知的机会，使儿童能重新接纳自我。如把儿童先前认为的"我没能把我的弟弟救出来，我很无能、很脆弱"转变为"我才五岁，我已经尽最大的努力了"。

故事描述训练需要在儿童感到安全的环境里多次进行。在治疗过程中，不管儿童的情绪、认知、行为表现怎样，治疗师都应始终给予支持。刚开始时，治疗师应注意让儿童保持冷静，不要追求暴露创伤经历的时间和精度，但是可以就某一方面的细节对儿童加以适当追问，每一次暴露都要寻求儿童在某一方面认知的更新和进步，从而逐步完成其对整个经历的认知更新。治疗师可以利用各种辅助手段帮助儿童重建认知，如让儿童对发生的事件进行书面描写、做木偶扮演等，还可以询问儿童当时看到了什么、听到了什么，从而了解儿童的感受以推进儿童的叙述进程。为了更好地了解儿童的情绪反应，治疗师可利用情绪气压计监测儿童的情绪状况，进而调整提问的内容和方式。对儿童的创伤暴露治疗应十分谨慎，必须由专业治疗师进行，非专业人员不宜轻易尝试。

故事描述训练法过程中最重要的一点是帮助儿童区分恐怖的过去与安全的

现在，让他们在讲述的过程中认识到恐怖的事件已经过去，从而慢慢减少对创伤经历的恐惧，重建对现在和未来的信心。多次的创伤暴露和认知重建可使儿童在认知和情绪上都获得更合理的解释方式。

7. 治疗结束

情绪和人际调节技能训练法的结束阶段需要强调父母或养育者介入治疗过程，制定养育者与儿童之间的互动指导原则，以帮助儿童在治疗结束之后仍然能得到有效的支持。在这一阶段，儿童往往会因治疗即将结束而感到不安，治疗师应帮助儿童意识到治疗的结束是必然的，强调儿童在治疗过程中所取得的进步，鼓励儿童将习得的新技能运用于实际生活。治疗师还可以向儿童提供其他可利用的资源，以减轻儿童的不安。

二、急性应激障碍

（一）急性应激障碍的定义

急性应激障碍（Acute Stress Disorder，ASD），也叫急性应激反应（Acute Stress Reaction），是指因剧烈的、异乎寻常的精神刺激、生活事件或持续困境的作用而引发的精神障碍。

急性应激障碍的应激源可能是无法预料的创伤体验，包括：对个体本人或所爱之人安全或躯体完整性的严重威胁（如自然灾害、事故、战争、受罪犯的侵犯、被强奸等）；也可能是个体社会地位或社会关系网络发生急剧的威胁性改变，如同时丧失多位亲友等。

急性应急障碍的症状一般在受到应激性刺激或事件的影响后几分钟内出现，通常在2~3天内消失。

（二）急性应激障碍的症状表现

急性应激障碍通常在应激事件发生数小时内出现，但持续时间比急性应激反应的时间长得多，约一个月或者更长，对机体产生的危害及影响更为巨大。

急性应激障碍患者会有过度的紧张、焦虑和恐慌，失眠多梦，对刺激事件会过多考虑并收集有关的信息，采取过度防护措施。患者对外界事物或本身都极其敏感，严重影响到了个人的日常生活，工作、学习社交能力均有下降。其心理方面表现为罪恶感、愤怒感、绝望感等，生理方面则主要表现为各种胃肠道、心血管、呼吸系统、皮肤和泌尿系统的功能障碍。

急性应激障碍者初期多表现为呆滞状态，不愿意与他人沟通，少言寡语，对外界刺激反应能力差，并且在事后会遗忘。但大部分患者都有强大的自我修复能力，能够自我调整，最终理解和接受所经历的危机事件，并逐渐恢复正常的心理社会功能。

（三）急性应激障碍的诊断与评估

1. 美国诊断标准（DSM-IV-TR）

美国急性应激障碍的诊断标准如下①：

（1）患者曾暴露于创伤性事件，存在以下两个方面的特征：

①患者目睹或遭遇涉及他人死亡或自己生命受到威胁的情境。

②患者有强烈的害怕、失助或恐惧反应。

（2）在体验这种令人痛苦的事件之时或之后，患者会表现出下列3项以上分离性症状：

①麻木、脱离或没有情感反应。

②对周围人及事物的认识能力有所降低。

③现实解体：自发地诉说外部世界的性质发生了改变，如感到现实世界疏远、缺乏生机等。病人一般知道这种改变是不真实的，否则为现实解体妄想。

④人格解体：自我关注增强，感到自我的全部或部分似乎是不真实、遥远或虚假的。发生这种改变时，感觉正常而且情感表达能力完整，觉得身体某部分变大、变小、分离。自知力一般能保留，否则为人格解体妄想。

⑤分离性遗忘：不能回忆该创伤的重要细节。

（3）反复沉思曾经历的创伤事件，总是出现与创伤经历有关的梦境，闪回发作，回忆创伤事件时感到痛苦。

（4）明显回避能引起创伤回忆的刺激。

（5）明显的焦虑或警觉增高症状（如难以入睡、激惹、注意力不集中、警觉过高、过分的惊吓反应）。

（6）此障碍产生了临床上明显的痛苦烦恼或造成在社交、职业和其他重要方面的功能缺损。

（7）此障碍至少持续2天，最多不超过4周，并发生于创伤事件之后4周之内。

（8）此障碍并非由某种物质（如滥用药物、治疗药品）或一般躯体情况导致的直接生理性效应，也不能归于短暂性精神病性障碍。

2. 中国诊断标准

中华精神科学会于2000年颁布了《中国精神障碍分类与诊断标准第3版》

---

① 美国精神医学协会. 精神障碍诊断和统计手册［M］. 张道龙，等译. 4版. 北京：北京大学出版社，2000.

（CCMD-3），其中急性应激障碍的诊断标准如下：

以急剧、严重的精神打击作为直接原因，并在受刺激后立刻（1小时之内）发病。其表现有强烈恐惧体验的精神运动性兴奋，行为有一定的盲目性，严重时精神运动性抑制，甚至木僵。如果应激源被消除，症状往往历时短暂，预后良好，缓解完全。

（1）症状标准：以异乎寻常的和严重的精神刺激为诱因，并至少符合下列1项特征：

①有强烈恐惧体验的精神运动性兴奋，行为有一定盲目性；

②有情感迟钝的精神运动性抑制（如反应性木僵），伴有轻度意识模糊。

（2）严重标准：社会功能严重受损。

（3）病程标准：在受刺激后若干分钟至若干小时内发病，病程短暂，一般持续数小时至1周，通常在1月内得到缓解。

（四）急性应激障碍的心理学干预

治疗干预的基本原则是及时、就近、简洁、紧扣重点。由于本病由强烈的应激性生活事件引起，因此对该病的心理治疗具有重要的意义。

一是让患儿尽快摆脱创伤环境，在能与患儿接触的情况下，建立良好的医患关系，与患儿交谈，对患儿进行解释性心理治疗和支持性心理治疗，帮助患儿建立起积极的心理应激应对方式，避免更进一步的伤害。

二是与患儿进行个别交谈。治疗师在与患儿进行心理会谈时，应与患儿交流事件的经过，包括患儿的所见所闻和所作所为，这样的讨论将有助于减少有些患儿可能存在的对自身感受的消极评价。治疗师应告诉患儿，人们在遭受天灾人祸之后、亲历了伤痛、失去了亲人朋友或目睹了他人的伤亡之后，在身体和心理上都会有一系列的反应。这些反应包括恐慌、忧虑、情绪低落、失眠、频繁做噩梦，有的人还会烦躁易怒、心神恍惚，难以集中注意力。这些反应都是人类正常的应激机能，虽然很多症状将会持续一段时间，但是不会严重到影响正常工作和生活的地步。

药物主要是对症治疗的，但在急性期也是采取的措施之一，适当用药可以较快地缓解儿童的抑郁、焦虑、恐惧、失眠等症状，便于心理治疗的开展和奏效。

灾难发生后的24~48小时是理想的干预时间，在事件发生后24小时内不进行心理危机干预。

第五节 抑郁症

案例导读：

小月，女，12岁，是河北某农村的一名六年级学生。小月与父母与奶奶还有弟弟一家五口人生活在一起，家族无精神疾病史，家庭经济状况在所处的农村中属于一般。父母均是农民，没有什么文化，家中的主要经济来源是靠种二亩温室大棚和几十棵梨树。

小月的父母由于农活较忙，无暇照顾小月，也没时间同她交流。小月从小主要由奶奶带大，和奶奶睡一个房间，奶奶非常疼爱她，对她照顾得无微不至，什么活也不让小月做。奶奶与妈妈经常为一些鸡毛蒜皮的小事吵架，如做饭早了、晚了、该谁刷锅了等，婆媳不和，奶奶吵不过妈妈。小月的爸爸是只会做活，不管婆媳的争吵。

在小月上小学三年级的那一年，弟弟出生了，这样爸爸妈妈就更忙了，与小月接触的时间也就更少了，家中争吵的次数也随之而增加。

在小月上完五年级的暑期的一个早上，奶奶又和妈妈为一点小事吵架了，吵完后奶奶走了，妈妈以为奶奶会像往常一样一会儿就回来，可是一直到晚上奶奶也没回来，妈妈害怕了，忙托人四处找奶奶。第二天早上，人们在她家的梨树地中，发现了喝农药自杀身亡的奶奶。小月的妈妈放声大哭，很是后悔，也很自责。在家境一般的情况下为奶奶出了大殡。从奶奶去世到出完殡，小月哭也没哭，村子里的人都说，她奶奶白疼小月这孩子了。但是，自此小月话变少了。

升入六年级后，老师和同学们都说小月变了。她上学经常迟到，上课不注意听讲，原来课下常和同学们一起跳绳，但现在常独自一个人，即使同学们喊她跳绳也不去，情绪低落，郁郁寡欢，曾流露过自杀的想法，班主任多次教育也不见改变。在老师讲安徒生的《卖火柴的小女孩》时，她说，她也像卖火柴的小女孩一样没人疼爱，也想去天上和奶奶一起过幸福的生活。

心理学的有关研究发现，小学生的抑郁症表现为持续时间较长的情绪低落、易激惹、有破坏行为、自责、持续的忧郁和社会抑制等。这些儿童可能会无法入睡或睡眠过多，失去快乐感或兴趣，学习成绩越来越差，经常与父母就一些有意见分歧的问题发生争吵，对自己有较高的负面评价。这种广泛的、影响行为能力的、持续的甚至是威胁生命的抑郁，需要父母和老师给予高度的重视。

一、抑郁症的定义

抑郁症又称抑郁障碍，以显著而持久的心境低落为主要临床特征，是心境障碍的主要类型。临床可见心境低落与其处境不相称，情绪的消沉可以从闷闷不乐到悲痛欲绝，甚至悲观厌世，有自杀企图或行为；发生木僵；部分病例有明显的焦虑和运动性激越；严重者可出现幻觉、妄想等精神病性症状。每次发作至少持续两周以上，长者甚至数年，多数病例有反复发作的倾向，每次发作大多可以缓解，部分可能有残留症状或转为慢性。[①]

二、抑郁症的具体表现

抑郁症表现为单次或反复多次的抑郁发作，以下是抑郁发作的主要表现：

（一）心境低落

其主要表现为显著而持久的情感低落、抑郁悲观。轻者闷闷不乐、无愉快感、兴趣减退，重者痛不欲生、悲观绝望。典型患者的抑郁心境有晨重夜轻的节律变化。在心境低落的基础上，患者会出现自我评价降低，产生无用感、无望感、无助感和无价值感，常伴有自责自罪，严重者出现罪恶妄想和疑病妄想。

（二）思维迟缓

思维迟缓指患者思维联想速度缓慢、反应迟钝、思路闭塞，自觉"脑子好像是生了锈的机器""脑子像涂了一层糨糊一样"。临床可见患者主动言语减少，语速明显减慢，声音低沉，对答困难，严重者无法顺利进行交流。

（三）意志活动减退

意志活动减退指患者意志活动呈现显著持久的抑制。其临床表现为行为缓慢，生活被动、疏懒，不想做事、不愿和周围人接触交往，常独坐一旁或整日卧床，闭门独居、疏远亲友、回避社交。严重时蓬头垢面、不修边幅，甚至发展为不语、不动、不食，称为"抑郁性木僵"。伴有焦虑的抑郁症患者，可有坐立不安、搓手顿足等症状，严重的患者常伴有消极自杀的观念或行为，这是抑郁症最危险的症状，应提高警惕。

（四）认知功能损害

研究认为抑郁症患者存在认知功能损害，其主要表现为：短时记忆力下

---

① 美国精神医学协会. 精神障碍诊断和统计手册 [M]. 4 版. 张道龙，等译. 北京：北京大学出版社，2000.

92　　小学生异常心理与行为问题

降，注意力障碍，反应时间延长，警觉性增高，抽象思维能力差，语言流畅性差，空间知觉、手眼协调及思维灵活性等能力减退。认知功能损害会导致患者出现社会功能障碍，并会影响患者的远期预后。

（五）躯体症状

躯体症状主要有睡眠障碍、乏力、食欲减退、体重下降、便秘、身体某些部位出现疼痛。躯体不适表现为恶心、呕吐、心慌、胸闷、出汗等。睡眠障碍主要表现为早醒，一般比平时早醒 2~3 小时，醒后不能再入睡；也有患者的睡眠障碍表现为入睡困难、睡眠不深；少数患者表现为睡眠过多。

三、儿童抑郁症的诊断和评估

儿童抑郁症的临床特征有[1]：

（一）生理上的表现

1. 以各种身体不适为主诉

儿童往往意识不到自己情绪的变化，他们通常就诊于各种综合医院及基层医疗机构，向医生诉说的也往往是躯体症状，而不是抑郁情绪。

2. 躯体症状

患儿常有睡眠障碍、食欲减退、体重下降或头晕、头昏、疲乏无力、胸闷等各种躯体不适症状。一些患儿会出现遗尿，也有少数患儿会出现食欲增强、体重增加的情况。

3. 其他

有研究表明，儿童抑郁症患者的幻觉较成人抑郁症患者明显，这可能与儿童的思维发展不成熟有关。

（二）心理上的表现

1. 情感低落

有些患儿表现为显著而持久的情绪低落，不愉快、悲伤、经常哭泣，其自述感到压抑，高兴不起来、难受、不快乐，失去往日的兴趣和欢乐，言语活动减少，常感觉"没劲""精力不足"。

2. 自我评价低

抑郁症儿童有较强的自卑感和无助感，自责自残，将所有的过错归咎于自己，常产生无希望、无助感。患儿对娱乐活动和学习丧失兴趣，不愿上学，另

① 张曼华，陈楠. 儿童抑郁症的临床特征及心理干预［J］. 中国妇幼保健，2008（32）：4 589-4 591.

外，抑郁症患儿还时常表现为抗挫能力差。

3. 逐渐产生自杀观念

轻者感到生活没意思，不值得留恋，"想到自杀"。随着抑郁程度的加重，患儿的自杀观念日趋强烈，并会寻找或准备一些自杀方法以最后实施自杀。国外的研究也表明青少年抑郁症可导致自杀的发生。

四、引发儿童抑郁的因素

（一）遗传因素

流行病学调查显示，抑郁症与遗传因素有关，且血缘越近，发病率越高，如异卵双生子同病率为 19.7%，自幼分开抚养的同卵双生子后期同病率则高达 66.7%。遗传因素的影响随年龄增加而增加，女孩比男孩更易受遗传影响，青少年受遗传因素的影响大于儿童。

（二）家庭因素

家庭因素是导致儿童青少年抑郁的重要因素之一。有研究表明，儿童抑郁与母亲有关，而与父亲无关。对家庭关系的研究均表明，儿童青少年抑郁与父母婚姻关系破裂之间存在明显关系，女孩较男孩更容易受到父母离异的困扰而出现抑郁。关于教养方式的研究表明，父母严厉惩罚、过度干涉和保护将导致或加重儿童和青少年的抑郁症状，而对其给予更多的关注理解和情感上的温暖将能减轻儿童青少年的抑郁症状或减少患病概率。此外，家境贫寒的青少年患抑郁症的概率更高。

（三）社会支持

研究表明，社会支持与抑郁有较高的负相关，同伴关系差的小学生与具有良好同伴关系的小学生相比，更易患抑郁症。

（四）应激生活事件

儿童青少年抑郁的促发因素主要源自生活和学习中遇到的压力，即各种应激生活事件，如健康状况的变化和生活环境的突然转变等。有研究者发现，身体健康水平低下的儿童更易产生抑郁及焦虑情绪问题，生活环境的突然改变也可能引起儿童青少年抑郁的发生。有研究表明，临时接受寄养服务的学龄儿童在抑郁量表上的得分高于普通儿童，其原因可能是儿童因突然离开原来的家庭、朋友、学校及其熟悉的事物而产生压力，暂时显得情绪抑郁。另外，住院也易引发抑郁，原因可能是住院扰乱了儿童正常的学习和生活秩序，患儿感受到了挫折或限制，与熟悉环境分离会使儿童因归属感受到威胁而产生自卑感，变得不知所措、焦虑不安、孤立、对他人敏感等。住院期间，亲人的情绪变化也成为影响儿童情绪的重要因素。有学者提出,抑郁和抑郁的反应很容易被儿童从关系密切的成人特别是父母那里学习和模仿到。

五、小学生抑郁症的心理干预

(一)心理教育治疗

心理教育治疗就是帮助患儿理解抑郁症的致病因素、患病的过程和复发的可能性等,帮助父母理解家庭关系对患儿抑郁症的影响,学会以最佳方式对待患儿的易怒、挑衅和社会退缩;教育父母对患儿的一些积极行为要给予正性强化,减轻患儿对家庭的敌意和由此产生的压力;建议教师对患儿的不良表现不要采取惩罚与训斥的方式。另外,治疗过程中还要听取患儿对以上陈述的反应,运用认知重建法纠正可能出现的歪曲信念。[①]

(二)认知行为治疗(CBT)

认知行为治疗是指治疗师运用认知重建的方法纠正患儿歪曲的信念,并教给患儿改善行为的技能。CBT 的治疗焦点是了解患者歪曲的思维和信念,并应用认知行为技术改变其功能不良的思维及伴有的情感和行为。在治疗过程中,主要任务集中在患儿没有意识到的思维和信念体系。在采用认知行为疗法治疗抑郁症时要做到:①患儿是治疗焦点所在;②治疗师应发挥积极的作用;③患儿应与医生合作,共同解决问题;④治疗师应教导患儿监控思维与行为,并学会记录;⑤治疗应合并其他程序,如行为技术与认知策略等。研究发现,采用CBT 治疗后,儿童的抑郁症状可在 3 个月内减轻,并且可在治疗结束后两年内维持疗效。

(三)支持性心理治疗

支持性心理治疗是采用一般性的心理学知识与儿童谈心、说理,解决儿童的心理问题,减轻患儿的心理痛苦,消除其精神症状,改善其处境、态度和行为方式的一种治疗方法。支持性心理治疗要求治疗师在治疗前要熟知患儿的情况,与其建立信任关系,对患儿所表现的困惑、疑虑、恐惧不安、发脾气、冲动和痛苦给予充分的尊重、理解和同情,并在此基础上劝导、鼓励以减轻患儿的怀疑、恐怖、焦虑、紧张和不安情绪。

(四)家庭治疗

家庭治疗是以患儿和家庭成员共同作为治疗的对象。家庭治疗假定儿童抑郁

---

① 张曼华,陈楠.儿童抑郁症的临床特征及心理干预[J].中国妇幼保健,2008(2):4 589-4 591.

症的产生是由家庭成员之间的功能关系不良所致，其治疗目的就是要通过选择适当的互动和交往模式，重新建立一种家庭成员间的有效沟通模式，恢复家庭功能。

（五）人际心理治疗

根据人际心理治疗理论，不管导致抑郁症的原因是什么，抑郁总是与失落、变动和缺乏亲密支持性的人际关系相关，因此治疗的重点就是通过改变这些关系中儿童的行为方式以达到改善其人际关系的目的。人际心理治疗着重改善抑郁症患儿人际交往技能缺乏的状况，如教会儿童学会表达自己的主张、拒绝不合理的要求、主动承担责任等。

（六）箱庭疗法（沙游戏疗法）

箱庭疗法是分析心理学理论与游戏治疗及其他心理咨询理论结合起来的一种临床心理疗法，让儿童通过臆想和创造的场景来表达自己，直观显示其内心世界，从而绕开咨询中的阻抗。儿童通过与沙子联系，在沙盘上"画画"这样的游戏活动建立安全感，舒缓烦恼的心绪，真正起到以"玩"代"疗"的医治目的，从而最终恢复患儿的正常心理功能。

（七）阅读疗法

阅读疗法就是在疾病治疗中利用图书和相关资料，由医生指导，有目的、有控制性地治疗患者在情感和其他方面存在的问题的一种疗法。精神分析学派创始人弗洛伊德认为阅读疗法对患者有认同、净化和领悟等作用。"认同"就是读者（患儿）在阅读过程中有意识或无意识地与作品中人物的感情内涵产生共鸣，从中体味人间的温情，忘却烦恼和痛苦。"净化"是指读者（患儿）在作者设定的情景中体验恐惧和紧张的同时，其内心的焦虑、恐惧被导向外部，使超负荷的抑制得到释放和恢复，情感得到"净化"。阅读疗法在儿童建立自信、进行自我管理、减轻儿童恐惧感以及减轻抑郁症的焦虑、改变长期存在的消极信念和改善与人交往的方式方面的效果是肯定的。①

---

① 王鑫强. 阅读疗法在中学生心理健康教育中的应用 [J]. 赣南师范学院学报，2009（1）：95-96.

第四章　小学生社交问题及障碍

◆选择性缄默
◆社会退缩
◆语言障碍

第一节　选择性缄默

案例导读：

　　开学的第一天，相较于别的孩子，浩浩就表现得有些异常。他不像其他孩子那样兴奋地跑进教室寻找自己的座位，而是扭扭捏捏、极其不情愿地被妈妈拉着走进教室，见到新老师、新同学，浩浩没有一点兴奋、好奇的感觉。当同学们都争着向老师问好，新同学也互相打招呼的时候，浩浩只是坐在自己的位置上，皱紧了眉头，紧握着自己的手，全身一动不动，眼睛里充满了胆怯与不安。

　　妈妈只当这是浩浩刚进入新环境产生的应激反应，可是一两个星期过去后，浩浩的表现依然如旧。妈妈终于发现了他的不对劲，而老师也反映浩浩一进校门就紧闭嘴巴，不和老师来往，拒绝用口头语言和老师进行交流，也不和别的孩子牵手，不参加集体活动。

　　小学阶段，儿童神经系统的发育表现出均匀和平稳的特点，儿童的社会关系开始逐渐趋于复杂，与同伴、老师之间的交流、接触增多，大部分儿童都能够进行语言交流和社会交往活动，然而，有些儿童在语言表达方面的发展并不顺利，甚至会出现一些障碍，本节将重点介绍儿童选择性缄默。

一、什么是选择性缄默

　　选择性缄默症（Selective Mutism，SM）是指已经获得语言能力的儿童，因精神因素的影响而出现的在某些社会情境中"不能"或"拒绝"说话，但在其他场合能够正常说话的一种心理现象。这类患儿的发音器官、听觉器官都无器质性损害，智力发育也无异常。①

选择性缄默发病多在 3~5 岁，但通常会在小学阶段被发现，选择性缄默症程度严重者的不语行为会延续至青年甚至成人，某些患者经治疗后可以减轻症状或恢复正常，但也有个案本来还可以和亲属对话，而后却逐渐恶化到与父母也不语的程度。

选择性缄默并非言语障碍，而是一种社交功能性问题，严重影响着儿童的身心健康、社会适应和人际交往能力。1994 年，美国心理学会推测，罹患选择性缄默症的临床患儿不足儿童总数的 1%。我国有研究者对选择性缄默症做了流行病学调查，发现其发病率在 0.2%~2.0%，绝大多数患儿的症状会持续一年以上，女孩患病的多于男孩，男女比例为 1:2。

二、小学生选择性缄默的具体表现

小学生选择性缄默主要表现在语言交流、个性特征、学业表现和社会交往等方面。

（一）语言交流方面

选择性缄默症儿童在自己熟悉的环境中可以进行正常的语言交流，在陌生环境中（学校、陌生人家里）则不能使用语言与他人进行交流，少数儿童表现为在家不说话，在学校反而要讲话。在其缄默时，他们有时会通过手势、点头等非言语或简单的语言表达自己的想法。

（二）个性特征方面

选择性缄默症儿童的个性特征及表现有：极端羞怯、退缩、孤独、喜怒无常、爱发脾气、支配欲强、有反抗性行为和过度依赖父母等。

（三）学业表现方面

选择性缄默儿童在校不愿回答任何问题，可以参加学习，但大部分患儿拒绝上学，且学习成绩较差。

（四）社会交往方面

选择性缄默症儿童的社交能力不好，不喜欢接近其他同学，而其他同学则通常会嘲笑这类孩子且也不愿意接纳他们。

---

① 张丽莉. 选择性缄默症研究综述 [J]. 山西师大学报（社会科学版），2009, 36 (11)：98-99.

除此之外，选择性缄默症儿童对噪音、人群、触摸高度敏感，并伴有遗尿或偶然大便失禁等问题。

三、小学生选择性缄默的诊断与评估

选择性缄默症的诊断需要进行神经系统检查、精神心理检查、听力检查、社会交流能力检查、学习能力检查、语言和言语检查等。目前，有关专家认为以下临床特征可作为诊断依据：

（1）患儿智力发育正常。排除智力发育迟缓或言语发育迟缓及其他精神疾病（广泛性发展障碍、精神分裂或其他精神障碍），但存在缄默不语的现象。

（2）患儿在一些场合（家中、特别要好的小伙伴面前）可以正常进行语言交流，在一些场合（学校、陌生人面前）则出现语言问题。

（3）选择性缄默出现的时间超过一个月。

（4）该行为影响到了孩子的正常学习和生活。

阅读链接：选择性缄默儿童在社交情境中的行为特质

选择性缄默儿童在社交情境中的行为特质有：

（1）在教室内很少发问，有事也不表达（如想上厕所）。

（2）表情极度羞涩，行为退缩和孤立。

（3）在焦虑状态下，脸部漠然或表情呆滞。与人对话时，眼神常闪躲，不和他人正面接触；有的则凝视虚空或看天看地就是不看人。

（4）缺少笑容，会因紧张焦虑而呈现僵硬或笨拙的姿势。

（5）对师长的指令沉默无反应或一副不理不睬的模样，甚至出现倔强抗拒的行为。

（6）回答问题时，不论口语或非口语表达，反应均迟缓延宕。

（7）对环境、声音、人群等具有高度敏感性；患者很少使用谢谢、你好或再见等社交性的口语或手势。

（8）不喜欢冒险，对新环境十分小心谨慎，常出现紧张不安或烦躁的行为。

下列三种情况不适用上述诊断标准：

（1）刚入学的第一个月，儿童可能因羞怯胆小而不愿在班上当众发言。

（2）因缺乏进行语言交流时必需的知识与技能从而不说话，如首次到非母语国家的儿童在刚入学时不说话。

（3）因某种身心发展障碍，如精神分裂症和其他的精神病发作时在某些特定的社交场合需要说话而不能说话。①

阅读链接：名人名言

"不管成人或儿童，在学习一种崭新的语言时，都会经历一段沉默期（silent period）。在此期间，他们与人交流时，只听不说，试图了解其他人说话的内容，逐渐吸收新语言。每个人的这段沉默期长短不一，性格较外向的则沉默期较短。但个性内向、容易焦虑、害羞，又因有完美主义倾向而不随便开口者，也容易患上缄默性失调。"

——杜索高

四、小学生选择性缄默的病理学基础

选择性缄默症是由焦虑障碍衍生出来的，罹患选择性缄默的孩子并不是拒绝说话，而是因为他们担心与人沟通时会有困难。在人际互动的情境中，焦虑常使患儿产生恐惧感。他们害怕谈话，但在学校或其他社会情境中又必须以言语沟通，在这种多重压力、焦虑与畏惧交杂的情境下，他们用不说话、神情漠然、眼神闪躲以及不反应来作为沟通的方式。选择性缄默就是要逃避社交焦虑加在他们身上的痛苦。选择性缄默症的产生有多种因素，对它的病原学解释主要有以下几种：

（一）家庭系统论

家庭系统论者认为儿童出现选择性缄默的原因在于他们生活在容易引起缄默的不良家庭中，患儿家庭的典型特征是父母婚姻不幸福，对儿童过度控制、过分严格要求，父母很少给儿童练习讲话的机会等，致使儿童害怕、不信任他人，与外界沟通有困难。②

案例阅读专栏：不愿意说话的琦琦

琦琦今年6岁，长相甜美可人，个头比同龄孩子高出一截。琦琦到了快上小学的年龄时，父母把她从浙江老家接到上海，希望她尽快适应上海的新生活，顺利入学。没想到刚来上海一个月，这个活泼快乐的小精灵就突然变得沉默寡言，在人多的地方甚至一言不发。琦琦的变化急坏了父母，父母哄也哄

---

① 龚艺华，李霞. 儿童选择性缄默症研究进展 [J]. 社会心理科学，2004（1）：60-63.
② 徐汉明，盛晓春. 家庭治疗——理论基础与实践 [M]. 北京：人民卫生出版社，2010.

了、训也训了、打也打了，使尽了浑身解数，但琦琦就是不开金口。

琦琦的爸爸一直想要个男孩，性格刚强热情的他完全不知道怎样跟一个小女孩相处，干脆像对待儿子一样教育女儿。妈妈则是个优雅温婉的女人，不希望爸爸把美丽的小女儿教育成粗犷的女汉子。于是，针对女儿教育的方式的家庭战争就这样开始了，琦琦经常感到混乱不堪、不知所措。

琦琦变得很依赖妈妈，不理睬爸爸，每天必须由妈妈接送，入园时要先在幼儿园门口大哭一会才肯走进去。一个月左右，幼儿园阿姨告诉琦琦妈妈，琦琦在幼儿园里不肯讲话了。与此同时，琦琦开始不愿意出门，在公共场合一言不发。爸爸妈妈很着急，一遇到琦琦不说话的场景就焦虑不安，这种不安也传染给了琦琦，琦琦的脾气因此变得更加暴躁，话也更少了。后来琦琦被诊断为患有儿童缄默症。

（二）行为主义学派

行为主义学派认为选择性缄默是由一系列被强化的消极的学习模式所造成的行为问题，是一种"以拒绝说话作为巧妙应对外界环境的惯常反应"①。换言之，缄默是患儿对自身与所处环境之间的一种保护性行为反应，是个体为了适应环境改变做出的调整行为。

（三）精神分析学派

精神分析论者将选择性缄默症视为个体无法排解内心冲突的外在表现形式，是儿童在人格发展的某个阶段，如口唇期和肛门期的需要没有得到满足，为了引起父母的关注和获取内心的满足，便使自己退回到以前不会说话的阶段，故意在某些情景下保持缄默。选择性缄默症被视为儿童应对愤怒和焦虑的种方法，是为了惩罚父母而采取的 种手段。②

除此之外，选择性缄默还与儿童的个性特点有关，性格内向会令儿童慑于讲话，一些不愉快的交往经历也会增加儿童的焦虑，当他们认为不开口说话便可减低这种焦虑感时，也就容易患上缄默性失调。也有人认为，选择性缄默症是儿童对意外创伤做出的一种应激反应，如面对家庭暴力、父母离异、亲人离世、受虐待、频繁的家庭搬迁或更换学校以及遭受校园欺凌等负性事件，儿童就会为了保护自己而采取应对措施。

① 龚艺华，黄希庭. 儿童选择性缄默症的研究现状 [J]. 中国行为医学科学，2005 (4)：377-378.
② 龚艺华，李霞. 儿童选择性缄默症研究进展 [J]. 社会心理科学，2004，71 (1)：60-63.

案例阅读专栏：校园欺凌与选择性缄默

中国移民陈太太于2003年抵达多伦多，她有两个儿子，一个3岁，一个6岁。两个孩子在学校里遇到了一次又一次的校园欺凌事件，老大经常在校被同学抢走午餐，被同学以蠢、笨的字眼辱骂，自尊心和社交能力均受到影响，而向老师、校长报告时却总受冷遇。为此，陈太太已为其长子转校3次。

幼子亦有类似遭遇，当年只有3岁半的他第一天到幼儿园上学，因为在陌生及语言不通的环境下哭闹不止，教职员便将小孩锁在黑暗的校长室，等候陈太太前来。

过了一个星期，幼子情绪愈见不稳，会哭闹至睡在地上，有时突然关灯亦会令他尖叫。幼子在学校也逐渐地变得沉默，不愿跟其他人说话，这种状况持续了长达两年。后来经诊断发现，幼子患上了选择性缄默症。

五、小学生选择性缄默的干预

如前面所言，选择性缄默症与焦虑障碍密切相关，所以有学者认为治疗选择性缄默症应从舒缓患童的焦虑症状着手，而不是单纯地处理其不语的问题。另有学者建议应以教育性的治疗方式，透过孩童生活的背景了解其为何沉默，帮助孩童找到减轻其焦虑程度的活动方式并帮助其建构社交网络。甚至有学者认为，治疗选择性缄默症应同时对患童的兄弟姐妹、家长、老师或患童的重要他人进行必要的咨询与辅导。

（一）家庭治疗

早期的致病因素与家庭因素有关，例如被遗弃、母婴关系紧张和过度保护等，对此类因素引起的选择性缄默症，一般应采用家庭治疗。

家庭治疗包括家庭教育和家庭游戏。家庭教育的目的是改善不健康的家庭环境和家庭关系，加强家长对选择性缄默症的认识，给患儿创造一个适宜的家庭环境；改善家庭关系，家长不要过分关注患儿的缄默，更不要训斥和强迫其说话，否则会加剧患儿的焦虑感，甚至使其产生逆反心理；改善亲子沟通模式，增加亲子之间的有效相处时间。另外，可以采用家庭游戏治疗，邀请患儿的朋友、同学和老师来家中做客，同患儿一起做游戏，鼓励患儿与他人交流，使其在熟悉的环境中发展语言表达能力，战胜对人际交往的恐惧感，诱导鼓励患儿交谈。

目前，家庭治疗对儿童选择性缄默的疗效还在探索、论证阶段，但是即使不进行系统的家庭治疗，和父母的有效互动对其康复也是有帮助的。

（二）行为治疗

选择性缄默症一直被怀疑与病态性害羞和焦虑有关，因此若能削减焦虑感，便可减轻症状。儿童选择性缄默的目的是引起注意或逃避焦虑，所以治疗时应增强其社会交往的自信心、减轻其焦虑感。行为治疗的方式是：增强说话行为，削弱不说话行为，行为治疗可以帮助患儿调节情绪、克服急躁和焦虑、纠正处理问题的行为模式。

系统脱敏法也可用于治疗儿童选择性缄默，即让孩子在其焦虑的场合尝试开口说话，让孩子体验成功感、降低焦虑感。练习需要遵循由易到难的等级进行，先选择容易的场合，比如在家中与不熟悉的人交谈，然后慢慢提高难度，尝试在公共场合开口说话。语言等级即可以先请孩子说少量简单的话，甚至最开始可以只发声或背诵数字序列等，再逐渐提升难度直至其可以自发组织语言进行交流①。

（三）学校干预

大多数选择性缄默症的儿童都是在入学的早期阶段被确诊的，因此，在学校中对该类儿童进行有效干预是非常必要的，治疗工作需要学校工作人员的配合和参与。学校和社会的参与和支持能给患儿创造一个良好的环境，有利于患儿讲话。在学校组成以老师和部分同学为主的帮助小组，告诉他们配合医师治疗的重要性，了解患儿情况及治疗特点，多与患儿交流，不强求患儿言语应答，鼓励患儿采用各种形式回应。课堂上应鼓励患儿参与集体回答，逐渐将陪同回答的人数减少；鼓励患儿单独和老师交流，提前准备要回答的问题，然后小范围内由患儿单独回答，老师或同学们用言语诱导、提示、配合患儿回答问题。

（四）药物治疗

对于某些症状严重的儿童，可采取药物治疗的方法，有证据显示，抗抑郁药可以有效治疗患有选择性缄默症的儿童。虽然医学界不少人相信这些精神科药物足以减轻焦虑，但也有一些人坚决反对以药物对儿童进行治疗，因为抗抑郁药物对大脑有伤害，会影响语言和正常社交发展，增加自杀和精神分裂的风险。

选择性缄默症是一种多病因的儿童心理障碍，多重病因决定着单一的治疗模式无法全面实现干预效果，因此，行为塑造、认知疗法、家庭疗法、学校参与和药物治疗相结合的综合疗法应成为今后主要的治疗模式。

---

① 艾里克·J. 马施，大卫·A. 沃尔夫. 儿童异常心理学 [M]. 孟光璋，等译. 广州：暨南大学出版社，2004.

第二节　社会退缩

案例导读：

　　小菲，女，小学六年级，父母是外出务工人员，无家族精神病史，家有一弟和一妹。父母疲于养家，只有晚上在家。爸爸很顺着小菲，能够给予她理解、包容和安慰，但妈妈脾气不好，有了弟弟妹妹后就较少关注小菲了，常常忘记给她做饭，上下学也不接送，有时候还因为弟弟的事情误会和埋怨她，她很伤心也很讨厌妈妈。小菲的学习成绩一般，学习努力程度也一般，较自卑和封闭，不苟言笑，情感表达能力不强。她不愿参加活动也不愿意和人打交道，朋友很少，也很少与老师交流，交往的主动性不强，对班级和团体活动都表现为主动退缩，不愿参加。小菲爸爸带小菲进行了心理咨询，咨询师根据测验、与小菲的接触以及与班主任访谈的结果，将小菲界定为主动退缩儿童。

　　社会化是儿童成长为一个正常社会人所必需的，社会交往是社会化的一个重要组成部分，然而与之相反的社会退缩则大大地阻碍了儿童社会化的进程，该类行为障碍会影响其健全人格的塑造和身心健康水平。

一、小学生退缩行为的界定

　　退缩行为也称为社会退缩或行为退缩，是儿童身上显露出来的一种控制失调行为，属于内隐性问题行为。对退缩行为的研究起源于发展病理学，在20世纪80年代，"研究个体行为的不适应原因和过程"成为发展病理学的新领域。20世纪80年代以后，关于社会退缩行为的研究日渐增多，但是对社会退缩的概念界定，至今仍没有统一的标准。①

　　退缩行为的主要研究对象是幼儿或中小学生。小学生退缩行为，泛指儿童在所有情境中的孤僻行为，包括行为抑制、害羞、社会性孤独等。郑淑杰认为，退缩行为泛指跨时间、情境在陌生与熟悉社会环境下表现出来的不与他人交往、独自游戏、消磨时光的行为和活动。② 社会退缩儿童在同伴互动中较以自我为中心，较少使用语言互动，主动实施社交行为的积极性不高，难以从社

---

　　① 杨光辉，王宁丹. 儿童社交退缩行为述评 [J]. 濮阳职业技术学院学报，2008 (3)：127-129.

　　② 郑淑杰，张永红. 学前儿童社会退缩行为研究综述 [J]. 学前教育研究，2003 (3)：15-17.

会交往活动中获得积极的反馈，与同伴互动的成功率也比较低，常表现为学生主动从社会活动中脱身，主动拒绝与他人交往。

二、小学生退缩行为的基本特征

退缩行为主要有行为描述和社会测量两种定义类型。从行为描述的角度，退缩行为被界定为交往频次低的独处行为；从社会测量的视角，退缩行为则被视为低水平的同伴接受或高水平的同伴拒绝。鲁宾和爱森道夫（1993）统一使用"社会退缩"概念来指称退缩行为，并把儿童的独处环境从游戏情境扩大到整个社会情境，将其界定为在社会情境中个体不与其他人交往、游戏，而只是一个人独自打发时间的行为，其基本特征可概括为以下三个方面：

（一）泛指社会情境下的独处行为，具有跨时间情境的一致性

退缩行为是泛指社会情境下的独处行为，指在同伴或他人在场的情境下，儿童不参与同伴交往或游戏活动，而且这种行为不是暂时的，具有跨时间情境的一致性，即无论在陌生环境还是熟悉环境均表现出一贯的孤独行为。退缩行为与儿童的害羞行为不同，害羞是指陌生社会环境下儿童羞于与人交往，常伴有紧张和焦虑。如果儿童只是在公共场合不愿说话，不愿与其他小朋友玩，而在熟悉的环境中则能够与人正常交往，那么这种行为一般是害羞；但如果儿童在家里、学校等场合均不愿与人交往，那就是退缩行为的表现。

（二）社会退缩是一种内化的问题行为

20世纪80年代以来，发展病理心理学对儿童问题行为的研究内容主要包括两种类型，即"不能控制"和"过度控制"。"不能控制"也被称为外化困难，包括攻击、多动、违纪等，表现为儿童对外部行为的无法控制；"过度控制"也被称为内化困难，包括焦虑、恐惧、抑郁和社会退缩等，表现为儿童对内的过度压抑。[①] 社会退缩型儿童在家庭生活中的表现为沉默寡言、被动、拒绝和陌生人接触，在社会交往中则更容易表现出胆怯、冷漠、独处等行为，小学生的退缩行为属于一种内化的问题行为。

（三）社会退缩的结构具有多重维度

小学生的社会退缩包括了各种形式的孤独行为，是一种高度复杂的行为现象，具有多种表现形式和潜在原因。它会随着儿童的年龄和环境背景的不同而发生变化。

---

① 叶平枝. 儿童社会退缩的概念、分型及干预研究述评 [J]. 学前教育研究, 2005 (11): 39-44.

三、小学生退缩行为的基本类型

对小学生社会退缩的基本类型的相关研究最早出现在 1982 年，由鲁宾首次将社会退缩区分为"安静孤独"和"活跃孤独"两种亚型，并得到大量研究的证实。1990 年，爱森道夫认为不同的社会退缩行为是基于不同的趋避动机，不仅对鲁宾提出的两种亚型特点进行了深入分析，还将儿童社会退缩分为弱社交型、被拒绝型和矛盾型。结合我国的文化背景和儿童的基本特点，我们将小学生的退缩行为分为以下四种。①

（一）沉默寡言型

沉默寡言型的表现为：在家中，沉默寡语，不与父母交流，独自与玩具为伴，家中有客人来访时也从不打招呼，不与客人交谈。在学校，从不主动和老师、同学们交谈和沟通，常常自己独处一处，无所事事，仿佛任何事情都与自己无关，沉浸在自己的世界里。

（二）胆怯孤独型

胆怯孤独型指的是在同伴社交环境中，儿童独自进行游戏活动和问题探究的社会性退缩行为。其表现为：在学校里，一个人呆呆坐在角落中，或者怯怯地跟在小朋友后面参加集体游戏，不敢在众人面前表现，学习上也缺乏共同学习的伙伴。在课堂上，从来不举手发言，老师让其回答问题时声音总是很小。

（三）紧张焦虑型

紧张焦虑型的表现为：儿童在公共场所中总是感到焦虑不安，在人多的地方总是感到不适，在学校里总是旁观别的同学玩游戏而自己不参与，见到老师时不主动打招呼，而且经常面红耳赤、非常紧张。

（四）活跃孤独型

活跃孤独型的表现为：频繁的、夸张的独自游戏行为，包括重复和多动的甚至令人讨厌的行为以及夸张的戏剧性表演。活跃孤独型的儿童非常喜欢参与同伴互动，甚至有点过于积极，但在交往的过程中往往以自我为中心，只在乎自己的感受，所以常被同伴们拒绝而不得不独自活动，这也反映了其社会交往的能力较差。

四、小学生退缩行为的成因分析

社会退缩作为小学生社会化研究的重要内容之一，不仅影响着小学生的社

---

① 董冠伟. 小学生对社会退缩的认识［D］. 烟台：鲁东大学，2015：2.

会化进程，对其健康成长也会造成深远的影响。造成小学生社会退缩行为的不仅有内部的生理、认知模式等因素，还包括亲子关系、父母教养方式、师生关系、同伴关系等。

（一）生理因素

Kagan 的研究表明，社会退缩行为存在抑制气质基础。一般来说，先天体弱多病、性格内向的儿童在退缩儿童中占的比例较高。

（二）亲子关系和父母的教养方式

家庭对儿童的影响主要是通过亲子关系来实现的，那些与母亲建立的依恋类型为不安全型依恋的儿童会表现出更多的退缩行为，害怕遭到别人拒绝，羞于与人交往。Rubin 等人（1995）的研究表明，儿童的不安全型依恋与其行为退缩有关，并且母亲的情绪或焦虑障碍也与儿童的社交退缩或抑制有关。如果父母使用高压的策略与孩子相处则更容易导致儿童出现害羞、退缩行为，儿童会与父母产生距离感，认为父母不支持自己，这就限制了儿童的探索和独立行为，从而影响了儿童社会能力的发展。

在教养观念方面，Rubin 等人认为，如果母亲认为儿童的社会技能是内在气质因素决定的，那么儿童则会缺乏自信、较为自卑。这类儿童的努力常得不到父母的肯定和支持，从而影响其在学校中的表现，教师对这类儿童的评价多是焦虑、害怕、退缩。在教养类型方面，具有退缩行为的儿童其父母多采用的是专制型教养方式，要求孩子按照自己的要求行事，孩子一旦偏离，就给以训斥和惩罚，造成孩子自我评价低下、缺乏独立的个性，表现为退缩和回避。总之，父母教养行为中的严厉和惩罚性、过度保护、参与不足或过度介入等都可能导致儿童出现社会性退缩行为。①

案例阅读专栏："与世隔绝"的小夏

小夏是五年级的学生，家庭物质条件优越，在当地最好的小学读书。小夏的父母工作非常繁忙，每天早晨他们匆匆忙忙地把孩子送到学校，下午由保姆接小夏回家，陪孩子写作业。小夏的父母基本每天晚上八九点钟才回家，这时孩子已经快要睡觉或者已经睡着，所以小夏和父母基本是零交流，小夏的父母为了补偿孩子，便给孩子大把的零花钱，尽可能地给孩子提供最好的衣食住行条件。小夏从小就有哮喘病，因此父母不让她出门，保姆由于害怕小夏犯病，

---

① 于海琴. 亲子依恋对儿童社会性发展影响的研究进展 [J]. 华中科技大学学报，2002（1）：80~83.

也从不陪小夏出门玩耍，于是，小夏在学校也不懂该如何与小朋友进行沟通与交往，总是独来独往，形单影只。小夏虽然有着光鲜亮丽的外表和令人羡慕的家庭条件，但她就像是囚禁在牢笼中的小鸟，虽然渴望与外界接触，却又不会处理人与人之间的关系。

（三）师生关系

师生关系作为小学生学校生活中的重要人际关系之一，不仅影响着学生的学习状态、自我概念的发展，对其社会交往能力的发展也有着重要影响。受老师信任、重视且能与老师积极互动与交流的学生，自信水平高，不容易面临社会交往方面的问题与障碍，被老师忽视的儿童则通常会缺乏与老师和同学间的情感交流，对老师的反应冷漠，对班级活动缺乏兴趣，主动交往的行为少。同时，老师对学生的积极反馈在学生的学习和社会性发展中也扮演着重要的角色，老师对学生信息的敏感性和反馈的即时性都将有助于学生在公众场合进行积极的言语表达；老师对学生言语、情感信息的忽视对学生出现社交退缩、行为抑制等有着直接或间接的影响。① 总之，老师的态度和行为将会影响儿童的自我评估和同伴交往能力。

五、小学生退缩行为的心理学干预

小学生退缩行为与其在社会交往情境中的挫折体会有关，这类行为如不及时加以干预与训练，不仅会影响其当前的学习和生活状态，还会导致其面临成年后的社会交往障碍与问题。通常，用于小学生社会退缩行为的心理学干预方法有以下几种：

（一）社会技能训练

社会技能训练是干预社会退缩最早采用、运用最广泛的方法。Gillian 等人运用小组训练的方法，对 11 名 8～16 岁有社会退缩行为并伴有生理缺陷的儿童进行了五种社会技能训练，包括人际问题解决、言语和非言语交流、同伴交往、对话交流和助人能力，结果显示，训练既有效地降低了退缩儿童的孤独感，改善了其交往技能，也有效地提高了他们对同伴接受的认知水平。同时，为提升社会技能训练的有效性，研究者就社会技能训练的条件进行了研究，认为成功的社会技能训练应包含以下四个相关的因素：①一个社会技能训练的专门环境；②在自然游戏中示范社会技能；③设计和实施结构式游戏以帮助儿童

---

① 潘佳雁.中学生同伴交往接受和拒绝的归因研究［J］.心理科学，2002，25（1）：64～68.

应用社会技能；④同伴参与。

（二）改善亲子关系和师生关系

良好的亲子关系和师生关系能使儿童产生归属感和安全感，是增强儿童自信心的重要途径。为此，父母和老师都应该接纳并关爱儿童，经常参与儿童的生活和学习活动，特别是对退缩儿童要给予更多的尊重和关爱、鼓励和表扬，帮助其树立起自信心，并坚决不能采用高压、恐吓、讽刺、冷漠等教育方式。同时，要给予退缩儿童自由活动、与同伴交往的机会，必要时给予其交往技巧方面的指导，帮助行为退缩儿童改变刻板印象和负性情绪体验，以改善其同伴关系。另外，父母还要注意避免对儿童过分的保护，要信任和鼓励孩子更多地去探索未知的事物；老师可以通过采取一些灵活有效的措施，如举办班级文艺活动、实行学生轮流管理班级制、自由竞选班干部制等，使每个学生都能得到锻炼能力和开发潜能的机会。老师的支持和关爱不仅可以提高儿童的同伴接受水平，改善他们在人际交往中的孤立状态，还可以缓解其在学校适应中的心理压力，对其学业表现也可以起到积极促进作用。①

（三）榜样示范法

榜样示范法是通过同伴榜样示范改善儿童社会退缩行为的一种方法。在进行榜样示范的过程中，老师和家长要引导社会退缩儿童观察其他儿童的社会交往与互动过程，鼓励社会退缩儿童参与交往。② 同时，老师和家长还应结合适当的正强化手段，对社会退缩儿童表现出的主动交往行为进行口头奖励或物质奖励从而提高其交往的主动性和积极性。值得注意的是，在这个观察学习的过程中，老师应给予退缩儿童更多的鼓励、耐心和包容，禁止使用冷漠、不耐烦等言语或表情，以免对其造成进一步的伤害。

（四）同伴配对法

同伴配对法能够提高社会性退缩儿童同伴交往的频率，是改善其同伴关系的有效方法之一。在社会技能训练过程中，通过让同伴参与社会技能培养的过程可以使社会退缩儿童获得树立自信心的同伴经验，改善他们的消极自我知觉，提高自我评价，进而改善他们的社会交往行为。同时，同伴配对法是榜样示范法和游戏活动的结合，儿童集体参与游戏对矫正儿童的社交退缩行为具有明显优势。③ 在集体参与游戏的情境下，儿童的行为表现不会被老师或家长单

---

① 于增艳，刘爱书. 儿童期社交退缩与人际关系的研究综述 [J]. 中国健康心理学杂志，2006（14）：358.

② 张连云. 小学生社会退缩行为产生的原因及对策 [J]. 教育探索，2004（5）：91~93.

③ 王美芳. 儿童社会技能的发展与培养 [M]. 北京：华文出版社，2003.

独评估，也就减轻了退缩儿童在游戏活动时的焦虑和紧张感。另外，与较小的玩伴交往也可以使儿童树立社会交往的自信，增加他们成功与同龄同伴交往的机会。

（五）压力预防训练

具有退缩行为的儿童在面对社交情景时常有紧张、焦虑的情绪，因此不敢与同伴交往，或由于缺乏交往经验或经常遭遇交往失败而畏惧交往。因此，有效的干预策略不仅要发展社会退缩儿童的社会技能，还要提高他们的互动动机，帮助他们克服对同伴互动的畏惧和紧张情绪。压力预防训练就是为了发展儿童成功应对压力情境的思维技能和言语调节机能，让他们学会在压力情境下减压，从而缓解紧张情绪，发展出积极的社会交往行为。

总之，对于有退缩行为的儿童我们可以采用多种不同的方法来培养其社会技能，但不管采用何种方法，都要求家长和教师能有更多的耐心与信心，为他们营造一个宽松的成长环境，减少他们的心理压力，并通过多种多样、生动活泼的游戏活动积极鼓励他们的社会交往。唯有如此，社会性退缩儿童才可能最终改善其孤立的社交地位，真正融入同伴群体。

第三节　语言障碍

案例导读：

杰琪是一个聪明、有活力的孩子，但她在语言表达方面有很大困难。杰琪不能很好地用语言来表达自己内心的想法，经常借助肢体语言跟外界交流，比如会用尖叫或大发脾气来发泄自己的情绪。她有时候会拒绝吃饭，但却不告诉任何人为什么不吃饭。如果换了新老师，她就需要很长时间来适应。看起来，杰琪能够理解他人的话，只是找不到合适的语言来表达自己，而这也显然是造成她情绪化的原因。

语言是人类社会行为中极为重要的一部分，它允许个体与他人交流思想与情感，语言发展的不适或失败不只对交往中的待定行为有长远影响，而且还会影响儿童的整个身心发展。

一、儿童期语言障碍的定义

语言障碍指语音产生能力受损，包括构音障碍、口吃，音调和语调出现问题等。儿童语言功能失调的临床表现较多，例如：持久的语言理解困难、语言极度贫乏，长期的语言模仿，或者总是说些奇怪的、不恰当的话，发音含糊等。

二、儿童期语言障碍的患病率与病程

儿童期语言障碍患病率的估计既要考虑该阶段语言发展的内在规律又要考虑鉴别语言障碍的诊断标准，语言问题的严重程度在该阶段存在很大的变化性，轻微的语言障碍在童年早期是常见的，大概占学龄儿童的10%，到学龄中、后期则大概只有2%~3%的儿童符合语言障碍的标准。

男孩在语言障碍上的发生率（8%）比女孩（6%）略高些，这有可能是因为有语言问题的男孩多伴随有行为问题，因此前来就诊的人数比女孩多。幸运的是，到了青春期中期或后期，大多数有语言障碍的儿童都会获得正常的语言能力，但是也会有部分孩子的语言功能持续存在某种程度的缺陷。

三、儿童期语言障碍的特点

常见的语言障碍有三类，即构音障碍、语流障碍和声音障碍。①

（一）构音障碍

构音障碍是指儿童在学习语言的过程中出现的违背语音发展规律的异常现象，发音时有明显的不符合本阶段水平的错误。构音障碍的主要特点是发音不清、不准。②

（二）语流障碍

语流障碍，简称"口吃"或"结巴"，是儿童常见的语言障碍。世界卫生组织把语流障碍定义为一种言语节律障碍，即在说话过程中，个体知道他想说什么，但是由于不随意的发音重复、延长或停顿而使其当时无法流利地表达清楚他想表达的内容。

（三）声音障碍

声音障碍是指在发音过程中，因发音器官构造异常或运用失当而导致的嗓音或鼻音障碍，声音障碍儿童一般在呼吸及喉头调节方面存在器质性、功能性异常。③ 声音障碍的主要特点是发声不正常或说话时对音质、音高、音强控制不当，在声音的音质、音调和音量方面存在异常。

---

① 哈平安，等.病理语言学［M］.北京：北京师范大学出版社，1998.
② 周兢.学前儿童语言教育［M］.南京：南京师范大学出版社，2001.
③ 黄昭鸣，等.言语障碍的评估与矫治［M］.上海：华东师范大学出版社，2006.

四、儿童期语言障碍的矫治

儿童语言障碍的矫治是在遵循儿童身心发展特点的基础上，以儿童语言发展理论、儿童语言习得规律、儿童语言教育目标以及儿童语言教育实践经验为指导，帮助儿童克服语言学习或获得过程中的异常现象的一系列过程。下面主要介绍儿童构音障碍、语流障碍、声音障碍的矫治策略。

（一）构音障碍的矫治

矫治构音障碍时要了解儿童构音障碍的原因，包括出生、疾病和家庭情况；要了解构音障碍儿童究竟哪些语音发不准确，是声母还是韵母，属于丢音、换音还是错音问题，要为每个构音障碍儿童制订语言矫治的具体方案。[①]

构音障碍的矫治要保证有固定的时间，在提供正确发音示范的同时要求构音障碍儿童观察、模仿构音器官的部位。具体实施时，要注意以下几点：

（1）把构音错误或困难找出来，让儿童听正确的发音示范，并反复辨认。

（2）指导儿童学习音量控制、音调控制以及共鸣、节奏、语速等的控制。

（3）语言矫治主要采用个别教育的方式，大部分时间要以一对一的方式进行，应给予构音障碍儿童以充分的注意。

（4）语音矫治应尽量采用直观形象、游戏式的活动方式；进行语言矫治时要充分考虑儿童的语言经验，指导儿童在日常语言交流中利用正确的语音说话。

（5）语言矫治时要先选择那些重要的、常用的、可视性强的语音进行训练。

（6）要根据具体问题进行矫治：如果儿童同时存在丢音、换音和错音等障碍现象，应先矫治丢音，再矫治换音，最后矫治错音；如果儿童在声母和韵母发音上都有问题，应先矫治声母发音，后矫治韵母发音。

（二）语流障碍的矫治

儿童的语流障碍不同于成年人的障碍，其矫治对策主要是注意区别语流障碍与一般言语不流利的表现。儿童早期语流障碍是不稳定的，容易在欢乐舒畅的心理条件影响下自然消除，因而教师和家长一方面需注意，另一方面也不必过于紧张。

要减轻语流障碍儿童的交往压力，为他们创造适宜的语言学习环境，有以下三方面要注意：

---

① 甘昭良. 学前特殊儿童语言障碍的矫治策略 [J]. 教育导刊，2009 (3)：53-54.

一是要增强与孩子的交往，认真听孩子说话，给予他们足够的注意，使他们有安全感；二是在交往中不要总让语流障碍儿童认识到他们说话结巴，避免让孩子产生紧张感，缺乏自信心；三是要为语流障碍儿童树立好的言语模仿榜样。教师和家长在交往中应注意将自身说话的语速放慢，做到语调平稳、吐字清晰、有节奏，创造出一种安全、平和的言语模仿状态。作为儿童生活中的榜样，教师和家长的言语行为是最有力的治疗工具。

此外，要注意采用恰当的强化技术，帮助语流障碍儿童逐步改变口吃行为。要根据孩子语流障碍的具体实际提出矫治目标，对于一些存在严重语流障碍的儿童，应对其试着断断续续表达自己想法的行为进行表扬，对于症状轻微的孩子，则应忽略其说话不流利、不连贯的行为，一旦他们能够流利地表达自己的想法，便要及时给予强化，帮助孩子建立克服此类障碍的信心。

（三）声音障碍的矫治

声音障碍产生的原因不同，其矫治方法也不相同。声音障碍的矫治方法主要有：①对比矫正法。这是指利用录音设备录下声音障碍儿童的发音，然后与事先准备好的标准音一同放给儿童听。通过这两种声音的反复试听比较，使声音障碍儿童对自己的发音和标准的发音建立清晰的认知，知道自己的声音（音质、音高或音强）问题之所在，主动进行矫正。②心理治疗法。研究发现，有些儿童的声音障碍是由交往心理问题导致的，如因在人多的场合心情紧张而发声不正常、说话声音小。这种情况就要先让儿童一对一地进行交流，然后逐步过渡到人群中的交往，进而使他们克服心理问题。③行为矫正法。有些儿童的声音障碍是由不良的用嗓行为导致的，例如因大哭大闹、大喊大叫、声嘶力竭说话等造成的声带损伤、疲劳问题。针对这些情况，要通过行为矫正的方法改变儿童的不良用嗓行为习惯，从而达到矫正声音障碍的目的。

第五章　小学生对立违抗性障碍及品行障碍

◆ 对立违抗性障碍
◆ 攻击性行为
◆ 说谎
◆ 偷窃

第一节　对立违抗性障碍

案例导读：

小悦今年10岁，是家里的独生女，现在读小学五年级，成绩中等。家庭经济状况一般，父母均为工人，文化水平较低。晓月在三岁时曾寄养在姑姑家一年，因姑姑宠爱自己的孩子，小悦就将两岁的表弟关在柜子内，并将其耳朵严重咬伤。上学后，小悦与老师、同学关系紧张，认为老师不喜欢自己而只喜欢成绩优异的学生，便因此经常发脾气，经常在学校厕所内书写过激言辞，威胁老师同学，并偷窃成绩优异学生的书本用品等。在家里，她也经常与家长发生冲突，脾气暴躁。她说只有让成绩优秀的同学成绩一落千丈，永远无法翻身，才能解她心头之恨。

对立违抗性障碍通常在童年早期出现，青春期达到高峰。该类障碍的最典型特征是儿童无法控制自己的情绪和行为，这不仅会严重影响其人格的健全发展，更重要的是此类障碍所带来的后果往往会使家长和教师陷入被动、无助的局面，因此，必须予以重视。

一、对立违抗性障碍的概念界定

对立违抗性障碍（Oppositional Defiant Disorder，ODD）是一种以对权威人

物的抗拒、挑衅、公然违抗、敌对等行为为典型特征的儿童破坏性行为障碍。对立违抗障碍儿童不仅会对抗家长、教师等权威人物，消极抵制或公然违抗家长、教师的指令，而且容易在同伴交往中被激惹或故意激惹他人，对他人的无意行为反应过度，甚至会失去控制打骂他人。

对立违抗性障碍主要在 8 岁左右开始出现，最早的可能从 3 岁就开始出现了。青春期之前，这种障碍多发于男孩身上；而青春期之后，就几乎没有性别差异了。反抗行为主要出现在家里，情况严重时也会出现在学校或公共场所等家庭以外的地方，症状会持续数月甚至数年。

对立违抗性障碍在小学生中的发病率为 5%～10%，此类障碍没有更严重的违法或冒犯他人权利的社会性紊乱或攻击行为。

二、对立违抗性障碍的症状表现

对立违抗性障碍儿童的症状主要表现在情绪和行为两个方面。在情绪上，对立违抗性障碍儿童的情绪很不稳定，经常表现出敌对、愤怒、怨恨等消极情绪，常将自己的过错归于他人，易对他人心生敌意。在行为上，对立违抗性障碍儿童倾向于对抗权威，违反规则，喜欢和他人对着干，难以服从管教，表现出对抗性和破坏性行为。[①]

在家庭中，对立违抗性障碍儿童容易和父母发生冲突，挑衅和对抗家长，激化家庭矛盾，导致家庭功能失调，对家庭成员的身心健康产生不利影响。在学校，对立违抗性障碍儿童不服从老师管教，违抗班级和学校规定，时常与同学冲突，与老师作对，容易给同伴造成身体和情感上的伤害，给教师的教学和管理工作带来许多不便，造成同伴关系和师生关系不良。同时，儿童的人际关系也会影响其自身情绪和行为表现。此外，对立违抗性障碍儿童在某些执行功能方面也存在缺陷，比如意志力薄弱，行为缺乏计划性、目的性，学习效率低，没有上进心等。在学习方面，对立违抗性障碍儿童的表现为：对学习不感兴趣，成绩差，故意拖延、浪费时间。对立违抗性障碍儿童常常烦扰、怨恨、敌视他人，他们与同伴相处困难，较少参加集体活动，与父母和老师缺乏沟通交流，适应不良。

三、对立违抗性障碍的诊断与评估

对立违抗性障碍很少单独发生，因此做出诊断的过程相当复杂。参考数据

---

① 蔺秀云，李文琳，李泽，等. 对立违抗儿童家庭问题分析［J］. 北京师范大学学报（社会科学版），2014（3）：23-24.

表明，50%的多动症儿童会表现出对立违抗性障碍，10%～29%的抑郁症或焦虑障碍儿童也会出现对立违抗性障碍。但可以肯定的是，18岁以上成年人存在的反社会型人格障碍不属于对立违抗性障碍。另外，对立违抗性障碍并不表现出严重的攻击倾向，也不会出现损害他人身体、滥用武器等残忍的行为，但对立违抗性障碍者会伴随有学习不振、抑郁、多动、滥用药物、行为异常等问题。

对于对立违抗性障碍的诊断，目前临床上一般使用的是 DSM－Ⅳ 诊断标准：

（1）消极抵抗的、敌对的和反抗的行为模式至少持续 6 个月，其诊断至少需要符合以下标准中的 4 条：

①经常发脾气。

②常与大人争吵。

③常拒绝服从大人的要求或违反规则。

④经常明显故意地烦扰他人。

⑤常因自己的错误或所做的坏事责备旁人。

⑥常"发火"或易被旁人烦扰。

⑦常发怒或怨恨他人。

⑧常怀恨在心或存心报复。

（2）行为障碍导致明显的社会、学业或职业的功能损害。

（3）其行为障碍并非由精神病性症状或情绪障碍引起。

（4）不符合品行障碍的标准，如果病人年龄在 18 岁及其以上，也不符合反社会人格障碍的标准。

阅读链接：对立违抗性障碍检查表

以过去 6 个月中孩子负面、对立、反抗行为的模式为基础，为以下各项打分。经常如此，2 分；偶尔如此，1 分；不是这样，0 分；不清楚，0 分。

1. 很容易生气和发脾气。

2. 跟父母和老师等亲近的大人顶嘴。

3. 经常反抗老师或父母的命令，或者对此发脾气。

4. 无视或拒绝恰当的规定或要求。

5. 故意伤害朋友。

6. 将自己的失误或错误行为推到他人身上。

7. 很容易因为他人而情绪不好或兴奋。

8. 没有自信心，认为自己没有价值。

9. 对某个人心怀怨恨或存有报复之心。

结果分析：

0~5分 不存在对立违抗性障碍。

6~10分 存在轻微的对立违抗性障碍症状。即使没有专家的帮助，父母也可以通过对话或改变培养方式使孩子的症状得到好转。如果家长认为这种症状对孩子的生活产生了不良影响，那就最好去寻求专家的帮助。

11~18分 出现对立违抗性障碍的典型症状。存在品行障碍或多动症等其他精神疾病的概率也很大，要通过与专家商谈，给予孩子适当的帮助。

四、对立违抗性障碍的原因分析

（一）家庭因素

1. 家庭关系

父母与子女之间的亲密关系和接触交流可以安定儿童的情绪，使儿童建立安全感与信赖感，反之则可使其产生敌意和对抗。有研究者在一项关于冲突与外化性行为障碍的双生子研究中发现，大概有30%的破坏性行为障碍儿童的家庭存在亲子交往不良甚至亲子冲突。研究发现，儿童不仅可以模仿和学习父母的攻击冲动行为，而且这些行为也可以作为一种精神应激增加儿童其他行为问题及精神障碍的发生概率，尤其是在7~11岁这一年龄段，父母的离异会导致子女出现更多的行为问题，而儿童出现对立违抗性障碍也会使家庭本已存在的矛盾恶化。

2. 养育方式

父母的养育方式对儿童的认知发展、性格形成、自我意识和行为社会化等方面有深远的影响。研究表明，对立违抗性障碍儿童的父母的教养方式缺乏一致性，时而过度宽松，使儿童不受任何约束，时而过分强制，压抑儿童的内心需求，这样就使孩子的个性中有既懦弱又反抗的双重特点。研究发现：对立违抗性障碍儿童的父母对子女疏于情感上的关爱、理解、信任和鼓励，却有过多的拒绝、否认和惩罚，同时还发现该类儿童的母亲对子女有过分的干涉与保护倾向。

3. 父母的精神状况

父母的性格特点和精神健康状况与儿童的行为之间是相互影响的。一般认为，如果父母有偏执的人格特征如敏感多疑、主观固执、敌对、易与人发生分歧、易怀疑嫉妒别人等，便会妨碍父母理解、信任、尊重子女，从而影响亲子关系，不利于营造良好的家庭心理氛围。研究发现，与教养行为相比，父母有精神病性症状的更容易使他们的子女出现破坏性行为。

（二）自身因素

1. 身体素质

研究发现，对立违抗性障碍儿童通常体质较弱、精力不充沛、睡眠不充足、食欲欠佳，与正常儿童相比有显著差异。有研究者认为，该障碍可能是由躯体的不健康状态引起的儿童心理及行为的异常。[①] 也就是说，儿童的身体健康状况与对立违抗性障碍的发生有一定的关联，具体表现在以下方面：

（1）某些疾病本身即可导致儿童神经系统发育成熟度低或神经系统损伤，从而影响儿童神经心理发育。研究发现，低体重儿童比正常儿童发生破坏性行为的比例高，正是出于其早期体格发育迟缓、智力发育落后的原因。

（2）儿童在面临疾病压力时会出现心理行为异常。疾病患儿会比正常儿童面临更多的压力，他们常会受到别人的歧视、取笑、孤立。他们因生理病性特点也常常被排斥在正常的团体活动之外，使得他们自我意识降低，学校生活适应困难，对别人容易产生敌对情绪，因攻击同学和老师而使人际关系紧张，最终导致其出现对立违抗性障碍。

（3）儿童的健康问题会使父母的教养态度发生变化，或娇纵惯养，或厌烦嫌弃，滋长了儿童不服从、敌对情绪或行为。

2. 心理素质

儿童的社会适应能力、自尊心、自信心、意志力在儿童的成长发育中起着重要作用。研究表明，对立违抗性障碍儿童在生活中的适应能力、自理能力、意志力、自信心和自尊心均低于正常儿童，这可能是由该类儿童的心理行为特征导致的。

（三）学校环境因素

对立违抗性障碍儿童在校总体表现差，上课时注意力不集中，课堂发言不积极，学习兴趣低下，学习成绩差。

此外，对立违抗性障碍儿童在学校的同伴关系也很差，社会适应困难，这是因为他们经常发脾气、易激怒，容易出现敌对、攻击、挑衅行为，因而受到伙伴的排斥与疏远，而不良的同伴关系又会加剧该症状的表现。

五、对立违抗性障碍的干预措施

（一）积极处理行为问题

父母和教师要及时纠正对立违抗儿童在生长发育过程中出现的各种行为问

---

① 李冰. 对立违抗性行为障碍的行为特征及影响因素的研究 [D]. 济南：山东大学，2006.

题，培养儿童的自控能力和社交技能。① 对于对立违抗性障碍儿童表现出来的行为及情绪问题不可放任不管，而可以使用暂停法对孩子进行行为塑造。暂停法是指当孩子做出不恰当行为时，停止一切活动，让孩子暂时独处的行为治疗方法。例如，在房间的一个角落放一把椅子，让孩子独自静坐 5~10 分钟，明确地告诉孩子他违反了什么规则。

（二）减少父母的不良行为，提高父母的素质

在对立违抗性障碍的治疗中，使用最广泛的是认知行为疗法，即对孩子的恰当行为进行奖励，训练孩子进行自我监管、自我指导的能力，让孩子学会遵守规则，控制内心的愤怒。在这一过程中，孩子还能掌握与他人保持和谐关系所必需的社会技巧。

孩子之所以会产生对立违抗性障碍，很多时候问题出在家人身上。因此，要想得到根本的治疗，不仅仅是孩子，父母也要有所改变，父母需要学会在对待对立、反抗的孩子时所必需的一些具体、有效的技巧。有一种被称为父母子女相互作用的疗法，它有一套纠正父母和子女之间不良沟通状态的方案，能让父母学会有效的对话方法、教育方法，普遍认为这一方案对对立违抗性障碍的治疗具有非常好的效果。

（三）创造良好的家庭氛围

研究发现，儿童对立违抗性障碍多发生在家教严格、家庭气氛压抑的家庭当中，父母的心理健康状态也在影响着儿童的心理健康水平，如果父母中的一方存在情绪障碍、品行障碍、多动症、反社会型性格障碍或有与滥用药物相关的障碍时，孩子出现对立违抗性障碍的概率就比同龄人大很多。此外，如果母亲患有抑郁症，则孩子出现对立违抗性障碍的可能性也较大，我们无法确认是因为孩子的对立违抗性障碍导致其母亲患上抑郁症，还是因为母亲患有抑郁症而致使孩子产生对立违抗性障碍。

因此，提升家庭关系的亲密度，减少家庭的矛盾，创造稳定、和谐、亲密温馨的家庭环境，促进家庭成员间的相互理解、交流、鼓励和帮助，父母与儿童建立良好的情感关系，都可以在一定程度上起到预防和治疗对立违抗障碍的作用。

（四）学校社会对患病儿童的接纳帮助

学校既要重视培养儿童独立思考和自立的能力，满足儿童的好奇心和求知欲，还要培养儿童养成遵守纪律的良好习惯。教师、同伴要改变对对立违抗性

---

① 黄广文. 儿童对立违抗性障碍有关影响因素研究 [D]. 长沙：中南大学，2005.

障碍儿童的态度，减少歧视、偏见，理解该类儿童的行为特点，给予其关心，帮助儿童纠正不良行为。

由于对立违抗性障碍儿童还往往伴有其他心理障碍及问题，如注意力缺陷综合征、焦虑抑郁障碍等，因而，要尽可能综合干预、综合治疗，对伴随对立违抗性障碍的注意缺陷问题和行为冲动问题可酌情给予药物治疗。父母和老师应保护儿童的自尊，给儿童应有的鼓励和帮助，培养其积极向上的自我意识和自信心，鼓励儿童战胜困难。

第二节　攻击性行为

案例导读：

越越是小学一年级的学生，这个小男孩是学校的"新闻人物"，因为相对于同龄儿童来说他有不少特别之处，如无缘无故打人、抢东西、欺负同伴、不爱学习和常搞破坏等。中午进餐时，因饭菜太烫，越越会莫名其妙地抠别人；课外活动中，越越会无缘无故地去撞前面的小朋友，见别人摔倒在地，自己便哈哈大笑；绘画课上，同学们都认真地画画，越越会这儿看看那儿瞧瞧，冷不丁地往别人脸上画一条颜料；午餐后，越越玩自带的玩具狗时很开心，可一转身又打了别人一拳。尽管他父母在他身上花了大量的时间和精力，采取了多种教育手段，但收效甚微。

通过家访我们了解到：越越从一岁开始因父母忙于工作便由外公、外婆抚养，两位老人对外孙宠爱有加，逐渐使孩子养成了"唯我独尊"的性格。越越在家已经习惯成为人们注意的焦点，一旦人们不注意他，他就会感到被忽视，因此会通过一些过激行为（攻击性行为）来吸引他人的注意。

小学生正处于社会性发展的关键时期，不论是攻击还是被攻击行为都会影响其社会性的正常发展，致使其出现成年后暴力犯罪或行为失调的现象，所以，对于儿童攻击性行为要及时地进行系统研究、科学干预。

一、攻击性行为的概念

攻击性行为是指有意伤害他人的身体行为或者言语行为。[1] 儿童的攻击性

---

[1]　苏科，李菁. 儿童攻击性行为研究 [J]. 中北大学学报（社会科学版）2006, 22 (5)：86-87.

行为是儿童期一种比较常见的和典型的行为，指的是当儿童的需求得不到满足或者自己的权利受到损害时，表现出的以踢、打、咬、用力推搡以及争夺或破坏物体、工具等身体动作或谩骂、侮辱、贬低等言语行为特征的行为。

二、儿童攻击性行为的类型

攻击性行为从表现形式与攻击意图方面可以分为不同的类型：

（一）攻击性行为的表现形式：言语攻击和身体攻击

言语攻击是指通过取笑、讽刺、诽谤、谩骂、背后说别人坏话等方式对他人进行人格欺侮，或者是恶意造谣中伤他人，破坏别人的社会交往关系。身体攻击是用身体的某些部位或者是有可能造成伤害的工具攻击他人身体。

（二）攻击性行为的目的：敌意性攻击和工具性攻击

工具性攻击是儿童为了争夺物体、"领土"或"权力"而发生的身体冲突且使他人在此过程中受伤的行为，此类攻击性行为的发起者只是想得到他想要的东西或是保护那些自认为是属于自己的东西，他们的目的不是伤害别人。例如，两个孩子为了争夺一个玩具而推来挤去，结果导致其中的一个孩子受伤，另一个孩子的手指被弄破，这样的结果就是两个孩子都受到了伤害，然而彼此都没有想要伤害对方的意图，他们仅仅是想拿到那个玩具。

敌意性攻击是由愤怒所引起的以伤害为目的的行为。儿童表现出敌意性攻击时会体验到满足，因为他看到别人的身体或心理受到了"惩罚"。他们的伤害性行为或言语有预先目的，是为了报复或达到某种目的。当儿童缺乏安全感或他们认为某些人正试图破坏他的计划时便往往会使用敌意性攻击。

三、儿童攻击性行为的发展特点

（一）小学儿童攻击性行为的年龄差异

许多研究表明，攻击性行为会随年龄的增长而发生变化，不同年龄阶段的儿童表现出的攻击性行为也有一定的差异。

1. 儿童攻击性行为的类型

学前儿童表现出的攻击性行为更多是为了争夺玩具或其他物品，他们的攻击是"工具型"的。随着年龄的增长，学龄儿童则更多地使用以人为中心的攻击或叫"敌意性攻击"，如嘲笑、辱骂等。儿童敌意性攻击所占的比例逐渐超过工具性攻击，这一转变的原因可能是随着年龄的增长儿童具有了推测对方的意向和动机的能力①。

2. 儿童攻击性行为的表现方式

幼儿更多地使用身体上的攻击，而小学儿童使用言语攻击的比例逐渐增大，他们更多采用的是言语攻击而非身体攻击，其中不仅有儿童言语表达技能提高的原因，而且受到成人期望与规则变化的影响。其主要归纳为以下几点：

（1）非指向性发脾气的行为在学前期逐渐减少，四岁后已不常见，攻击性行为在学前期呈上升趋势，四岁达到顶峰；

（2）三岁以上幼儿对同伴攻击自己后的报复性反击反应明显增加；

（3）激发攻击性行为的因素在不同年龄各有不同，2~3岁幼儿在观察家长和成人的暴力行为后出于模仿而出现攻击性行为；年龄更大的孩子则多在与同伴发生冲突后而出现攻击性行为。

（4）攻击性行为的方式也随年龄而变化。2~3岁孩子常采用踢打对手的方式，争端的起因多为争夺玩具和其他物品，他们的攻击性常表现为工具性攻击。年龄稍大些的孩子出现身体性攻击的越来越少，转而采用戏弄、奚落、说坏话或起绰号等方式攻击对方，年长的孩子仍然会为争夺某样东西而发生攻击性行为，但攻击性的增长比例大多表现为故意攻击，其主要目的是通过伤害别人来达成自己的目的。

（5）从表面上看，孩子的攻击性行为随年龄增长而逐渐减少，但敌意性攻击行为却随年龄的增长而逐渐增加，原因是年长孩子的角色采择能力使他们能推断别人的意图，一旦确信别人是要伤害他们时，便会予以报复。

（6）在对攻击性意图的认识上，3~5岁的儿童已能认识到有意图的伤害比偶然的无意侵害更坏，但与年长儿童相比，他们不能有效地判明行动者的敌意意图。在一项研究中，研究者让幼儿园、二年级和四年级儿童判别一个孩子推倒同伴搭的积木塔的意图是偶然的还是敌意性的破坏，其结果显示，能正确判断行动者真实意图的幼儿园儿童还不到一半（42%），二年级儿童判断正确者达到57%，四年级儿童则达到72%。

3. 儿童攻击性行为的起因

研究发现：3~4岁时，对儿童进行强制性日常生活习惯的训练成为儿童发脾气以致产生攻击性行为的诱导因素；4~6岁时，同伴之间的冲突则是诱导儿童产生攻击性行为的主要因素。

由此可以看出，随着年龄的增大，小学儿童的工具性攻击行为、身体性攻

---

① 简福平. 小学儿童攻击性行为发展特点的研究［D］. 重庆：西南大学，2005.

击行为在减少，而其敌意性攻击行为、言语性攻击性行为在增加。

（二）小学儿童攻击性行为的性别差异

大量研究都表明，男女两性在攻击性行为的开端、方式及发展过程等方面存在显著差异。

1. 攻击性行为开端中的性别差异

1984 年 Hyde 等人的研究表明，攻击性行为的性别差异在 2~2.5 岁时就可表现出来，而且在自然情景中观察到的比在严格控制的实验室中观察到的更为明显。1997 年 Loeber 和 Hay 再次验证了这一点，并指出攻击性行为在不同发展阶段（学前期、小学、中学）表现出了明显的性别差异。

2. 攻击性行为手段的性别差异

女孩的攻击性行为更多的是使用间接的言语攻击包括社会孤立、散布谣言和诽谤等手段伤害别人，而男孩则普遍使用直接的身体攻击。进入小学高年级后，男孩比女孩更多地采用暴力方式来表现攻击行为，如群体斗殴等，且男孩更倾向于使用公开的攻击性行为，比如身体碰撞等。而女孩的攻击性行为更多的是间接攻击，例如给对方起绰号、造谣、试图损害被攻击者的同伴关系等。

3. 攻击性行为发展过程中的性别差异

是否容易成为攻击性行为的发起者随年龄增长也存在性别差异，男孩之间的攻击性冲突比男孩与女孩之间的以及女孩与女孩之间的多，男孩不仅易挑起更多事端，而且也更易成为攻击的对象，高攻击性男孩因其敌意倾向也常会招致同伴的攻击。在异性间的冲突方面，随年龄增长，女孩的异性间冲突比男孩的要多。

（三）小学儿童攻击性行为的稳定性

有关研究表明：早期的攻击性行为对成年后的暴力行为有一定的预示作用，许多暴力行为者通常是高攻击性行为者，攻击性是一种相对稳定的特性。研究表明，3 岁时爱打架的幼儿，5 岁时仍然爱打架，6~10 岁时的身体和言语攻击的数量能很好地预示其在 10~14 岁时打架、嘲笑和戏弄别人、与同伴争斗的倾向性，而且这种攻击性倾向的稳定性无论对男性还是女性都适用。

心理学家霍斯曼（Huesmann）在对 600 多名受试者进行了长达 22 年的追踪研究后发现，无论男性还是女性，8 岁时的攻击性记录都能有效地预测其在成年期的攻击性（如夫妻不和、自我报告的身体性攻击、犯罪行为等）。虽然男性和女性的攻击性都具有稳定性，但男性比女性具有更高的攻击性，这不仅表现在其身体性攻击方面而且还表现在其言语性攻击方面。

四、攻击性行为形成原因的理论

（一）精神分析论

精神分析学派认为，人有两大本能——生的本能与死的本能，这两种本能是对立的，人只要活着，死的本能的表现就会受到生的欲望的妨碍，从而使对内的破坏力量转向外部，以攻击的形式表现出来。攻击行为是以社会不允许的方式表现攻击冲动，儿童的攻击表现源于儿童的破坏性本能。

（二）攻击性行为的习性论

洛伦茨（K. Z. Lorenz）的习性学观点认为，攻击和争斗是一种本能，具有一定的生物保护意义，其能量来自有机体内部，与外界刺激无关，这种攻击能量在有机体内部不断积累，必须借助适当的外部活动周期性地进行释放，攻击的发生是大量积累的攻击能量作用的结果。他认为攻击是动物也是人类生活不可避免的组成部分，人类想要避免战争等不良攻击性行为，就需要多开展冒险性的体育活动以耗散攻击本能。

（三）挫折-攻击理论

挫折-攻击理论认为，攻击是人体遭受挫折后所产生的行为反应。1939年，杜拉德（Dollard）、杜伯（Boob）等研究者最先提出了这一理论。他们认为，攻击与某些类型的挫折有关。当一个人无论怎样努力也无法达到自己的既定目标时，挫折就会发生，挫折很容易导致攻击，尤其是在挫折很强烈的情况下，当事人又认定攻击是直接指向目标的一种手段时，攻击往往是不可避免的。当然，挫折并不总是以攻击作为解决问题的方式，在不产生愤怒情绪，并且对挫折的存在有合理解释的情况下，挫折就不会产生攻击行为。勒温著名的玩具实验证明，挫折组儿童会比控制组儿童表现出更多的如摔、砸等破坏性损坏玩具的行为，即挫折引发了更多的破坏行为。生活实践也证明，小学儿童的攻击行为通常都是在受到各种挫折后产生并加剧的，可见挫折是造成小学儿童攻击性行为的一个重要原因。

（四）社会学习理论

社会学习理论认为，攻击是通过观察和强化习得的，也可以通过新的学习过程予以消除，学习是攻击的主要决定因素。班杜拉和他的同事发现，儿童会通过观察去学习他人的暴力行为方式，如果给他们提供了适宜的机会，他们也会表现出相同的行为反应。心理学家沃尔斯特于1963年做了一项经典研究，其研究结果发现，通过奖励儿童的攻击性行为可以明显增加儿童对于攻击性行为方式的运用，即该研究发现攻击可以通过强化来培养。社会学习理论的这种攻击学习观，为我们控制小学儿童的攻击性行为提供了一定的心理实验依据，具有重要的实践指导意义。

（五）社会认知理论

社会认知理论认为，攻击是由于攻击者对社会信息的错误理解而引起的，对于攻击性行为者来说，个体对所面临的社会情境的认知过程是攻击性行为产生的基础，这将影响到个体的活动特征。

（六）生态学理论

生态学理论认为，攻击性行为存在于一个大的社会系统中，这个系统包括家庭、同伴、群体、社区、文化等子系统，这些子系统既相互区别又相互联系，系统中的每一种因素都可以直接影响另一个因素或通过其他因素间接影响另一个因素。该理论表明，攻击性行为的产生与社会大系统中很多子系统是有直接联系的。

五、攻击性行为的影响因素

（一）家庭因素

家庭是儿童成长的摇篮，每个家庭都是通过各自的价值标准来塑造孩子的行为，家庭常被认为是儿童社会化过程中最有影响的动因，所以作为儿童社会化重要内容的攻击性行为也是与家庭的作用密切相关的。

1. 父母的教养方式

民主型教养方式下长大的孩子具有健全的个性和良好的行为方式，很少有行为问题；采取放任型教养方式的父母，由于其忽视的态度，当孩子偶尔出现攻击性行为时，他们通常放任自流而不是加以制止，于是便助长了孩子攻击性行为的进一步发展；专制型父母则对孩子严格约束，一旦孩子的行为不符合规则，父母就会变得愤怒和不亲切，他们很少会考虑到孩子正常的心理需求，对孩子经常性的拒绝和排斥会使其产生挫折感，导致其出现攻击性行为，他们或者攻击父母或者攻击同伴，以此发泄心中长期积郁的不满。专制型父母经常使用的不恰当惩罚模式不但不能抑制儿童有害的、不良的敌意行为，反而会使其变本加厉。

2. 家庭氛围

充满争吵、挑剔的家庭氛围会对儿童产生不利的影响，父母之间的冲突更是会加剧孩子的攻击性行为。如果子女经常目睹父亲的暴力行为，那么这个孩子就有可能模仿这一行为，并转而去攻击别人。离异家庭的儿童在社会性发展方面明显差于有完整家庭的儿童，他们容易出现自卑、怯懦、冷漠等性格缺陷，并且具有不良的社会行为如与同伴打架、攻击欲望强烈等。

（二）学校因素

学校是儿童学习适应社会生活的一个重要场所，教师和同伴是影响儿童社会化的重要因素，儿童的攻击行为与学校里各种因素的影响是分不开的。

1. 教师的影响

在学校里，每个孩子在教师心目中的地位应该是平等的，教师对每个儿童的评价应该是积极公正的，当教师把儿童评为"差孩子"时，便挫伤了"差孩子"的自尊心、自信心，使其处于失败和困境中并不断地遭受挫折，从而可能引发儿童的攻击行为。有的教师更多是运用惩罚来对待有攻击性倾向的儿童，而过多的惩罚则会引起儿童的逆反心理，从而进一步加强其攻击性。

2. 同伴的影响

同伴之间的相互作用促进了儿童社会行为的发展，儿童会通过模仿同伴来学会一种行为模式，当一个儿童通过攻击别人达到了某种目的时，其他的儿童看到这种行为带来的"好处"，也会去模仿这种行为，因此同伴"榜样"的作用是引发儿童攻击行为的一个重要因素。另外，儿童在同伴群体中的地位也会影响其攻击性行为。如果一个儿童在同伴群体中的地位较低，经常遭受其他孩子的嘲弄和奚落，他就有可能进行报复性的攻击；但如果一个儿童位于同伴之首，则有可能自恃自身的强大去攻击别人。

3. 学校的物质条件

争夺物品和空间是引发儿童攻击性行为最主要的原因，所以当学校教学用具数量不充足、活动场地狭小时，儿童就会为拥有某个用具、某块场地而进行争夺，必然也就会发生攻击行为。

（三）儿童自身的因素

近十年的研究表明，认知因素在儿童的攻击行为中起着重要的中介和调节作用，儿童对伤害情境中他人意图的知觉和归因决定着儿童是否实施攻击行为。在面对一个意图不明的消极结果时，攻击性儿童容易把它归因为同伴出于敌意造成的，于是便对同伴实施攻击；非攻击性儿童则往往将其归因于同伴无意造成的，便不会产生攻击行为。好攻击的儿童在对事件线索的利用上存在着一种偏见，即使是无意的行为也往往会将其归因为有意的。

儿童的攻击行为与儿童所处的年龄阶段有关，儿童的自我意识随年龄的增长而逐渐增强，有强烈的表现欲望，为了显示自己的力量，他们便容易出现攻击性行为。另外，在心理发展水平上，儿童正处于"自我中心阶段"，他们不能站在别人的立场上去考虑问题，常为了得到某种东西去攻击别人而不会考虑到别人是否为此遭受痛苦。

（四）大众传媒的影响

随着电视的普及，看电视已成为孩子生活中不可缺少的部分。研究证实，电视中的攻击性榜样能增加儿童的攻击行为，过多的电视暴力将会影响儿童的态度及行为，由于孩子的分辨能力低，他们会把暴力行为当成勇敢行为，在日常生活中去模仿，由此便引发了儿童的攻击行为。

（五）生物因素

有攻击行为的儿童与正常儿童相比，在某些脑功能方面有差异。研究表明，有攻击行为的儿童大脑左右半球一些功能的发育存在着某些非均衡现象，这种半球功能失衡的发展，影响着大脑协同信息、做出正确决策的整合能力，导致其出现认知偏差而引发某些不良行为如攻击行为。

以上五个因素是影响儿童攻击性的主要因素，这些因素中有些起直接作用，有些起间接作用，根据这些因素，我们就可以有针对性地提出矫治攻击行为的一些措施。

六、攻击性行为的矫治措施

（一）减少环境中易产生攻击性行为的刺激

西方人本主义代表人物马斯洛认为："人的天性需要在环境条件下发展成现实的人格或心理品质。"我们可以通过角色扮演等途径，让孩子意识到他人对其攻击性行为的不满，从而使儿童对自己的攻击性行为产生否定情绪。比如，通过讲故事、情景表演等形式给孩子呈现一个有攻击性行为的儿童形象，与其讨论这一行为表现的危害，使孩子意识到这样的儿童是个不受人欢迎的，更为重要的是要与儿童共同设想受欢迎的儿童形象，增强孩子榜样学习的愿望，从而减少其攻击性行为。

实践证明，电视节目中的暴力行为可以引发儿童的攻击行为，所以家长要指导儿童正确地看电视。第一，家长要为孩子选择节目内容，要让孩子多看一些（富有）知识性、趣味性的节目，对于孩子爱看的卡通片，家长也应注意其质量，避免其收看带有暴力色彩的电视节目。第二，家长要抽时间陪孩子看电视，与孩子一起讨论电视节目中暴露的问题，引导他们分清是非、美丑、善恶，使他们知道应该学习哪些行为和不该模仿哪些行为。第三，家长要为孩子提供一些儿童书籍、乐器及其他儿童娱乐用品，减少孩子看电视的时间，也就能降低其看到电视中的暴力行为的可能性。另外，家长在为孩子选择玩具时也应少买带有攻击性的玩具如枪、刀，因为孩子常常会利用这样的玩具模仿攻击性行为。

（二）对孩子的攻击性行为要及时进行适当的惩罚

当孩子出现攻击性行为时，如果成人不加以制止和批评，就会强化孩子的攻击行为，所以有必要对孩子的攻击性行为实施惩罚。这种惩罚必须是在说理的基础上进行，要让孩子明白为什么要惩罚他，惩罚不能使用暴力手段，如打、骂。另外，教师和家长可以采用"冷处理"的惩罚方式，即在一段时间里，不去理睬表现出攻击性行为的儿童，故意冷落他，让孩子认识到自己做错了事，给儿童自我反省的机会。惩罚还可以采取另外一些方式，如不让孩子做自己喜欢做的事情，这种惩罚对孩子较为有效。但是，惩罚不能使用得过于频繁，每次应适可而止，当孩子有悔意时，成人要及时撤去对孩子的惩罚。

（三）鼓励培养孩子的亲社会行为和移情能力

在日常生活中，当孩子做出合作、分享等亲社会行为时，成人要及时表扬和鼓励，培养孩子的利他行为。许多研究已证明，培养孩子的亲社会行为和移情能力，可以有效减少儿童攻击性行为的发生。

（四）提高儿童的社交技能和自我控制能力

具有攻击性倾向的儿童在同伴中的社交地位较低，不易为同伴所接纳，这是因为这些儿童在解决一些同伴交往中所出现的问题时所使用的策略不恰当，因此容易遭受同伴的拒绝，而同伴拒绝会导致儿童采用攻击性行为以达到交往目的。因此，家长和教师要教给儿童一些正确的社交方法鼓励其学会正确与同伴交往，并通过提高其社交技能来减少攻击行为。

教师要善于发现攻击性儿童身上的闪光点，当他们有友好举动时，要及时在全班面前表扬他们，从而提高攻击性儿童在同伴中的地位，随着攻击性儿童社会交往地位的提高，不再遭到同伴的拒绝，出现攻击性行为的频率也就相应会有所减少。

有些攻击性行为的发生是由于儿童在人际交往情境中的自我控制能力较差，他们一旦受到委屈便会去攻击别人，所以家长有必要在日常生活中训练幼儿（儿童）的自我控制能力和承受挫折的能力。

（五）给予榜样示范，教给孩子正确的非攻击性解决问题的方法和手段

研究表明，具有攻击性行为倾向的儿童之所以在解决冲突或人际交往中更多地运用攻击性行为方式，不仅是因为他们所想到的解决冲突或进行沟通的方法的数量少于一般儿童，还因为他们所能想到的方法普遍带有攻击性倾向。所以，对于有攻击性行为的儿童，我们可以给予榜样示范或直接教给其正确方法。这要求成人要加强自身修养，成人的一切言行都是儿童的具体榜样，所以

父母教育子女应从自身做起，使儿童能潜移默化地得到教育，尽量避免在孩子面前争吵、打架或恶意攻击。另外，应及时对孩子的攻击性行为进行矫正，即使孩子攻击性行为发生的动机可能是善意的，如"打抱不平"等，也要及时教给孩子正确的解决方法。但应该注意的是，矫正的重点不在于批评孩子的攻击性行为，而在于及时使孩子明确非攻击性行为的方式方法。

综上所述，儿童攻击性行为产生的原因多种多样，包括生理的、心理的、社会环境和文化教育等各种因素。学龄期是进行心理矫正的关键时期，如果这一阶段对孩子的攻击性行为不及时加以干预、矫治，待他们成年后相比同龄人就更容易走上违法犯罪的道路。因此，作为教育者，对于有攻击性行为倾向的儿童，我们应该采取正面引导和反面教育相结合的方法，让孩子学会控制自己的情绪和行为，同时我们还要培养他们的爱心和与人为善的品格，这样才能铲除儿童攻击性行为的土壤，使他们的身心得到健康的发展。

第三节　说谎

案例导读：

正在上小学二年级的小英放学回家后告诉母亲自己参加作文竞赛得了一等奖（并称此奖项的获得者可免试推荐上该校初中部，并免交学费），可学校却把这个奖励给了另一位同学。家长很费解地前去询问，结果却大跌眼镜：学校的确是进行了一次作文比赛，但推荐上初中及免交费用等说法根本就子虚乌有。更令人诧异的是，这个孩子根本就没有得到任何奖项。这件事情让家长对小英曾说过的一些话也产生了怀疑，于是与学校相关领导及老师一一核实。结果发现，小英捏造了很多子虚乌有的事情。比如她说：在最近一次单元测试中得了全年级第一名；她把捡到的钱交给失主后，失主写了一封大大的表扬信贴在校园内；学校让她做升旗手；等等。小英的这些做法让父母和老师百思不得其解。

刚入学的小学生，由于认知能力及思维能力均未发育完善，分不清自我与环境以及周围事物的真假，便会无意编造某些"谎言"。还有些想象丰富的低年级儿童，为了满足自己幻想中的某些愿望，便常将幻想与现实掺和在一起说谎。

随着小学生年龄的增长和认知水平的提高，无意说谎会逐渐减少。但有些小学生，经常故意编造谎言就属于品行问题了，需要加以矫治。

一、小学生说谎的概念

说谎指的是小学生有意或无意地讲假话，它是小学生常见的行为问题。有的父母并不认为这是一种问题，因为他们会经常有意识或无意识地教自己的孩子说谎。例如，父亲不愿接待某位客人，就对孩子说："如果××叔叔来，你就告诉他，爸爸不在家。"由于父母在孩子心目中有一定威信，因此父母说的或做的孩子认为都是对的，孩子也就逐渐学会了说谎。

二、小学生说谎行为的主要表现及特点

苏联的一位心理学家彼得罗夫斯基认为，说谎是个体的一种心理特点，其表现是有意歪曲实际情况，竭力对事实和事件造成不正确的印象。[①] 当前，发展心理学认为说谎的概念需具备三个因素：第一，它确实是假话；第二，说谎的人明确知道它不是真实的；第三，说谎者希望倾听者能够认为它是真实的。只有在这三个要素都成立的情况下，我们才能认为某人在说谎。

一般而言，小学生说谎主要有以下几种表现形式：

（一）无意说谎和有意说谎

第一种是无意识的说谎，也就是幻想式的说谎，严格说来，这不应该被纳入"说谎"之列。这种情况一般发生在年幼的孩子身上，因为幼儿对经历过的事情记忆不清晰或概念掌握不准而造成说话不真实，或把想象当成了现实而说了假话，或因控制能力差、道德认识不清而说谎。

第二种是有意识的说谎。按动机来分，它又可分为积极和消极两种。如孩子生病了，怕妈妈着急，便对妈妈说"我没有病，不难受"。这种说谎有积极的因素。如果动机是消极的，是一种欺骗的方式，那就是一种真正意义上的说谎。

（二）试探性说谎

一些学生犯了错误，明知道自己不对，但还是心存侥幸心理，希望能靠说谎骗过老师和家长。其主要表现在：

1. 为了免受责罚而说谎

学生说谎有时是迫于心理压力，通常是由于遇到了难以克服的困难而采取的一种心理防卫方式，并非有意说谎。如在学校受到同学欺侮、教师的批评、

---

① 彭晶. 小学生撒谎的成因分析及矫正策略 [D]. 武汉：华中师范大学，2010.

学习遇到困难等，学生可能会装生病而不去上学。另外，如果因教师、家长对学生责备过多、惩罚过严，学生为躲避批评甚至惩罚也会被"逼迫"说谎。

2. 为了获得老师家长的欢心和奖励而说谎

一般在学校考试之后，小学老师都会要求家长签名，包括平时作业也需要家长的签字，其实也是为了让家长起到一个督促作用。但有些孩子因为考试成绩不太理想，既害怕家长知道，又希望有个好成绩来讨家长的欢心，于是就会自己涂改分数或者自己代替家长签字。罗素说过，儿童的不诚实几乎都是恐惧的结果。当他们认为自己所做的错事将受到惩罚时，就会产生恐惧和逃避的心理。有时候，成人先是承诺只要儿童承认错误就不惩罚，但当儿童诚实地承认错误后却会受到加倍惩罚，这就让儿童产生了诚实还不如说谎的想法。另外，儿童有时为了获得成人的奖励或赞赏也会说谎。

（三）养成性说谎

大部分的孩子最初说谎可能是试探性说谎，但若因此满足了自己的内心需求，而且屡次成功，久而久之便养成了说谎的习惯。现在小学生在作文中说谎的情况越来越普遍，这也应值得我们大家关注。中小学生在作文中说谎的情况被媒体一再提及，"人生说谎作文始""语文教师教学生说谎"等指责反映出部分小学生说谎与老师平时的教育有关。

（四）反复性说谎

一旦养成了说谎的习惯，就很难改掉，其后果也是难以预料的。古训说"小来偷针，长大偷金"就是因反复而养成的坏习惯。日久成性，用一个谎圆另一个谎，因此恶性循环，使情况越来越严重。有些小学生无论做错了什么事情，都会自圆其说，用一些谎言来掩饰自己的行为，慢慢地时间久了就形成了说谎的习惯，短时间之内很难改变。

三、小学生说谎的成因

小学生为什么会出现这些行为呢？就像万物"存在即合理"一样，小学生的说谎行为自然也不会凭空出现，也一定有其产生和形成的原因。说谎不是儿童应有的天性，而是由周围人对儿童的态度导致的，或由特殊原因造成。因此，儿童的说谎不仅能预防，而且可以矫正。

小学生说谎行为的成因是多方面的，既有内在的，即需要满足自身需要；又有外在的，即受环境影响或由家庭、学校、社会教育的不当所致。小学生说谎行为的成因主要有以下几个方面：

（一）个人因素

布特曼说过："每一个人都是他自己个性的工程师。"人与动物最大的区别就是人具有主观能动性，而动物则没有。所以，个人因素是非常重要的。

1. 因年龄特点造成的天真"说谎"或因记忆或语言表达不准确而说谎

这种现象在低年级孩子身上较多见。这通常是因为孩子太小，对事物感知不深，理解不清，记忆不牢，表达不准，常会把这件事与另一件事混淆，以致说出类似的"谎话"。

2. 怕受批评，主观上推诿责任而说谎

许多孩子，特别是年龄稍大的孩子都有一定的是非判断力。他们知道说谎的行为是错误的，但为了逃避批评和惩罚，他们往往会想方设法掩盖事实真相。还有些孩子因为初次尝到说谎的甜头后，便一发不可收拾，久而久之，说谎就变成了习惯。

3. 为了维护"自尊"的需要而说谎

人人都有自尊，都需要被人尊重，孩子当然也不例外。然而一些孩子常常把虚荣当自尊，用说谎来维护自己的"面子"。比如：一个学生家境贫寒，觉得很没面子，怕受人歧视，于是就骗同学说自己家是多么的富有，装阔气等。

有些孩子为了表现自身的能力，让别人对他产生羡慕心理，也会编造谎言。比如有个孩子在绘画活动中常常获奖，经常受到老师和同学们的称赞，但在学习上天资不高又不肯用功，经常落在其他同学的后面。在家庭中说谎使她尝了甜头，于是她又开始在学校里试着对老师、同学编造谎言以满足其虚荣心，她从作文书上抄作文以赢得同学的羡慕、老师的欢心，于是说谎就成了满足其内心需要的一种工具。

4. 想象与现实不分，将未满足的愿望或幻想当成现实

这种情况多发生在年纪较小的学生身上，这主要是由这一时期学生本身心理发展的特点决定的。处在此年龄段的学生对周围世界的认识在不断增多，想象力也日益丰富，但他们的思维能力仍处于低级阶段，认识问题的水平低且表面化，判断、推理能力还很有限，想象水平也比较低，并且以无意想象为主。在这个时期，学生不能完全分清什么是想象、什么是现实，经常把想象和现实混淆起来，于是容易把幻想或希望得到满足的愿望当成现实说出来。生活中许多学生向父母说谎，说老师表扬了自己，其实也是内心希望得到老师表扬的一种表现。

5. 报复性谎言是儿童内心情绪的一种表现

当儿童对某人心怀不满时，可能通过谎言来向对方示威和挑战。儿童有时会出于一种报复心理而说谎，并不是存心欺骗人。比如他们对老师或家长禁止他们干某件事不满，便会故意说他已经干了那件事情，使老师或家长生气，而

受批评时又固执己见，对抗父母和老师，有意背道而驰；本来是他先动手打人，吃了亏后却跑到老师或家长面前谎说别人打了他，指望得到同情支持去惩治对手等，都属于报复性说谎。

（二）家庭方面

1. 家庭气氛

民主、宽松的家庭氛围对儿童个性的健全发展有积极作用，而专制、粗暴、压抑的家庭氛围则容易使孩子内心缺乏安全感，导致孩子出现说谎行为。有些孩子说谎是家长"逼"出来的，比如孩子不小心打破一个杯子，父母发现后就会打他骂他，若父母当时不在场，之后询问孩子时孩子否认，父母也就不会再责骂他了，这实际上便是在诱导孩子通过说谎、否认来逃避惩罚。有的家长要求孩子在学校里考高分，考好有奖励，考差则是惩罚，孩子为了获得奖品，逃避处罚，便会在考场上偷看别人的答案，有的甚至在学校成绩报告单上做手脚。这些不适当的"逼迫"正是造成孩子说谎的原因之一。

2. 父母的影响

父母是孩子人生中的第一任教师，对孩子的性格养成起着至关重要的作用。有些家长因工作太忙而无暇顾及孩子，与子女间相处的时间短，与孩子心与心之间的沟通和交流少。然而，每个人都渴望被重视、关心和爱护，小学生在家庭之外所受的关注和关爱是有限的，所以有的学生就会用谎称生病来补偿，从而获得心理安慰。因为在这时，家长会对其百般迁就，教师也会减少或降低对他的要求。

另外，家长们的"言传身教"也尤为重要。如果家长经常说谎，孩子多半也不会诚实。有些家长喜欢夸大其词，把一件微不足道的事情吹得天花乱坠，孩子受此影响也会不知不觉地进行模仿，效仿大人吹牛说谎。在一项调查中，只有42.7%的孩子认为家长是诚信的。

3. 遗传基因引起的说谎

《中国日报》曾报道，美国科学家称：孩子喜欢说谎，往往源于遗传。这项由弗吉尼亚大学领导进行的研究发现，反社会人格特征如好斗、爱争吵、说谎、欺凌弱小等可能是天生的。

4. 心理暗示引起的说谎

学生的年龄大小决定其接受心理暗示的程度。比如，有一些低年级的学生经常遇到大人们发出这样的提问：小朋友，你好可爱哦，好久不见，你有没有想我啊？其实，像这样的问题其实就包含了一种心理暗示。小学生在年龄很小的时候或许可能有过"不想"的表示，但多数被家长否定了。家长回到家一定会教导孩子们，不论心里是怎么想的，还是要回答说"想"。所以再遇到像这样的问题，他就只会按照家长期望的方式去表达自己的"想法"，尽管那可能是谎话而不是自己心里真正所想的。

（三）学校方面

除了个人方面和家庭方面的因素，学校方面的原因也是不容忽视的，主要有以下几个方面：

1. 班集体

班集体是小学最基本的组织形式，也是学生实现个体社会化、发展个性的重要环境，班级管理的运作状态直接影响到班级教育功能的发挥和学生自我管理意识的发展。一个良好而积极的班集体，必定会促使小学生们往积极的方面发展；反之，就会使小学生们养成许多不良的习惯。小学生都有"趋众"心理，容易被同龄人影响，在班级中说谎的孩子对其他儿童会造成暗示，促使其模仿。

2. 教师方面

小学生有很强的模仿能力，因此，教师的言行举止对孩子的影响是深刻而长远的。

在研究关于学生诚实这一性格特征时发现，喜欢教师的小学生说谎少，容易形成诚实的特征；不喜欢教师的小学生则经常说谎。学生年龄越小，受教师的影响也就越大。100%的小学低年级儿童认为教师说的都是对的，而有同样想法的小学高年级儿童只占80%。

教师的行为对孩子来说是无声的语言和有形的榜样。马卡连柯说得好："不要以为只有你们和儿童谈话的时候，或教导儿童、吩咐儿童的时候，才是执行教育工作，在你们生活的每一瞬间，都在教育着儿童。"有的老师总是偏爱那些听话又成绩优秀的学生，而对那些有问题的学生加以批评甚至训斥，从而错失了一次又一次教育学生、让学生认识错误并进行自我批评的良机，学生出于强烈的自尊心便会为了保护自我而在有意、无意中讲出恶意或善意的谎言。

3. 学校的教育"有失调节"

从学校内部的教育来说，学校本应促进小学生德、智、体、美、劳全面发展，可是在全面实施素质教育的今天，许多学校仍然是重智育、轻德育，表面上搞素质教育，实际上还是走应试教育的老路，甚至以智代德，道德教育名存实亡。

（四）社会方面

环境对性格的影响中，起决定作用的并不是环境本身，而是人与环境的相互作用。

1. 社会话语环境的影响

有些学生所处的话语环境不容乐观，被一种虚假、浮躁的语境所"污染"。学生在家"听父母"的，在校"听老师"的，在社会上"听报纸"的，结果不敢说、不想说、不愿说，而在这"三听"中听得最多的又是假话、套话、废话等。长此以往，孩子便最终可能失去想要真实表达自己想法的勇气，而是按照社会期望的规则规范自己的言行，说谎也因此成为一种生存法则。

2. 社会上的不良风气

社会上的不良风气也会导致学生学会说谎，孩子的谎话是在社会中"学会"的，有的则是主动模仿学来的。

3. 社会环境的"潜移默化"

从社会大环境来看，在经济转型过程中，部分经营者在利益驱动和市场竞争的压力下，出现了较为严重的制假售假等现象，经济中的虚假欺骗会不同程度地渗透到社会各领域，从而可能扰乱社会正常秩序。学校不是"世外桃源"，社会的诚信危机也会对校园和学生造成影响。

四、小学生说谎的矫正策略

说谎会导致人际关系紧张，严重的会使说谎者形成过度焦虑和恐惧的心理障碍，不利于小学生全面、健康的发展，不利于小学生形成健全的人格。因此，分析小学生说谎的心理动因，矫治说谎，培养小学生诚实正直的人格品质，是学校德育教育中不可忽视的一个问题，也是心理教育中重要的一个方面。

说谎的动机不同，其引起的危害后果也不同，这就需要根据不同情况加以分析和矫正。

（一）防卫性说谎

这种说谎行为的动机就是保护自己不受伤害，使自己摆脱不利的情境，"化险为夷"。在学生的说谎行为中，防卫性说谎占有相当大的比例。小学生的很多说谎行为都是为了免受谴责或惩罚，通过说谎，他们可以用较小的"代价"避免可能受到的痛苦或损失，从而保全自己。尽管一些孩子在说谎时感到内心不安，甚至会有比较明显的感情冲突，但是想到这样能使自己摆脱一场痛苦或尴尬的处境，便也会采取这一手段保护自己。

当发现小学生在防卫性说谎时，首先应当准确地判断其性格类型。对于性格外向、活泼好动的孩子，应当直言不讳地指出这是谎言，然后询问他为什么说谎，了解说谎的原因。当他们叙述说谎原因时，应注意他们所说的内容之间的一致性，以防又用新的谎言来骗人以掩盖真正的原因。如果发现孩子所说的原因是情有可原的，更要指出无论什么原因，说谎都是不对的，应当受到处罚。如果发现他所说的原因并不值得原谅，则更应当明辨是非，进行必要的处罚。

对于性格内向、平时安静自律的小学生，应用平静、关心的语气询问他们是否遇到了自己难以处理的事情，引导他们说出具体原因，然后针对这些原因提出一些建设性的处理、应付方式，使他们认识到说谎是一种下策。由于这种孩子的自省能力、自尊心较强，因此，不一定要点出他的谎言，而可以旁敲侧击地让他明白自己的谎话已被识破，让其有机会用自我修正的方式加以改正。无论这些孩子说谎的具体原因有什么不同，都要帮助他们用正确的方式摆脱困境和压力。

另外，在教育工作中，老师要与家长密切配合，共同为小学生创造民主、宽松的教育环境，让他们不必因惧怕受到批评或惩罚而说谎。

（二）恶作剧性说谎

这种说谎行为的动机主要是戏弄别人，从中获得心理满足。恶作剧性说谎也是小学生中比较常见的说谎行为。有些孩子在感到生活不充实、难以打发一段时间时，就有可能用恶作剧说谎的方式来戏弄别人，从别人不恰当的行为反应中获得畸形的心理满足。例如：一个高年级的小学生放学后觉得无聊，就打电话给甲同学，告诉他乙同学叫他明天带字典到学校，老师说要用。第二天，甲同学果然带了厚厚的字典来学校，可老师却没有用，于是甲同学和乙同学为这事吵了起来，而这个学生却在一旁看热闹。

这种说谎行为反映了说谎者的品德不良，应当采取比较严厉的方法加以处理。发现这类情况后，必须给他们一定的惩罚，使他们知道说谎行为会引起的不良后果，让其记住这个教训以防再犯。同时，应当尽可能地创造条件，安排他们进行有益的活动，不要使他们有较多时间撒谎。

（三）牟利性说谎

这种说谎的动机是利用谎话骗取钱财、用具、名誉等来满足自己的不同需要。对于这种说谎者来说，其说谎的目的很明确，就是利用说谎行为获得物质和其他方面的需要或满足。

在处理这类说谎时，首先应当分析其说谎行为的原因是否合理。如果说谎的原因是合理的，比如他们的正当需要没有得到满足，那么就应当在批评他们的同时，尽量满足他们的正当需要。尤其应该向说谎者表明的是，合理的需要必须用合理的方式去满足，而说谎是一种不良的、在道德上应受到谴责的手段，不应使用。如果牟利性说谎的原因是不合理的，那么就应拒绝他们的要求，在揭穿他们的谎言时，告诉他们家里或学校不会为这种理由原谅他们。如果这种行为与他们的不良交往有关，就应采取措施，使其摆脱这种不良交往，防止他们在这种不良交往中继续变坏。

（四）报复性说谎

这种说谎的动机是利用谎话对别人进行报复，发泄对别人的敌意、愤怒等情绪。当遇到批评、殴打、戏弄等挫折之后，一些小学生就有可能用说谎的方式诱骗对方上当，利用别人的力量惩罚自己不喜欢的人，或者使对方受到物质上的损失或精神上的痛苦，以满足自己的报复欲望。

报复性说谎同样是一种在道德上应受到谴责的行为，发现这种说谎行为后，必须给说谎者以严厉的处罚，如果这种说谎行为引起了严重后果，则更要加重惩罚的程度。另外，应仲孩子认识到报复性行为的消极性，即报复行为会给别人造成痛苦，却不能给自己带来任何好处，尤其在报复性说谎引起了不必要的意外后果时，更会引起说谎者的内疚和自责，反而会使自己体验到更多的不安。同时要让学生知道，在为人处事时理解和宽容是最重要的，可以减少或消除不必要的麻烦和痛苦。

（五）表现性说谎

这种说谎的动机是为了吸引别人的注意，获得在别人面前夸耀、表现自己的机会。获得别人的赞扬，在别人面前表现自己的才能，是人的基本社会动机之一，而实现这种动机的正确做法是努力学习和工作，以出色的成绩和良好的表现去赢得别人的赞扬。然而，出色的成绩和良好的表现并不是所有人都能获得的，有的孩子虽然付出了努力，但是依旧难以取得良好的成绩，自然无法吸引到别人的注意，于是便可能用说谎的办法达到这样的目的。尤其是学习成绩欠佳、在学校很难得到老师和同学关注的孩子可能会通过编造一些谎言来引起别人的注意，力图使自己成为众人注目的中心。还有的小学生，知道父母的要求高而自己又无法达到，于是就会编一些自己在学校如何优秀的谎话来骗父母。从这种说谎者的心理来看，他们往往有很深的自卑感和强烈的表现欲，他们的说谎行为是克服自卑感的一种表现，是他们的表现欲无处发挥作用的一种结果。

此外，小学生出现了表现性说谎时，应当注意两种策略的处理。第一，不理睬谎言。由于这类谎言是想引起别人的注意，因此，任何具有去"注意"特征的反应，都会强化这种行为，使这种说谎行为继续发展下去。所以，当发现小学生试图用说谎引起别人的注意时，不听他的谎言、离开他说话的情境或进行别的工作都能使说谎者得不到说谎的机会。第二，引导小学生用建设性的行为去赢得别人的赞扬和关注。家长应告诉孩子说谎的人在夸大事实、编造情节时，时刻会有被别人揭发的危险，不但要承受一定的心理压力，当谎言被揭穿后还会成为别人鄙视的对象，而只有用社会认可的方式去努力工作和学习，才能得到别人持久的关注并赢得家长和社会的肯定。由于小学生的认识能力有局限性，因此在启发引导时，要分析他们滋生表现性说谎的原因，为其指出努力的方向和途径，而且这种引导越具体化、越个别化、越多样化，对小学生的帮助也就越大。

小学生成熟度不高，自我表现控制意识不强，认知能力和独立思考能力差，因此容易产生说谎这样的行为问题。父母、老师、社会都有责任和义务密切配合，消除不良环境，共同督促小学生改正并逐渐消除说谎行为。

第四节　偷窃

案例导读：

伟伟，男，今年9岁，四年级小学生。他长期与爷爷奶奶一起居住。伟伟的父亲在外做生意，因此家庭条件较好，但由于父母长期分居，和他们待在一起的时间很少，所以父母常常会尽量满足他的要求。伟伟在学校成绩中等，平时表现积极，在学校很有表现欲，很乐意为同学和老师做事，还经常带一些零食和图书分发给自己的同学。每次当同学围着他转时，他都会显得特别开心。但他曾多次利用午饭时间偷取同学的玩具以及零用钱，有时候甚至跑到办公室偷取老师的钱物，并将偷来的钱乱花出去，买些东西送给同学，以"笼络"他们。当老师问他是否拿了别人的东西的时候，他往往在否认几句之后就会承认是自己所为。"我们平时很忙，对伟伟关心不够，老师打电话告诉我伟伟在学校偷东西时，我们也很着急，但也没什么办法。"他爸爸说，伟伟以前在别的学校上学时，也曾出现过几次偷同学橡皮之类的情况，为此他和伟伟的母亲伤透了脑筋，打过他也骂过他，伟伟每次都说不敢了，但没过多久就又故态复萌。

小学是儿童品德和个性形成的关键时期，其道德认识还存在很大的依附性，缺乏对行为的定向和调节能力，该阶段儿童缺乏知识和经验，还没有很好地掌握社会道德准则和行为规范。另外，小学阶段的儿童好奇、好动、好试探，急于行动，还没有"三思而后行"的能力和习惯，往往会导致他们在行为表现上出现偏离，偷窃行为则是该阶段儿童较常见的行为问题。

一、小学生偷窃行为的心理剖析

（一）炫耀心理

小学生自我意识不稳定，常将自己的价值与自己拥有的东西直接联系起来，看到新奇好玩的东西时会乘人不注意顺手牵羊，把偷来的物品作为夸耀的资本，儿童不但不认为这是令人羞愧的事情，反而会经常公开展示"战利品"以彰显自己的价值，从而希望得到他人对自己的肯定。

（二）补偿心理

小学阶段是孩子发展的重要阶段，如果其欲望被强行压制而得不到满足，一旦有机会他们就会通过其他途径表现出来，予以补偿。比如，当看到其他同学生活条件优越而自己物质上得不到满足时，便会去偷取别人有的东西以补偿自己，经济贫困或父母专制、吝啬的家庭中的孩子表现尤为明显。

（三）模仿心理

有的小学生偷窃东西并不是想占有，只是不自觉地模仿电视或漫画中神偷"令人佩服的偷窃本领"，感觉自己很帅、很厉害。同时，这种心理也是受家长和同伴潜移默化影响的结果，如家长爱贪图小便宜，经常把属于别人的东西带回自己家中，便会在不知不觉中给孩子树立"榜样"。另外，若同伴中有人有偷窃行为，也会使其受到不良影响。

（四）反抗心理

一些学生受到不平等待遇或遇到不顺心的事情时，比如被老师批评、被同学欺凌和排挤、受到父母的训斥和打骂等，他们便会采用偷当事人东西的方法来报复，以达到宣泄情绪、表达不满、满足心理平衡的目的。

（五）捉弄心理

小学低年级学生因思维不成熟而不知道自己的做法会给别人造成痛苦和损失，他们会捉弄自己不喜欢的人，当看到自己的"敌人"为丢失东西而着急和难过时，就会感到非常痛快。

（六）占有心理

小学生自我意识尚不完善，只要看到自己喜欢的东西就想占为己有，因占有欲强而导致偷窃。其实此时孩子的心里并没有想到自己的行为是偷窃，而是认为自己得到了想要的东西，并会因此感到高兴，低年级的孩子偷拿别人的东西大多数属于这种原因。

二、小学生偷窃行为的心理基础

（一）小学生自我意识系统

自我意识是指个体对自己的意识，如自我概念、自我评价、自我体验等。自我意识的发展过程是个体不断社会化的过程，也是个性特征形成的过程。[①]小学生的自我意识正处于客观化时期，是获得社会自我的时期，在这一阶段，个体显著地受到社会文化的影响，其行为方式与其自我意识之间存在联系。研究表明，小学生的偷窃行为与其自我意识存在相关关系。

1. 自我概念

小学生的自我概念是从比较具体的外部特征的描述向比较抽象的心理术语的描述发展的。比如，在回答"我是谁"这样的问题时，小学低年级学生往往提到姓名、年龄、性别、家庭住址、身体特征、活动特征等方面，具体的外部特征的描述会引起同伴之间的比较，包括家庭背景的比较、学习成绩的比较、受欢迎程度的比较等，如果别人拥有的东西自己没有，就会认为自己没有别人优秀，从而会引发部分孩子的自卑和不满情绪，有的孩子甚至会通过偷窃来获得自我的平衡和满足。同时，小学生的自我概念是在经验积累的基础上发展起来的，最初是对个人和才能的简单抽象认识，随着年龄的增长而逐渐复杂化，形成生理的自我、心理的自我、社会的自我等不同层次。在这个经验累积的过程中，若孩子遭受过多的拒绝、挫折和负性情绪体验，那么其能力上的不足与物质或精神上的贫乏，都会导致孩子以后出现偷窃行为。

2. 自我评价

自我评价是自我意识发展的主要成分和主要标志，是小学生在分析和评论自己的行为和活动的基础上形成的。起初小学生更多的是顺从别人的评价，后来发展到有一定独立见解，自我评价的独立性随年级的增高而增强。处于小学阶段的孩子很在意他人对自己的评价，低年级的孩子甚至会直接顺从他人的评价，所以他人的评价对小学生有着非常重要的影响。如果老师对孩子的评价是懒惰的、不可教化的，家长对孩子的评价是胆怯的、愚钝的，同伴对孩子的评价是自私的、贫乏的，就会严重影响到孩子的自我评价，容易使孩子体会到自卑感，比如有的孩子偷窃正是为了证明自己的能力或为了引起周围人对自己的

---

① 韩进之，魏华忠. 我国中、小学生自我意识发展调查研究 [J]. 心理发展与教育，1985（1）：11-12.

关注。

3. 小学生自我体验的发展

自我体验是指自我意识中的情感成分，发生于学前期约四岁左右，在小学阶段时有较大的发展。自我体验的一个重要表现形式是自尊。自尊心强的小学生往往对自己的评价比较积极。相反，自尊心弱的小学生往往自我体验不良，容易自暴自弃和养成不良的行为习惯，偷窃行为便是其中之一。

（二）小学生道德品质基础

道德品质可以分成道德认知、道德情感和道德行为三个部分。道德认知是对行为准则的善恶及其意义的认识，道德情感是伴随道德认知而产生的一种内心体验，而道德行为是道德认知和道德情感的体现，三者是密不可分的统一体。心理学对道德品质的研究内容主要是道德是如何在个体中发生和发展的，即研究作为个体现象的道德品质形成和发展的过程及其规律。小学生的偷窃行为与该阶段儿童对道德概念的理解有一定的联系。

1. 在道德认知和道德情感方面

小学生对道德事件的认知表现出从具体到抽象、从片面到全面的发展。小学生开始产生的道德认识和道德动机往往是具体的，而后逐步形成概括的道德认识。陈会昌、李伯黍关于儿童对公私财物损坏的道德判断的研究发现，儿童对公有观念的认知发展水平不同，开始是围绕着自身的快乐和痛苦，接着是笼统地区分公和私，最后发展到从抽象的集体主义原则角度去评价。小学生道德评价能力的发展从刚开始只重视老师和别人的评价，发展到后来能对自己和别人进行独立的评价，这是一个逐渐发展的过程，在此过程中很容易受到外部干扰因素的影响，如果在这一过程中儿童的道德认知和情感发生偏离，就会严重影响其日后的行为习惯，且这种行为大多是不良的、偏执的如偷窃行为。

2. 在道德行为方面

从道德行为的发展来看，在小学阶段，儿童的道德认识和道德行为基本上是协调一致的，年龄越小，二者之间越一致。但该阶段儿童对道德知识的理解比较肤浅，理解的具体性强而概括性却较差，如分不清"勇敢"和"冒险""谨慎"和"胆怯"等，更容易做出无意识的不良行为。在道德品质的判断方面，低年级的小学生只是注意行为的效果。比如，对于偷窃行为，低年级的小学生更多注意的是行为所带来的回报，而较少注意行为背后的动机和影响。在道德原则的掌握上，低年级的小学生更多的是简单依赖社会和他人的规则，很容易受到他人价值标准的影响。虽然小学生随着年龄的增长，生理与心理会逐步发展，其社会化进程会不断加深，但也会出现言行脱节、能说不会做和做了不会说的现象。小学生的道德行为往往由不同的动机引起，由于其行为的抑制能力比较差，加之外界不良因素的干扰，便容易模仿成人或其他同伴的行为，所以这一阶段的儿童更容易出现说谎、偷窃等不良行为。

（三）小学生的情绪情感、意志基础

1. 小学生情绪情感的发展

随着年龄的增长，小学生的情感也逐渐变得更加稳定、丰富。低年级小学生虽已能初步控制自己的情感，但还是会常有情感不稳定的现象；到了小学高年级，他们的情感将更稳定，希望获得他人尊重的需要日益强烈，道德情感也初步发展起来，情感的内容不断丰富与加深，情绪的冲动性逐渐降低而稳定性增加。儿童进入小学阶段以后，在集体生活和独自学习活动的锻炼和影响下，控制、调节自己情绪的能力开始发展起来，情绪已开始逐渐内化，但仍不成熟，具有很强的冲动性，不善于掩饰、控制自己的情绪，比如看见自己喜欢的物品就想急切地拥有，喜欢得到及时的满足，在这个过程中如不能得到及时的满足，就可能造成儿童的偷窃行为。

同时对于小学生来讲，学习已经成为他们的主导活动，因而大量的与学习活动和学校生活有关的事物成了小学生情绪的主要内容。① 完成各项学习任务、被同伴接受、得到老师的重视等成为小学生主要的需要。如果学习任务完成得顺利，满足了其内心需要，小学生就会迅速产生愉快的情绪情感体验，反之则会产生消极的情绪体验如自卑、嫉妒等心理，甚至造成不良的行为习惯，如因为讨厌或嫉妒某一位同学或老师而通过偷取其物品来表达不满，从而获得平衡和满足。而且，小学生是在学校、班级这样的集体中学习和生活的，所以他们在集体中的地位、与同伴和老师之间的关系以及学校、班集体对他们的要求和评价等，都会带给小学生复杂多样的情绪体验。所以，小学生都害怕学习不好，考试成绩太差，怕受家长、老师的批评，怕受同学的讥笑、歧视等。对于在班级中遭到拒绝的学生来说，他们更容易感受到负性的情绪体验，甚至可能导致其不良行为习惯的养成。

2. 小学生意志基础

小学生身体的各器官、系统都生长发育得很快，他们精力旺盛、活泼好动，但同时因为他们的自制力还不强，意志力较差，所以遇事很容易冲动，意志活动的自觉性和持久性都比较差。在完成某一任务时，他们常是靠外部的压力，而不是靠自觉的行动，往往不能够坚持。而且，他们存在意志薄弱且受暗

---

① 林崇德. 发展心理学 [M]. 北京：人民教育出版社，2009.

示性强的特点，很容易受到他人的影响，敏感而容易受伤，也不善于反复思考和计划。

三、小学生偷窃行为的成因分析

一般来说，任何一种不良行为都具有一定的起因，处于小学阶段的儿童因自我意识发展和道德品质发展的不完善，容易受到各种因素的影响。比如小学生偷窃行为的原因就包括个人主观、家庭、学校教育、社会环境教育等多方面因素。

（一）个人主观因素

小学生的自我表现意识较强，当感到自己不为老师、同学所重视或经常受到批评或不恰当的责骂时，便容易产生不良心理。他们明知偷窃是不对的，但由于认为自己受到了不公平待遇，应该反击，于是便将其偷窃行为合理化。有的学生甚至会通过偷取别人的东西来获取控制感和安全感。

（二）家庭因素

父母是孩子的启蒙老师，父母的言行举止对孩子具有潜移默化的影响，父母的不良行为也会对孩子产生不良影响。同时在现实生活中，由于孩子父母在家庭条件、学识、观念等各方面的不同，其对孩子的教育、引导也会不一样。有些父母过分溺爱子女，满足孩子的一切要求，使孩子的是非标准模糊不清，认为自己喜欢的就应该是自己的；有些父母则是忙于工作，把孩子独自放在家中由老人抚养，督导乏力，孩子会因家庭关怀的缺失而感到孤独，甚至对父母产生怨恨感，从而通过偷取东西以获得心理上的满足；有些父母不关心孩子的思想和心理成长，仅仅关心其学习成绩在班里、学校里是否居前，甚至认为不应该给孩子零花钱以免影响其学习，任何必要的东西都先给孩子买好，使孩子的内在需求得不到满足，从而想通过偷取别人的钱来满足。

（三）学校教育因素

有些老师粗暴的教育方式会伤害到孩子的自尊心，他们把学业成绩不好的学生、行为表现不好的学生都称为问题学生，同时对所谓的问题学生冷眼相看、放任自流，若儿童在这种得不到肯定和重视的环境下学习和生活，便会产生各种消极心理并最终采取抵制行为，甚至通过偷窃来反抗老师。还有少数老师认为对偷窃行为方面的教育是家长的事情，家长应全权负责，而老师只负责孩子的学习和安全。

（四）社会环境因素

随着改革开放和社会主义现代化建设的不断深入，小学生接触社会的面越来越广,由于互联网、通信等的快速发展,孩子会过早地接触手机和电脑等,而小学生辨别网络信息真伪的能力低下,由此便可能导致其不良行为的产生。除此之外,现实生活中,成年人的道德缺失行为也在不知不觉地影响着小学生的行为,如聚众赌博、吸烟等现象都影响着小学生是非观念的建立,并可进一步导致其出现偷窃行为。

四、小学生偷窃行为的心理学干预

偷窃产生的原因各不相同,但表现结果却比较相似,如何矫正孩子的不良行为,使其健康成长,显得非常重要。

(一) 与家长的互动,改善家庭教养方式

小学生的偷窃行为,与不良的家庭教养方式有关。有的家长对孩子溺爱放纵,当孩子出现偷窃行为时,不对其进行及时的纠正,客观上默许了孩子的偷窃行为;有的家长粗暴地打骂孩子,对孩子过于严苛,会使孩子产生逆反心理和对抗情绪,以致其出现更多的偷窃行为。因此,老师和家长应耐心地一起分析问题,找出影响其行为背后的原因,改变不良的家庭教育,为孩子营造良好的家庭氛围。老师和家长既要正确地要求孩子,也要尊重、信任他们,保护和激发他们的自尊心和自信心,使他们愿意袒露自己的想法,从而帮助他们改变不良行为习惯。

(二) 创设情境,提高学生抵抗诱惑的能力

小学生的意志力较为薄弱,抗诱惑的能力较差。因此,在进行矫正的初期,应加强对孩子的管理,切断不良因素的影响。如让孩子避开某些诱因或使孩子与诱发物隔离一段时间,从而提高孩子在难以避免的环境和诱因下抗拒诱惑、坚持正确行为的能力。

另外,也可以通过创设新的情境,锻炼小学生的延迟满足能力,提高其意志力,同时在锻炼过程中强化和塑造其新的良好行为习惯。例如:创设一个活动情境,让孩子参与此次活动的准备工作,管理一部分活动经费,当好采购员,带领大家采购物品,让他体会到同学和老师的信任,从而使孩子提高对金钱或其他物品的抗诱惑能力,矫正其不良行为习惯。

(三) 使用心理矫正技术,帮助孩子重塑良好行为

第一,自我指导治疗。自我指导治疗是矫正小学生偷窃行为的可行方法。该疗法认为孩子的偷窃行为是在某种内在语言的指导下进行的,因此,要矫正儿童的偷窃行为,就需要引导儿童思考造成自己偷窃行为的内在语言是什么,通过认知重建,使儿童学会改变其自我内在语言,以新的观点看待自己的问

题，学习重新建立在面对某些诱惑情境时的新的、适当的、符合社会规范的内在语言，并在现实生活情境里加以练习，最后达到矫治的目的。

第二，行为改变技术。该技术要求首先了解青少年的偷窃行为是偶发性的还是习惯性的，其次要了解其偷窃的动机及背景，然后再使用行为改变的相关技术，如要求儿童在送回自己偷窃的物品时，加上一件自己的与所偷窃物品价值相当的东西，促使其产生心理冲突，领悟自己行为的不恰当之处，并最终做出改变。

第三，现实治疗法。现实疗法强调每个个体都有被爱与被尊重的需要，接受爱或给予爱都会产生适度的自我价值感，爱会使个体产生成功的动机和自我价值，在爱与自我价值的交互作用下形成自我认同，完善自己。因此，该理论认为，偷窃行为是儿童内心被爱、被关注的需要没有得到满足的一种表现，这就需要家长、老师和儿童周围的重要他人给予儿童充足的爱，使孩子学会对自己的行为负责。

（四）发挥教师的引导作用

在学校中，老师应该组织开展法制宣传与教育，引导儿童形成正确的价值观和道德观，既要树立供孩子们学习与效仿的道德榜样，又要通过某些替代性经验使孩子体会偷窃行为的后果。对于已经出现偷窃行为的孩子，首先要与孩子一起分析偷窃动机是什么、有什么不能满足的需要等。其次是协助儿童找出最容易导致其偷窃行为产生的情境。最后是和儿童协商克服偷窃行为的方法，例如：请老师经常提醒，请父母随时检查，利用自我核查、自我酬赏、自我契约等自我管理的策略来改变偷窃行为。

（五）正确面对矫正过程中出现的"反复"

小学生的偷窃行为已是其头脑里内化的一种不良行为习惯，因此在矫正过程中出现"反复"现象是正常的，老师或家长不能因为孩子的行为出现反复就放弃他们，损害他们的自尊心，使他们自暴自弃，而应该鼓励和相信孩子，注意培养孩子的自我控制能力和自我监管能力。

第六章　小学生发展性障碍

◆ 多动症
◆ 自闭症
◆ 智力障碍

第一节　多动症

案例导读：

陈陈，男，12岁，自一年级到五年级比其他孩子明显表现出多动行为，而且这种行为有增无减。其主要表现为：上课时不遵守纪律、爱动手摸同学、扯前面同学的头发，东张西望，转身拉别的同学和他讲话，好晃椅子、玩小东西，经常打扰同桌或附近的同学，注意力不集中。老师批评或暗示后有一定效果，但持续时间不长。陈陈好搞"恶作剧"，有时会故意推别人。在家里的表现为：任性、冲动，遇到想做的事情而父母不能满足时，便火气冲天、大喊大叫，甚至离家出走，精力特别充沛，喜欢看武侠片等电视节目，从不主动、认真完成作业，且做作业时边做边玩，注意力难以集中。据家长和老师观察，陈陈脑子不笨，学习认真起来比一般同学接受得还快，但因为好动分心，成绩在班里排在倒数第五，出现不及格现象。

多动症儿童在情感、行为与学习等方面表现出明显的缺陷，如注意力难以集中、过度活动、容易冲动，成年后则表现为控制情感能力较差、容易冲动，甚至表现出暴力行为，从而引发犯罪。因此，这必须引起老师与家长的重视，及早发现、及早治疗。

一、多动症的界定

多动症，又称多动综合征、注意力缺陷障碍（ADHD），它是指智力正常或接近正常的儿童表现出的与其年龄不相称的、明显的注意力不能集中、不分场合的过度活动、情绪冲动并伴有认知障碍和学习困难的一种综合征。①

近年来，多动症在我国学龄儿童中患病率呈直线上升趋势，且男孩患病的比例远远超过女孩，多动症的发病高峰年龄为 8~10 岁，10~12 岁次之。由于各国的诊断标准不一致，因此各国报告的发病率也有很大差异，美国报告的儿童多动症发病率为 20%，据统计，我国学龄儿童患病率大约为 4.31%~5.83%，估计全国共有患儿 1 461 万人至 1 979 万人，其中约 65% 的患儿的症状会持续到成年。

二、多动症的症状表现

多动症在不同年龄阶段有不同的临床表现。婴儿期表现：不安宁，易激惹，过分哭闹，饮食差，活动度保持高水平，睡觉不安稳。幼儿期表现：动个不停，到处游荡，眼睛看到的东西都想碰，容易受伤。学龄前期表现：注意集中短暂，不能静坐，好发脾气，很早入睡或很早醒来，对动物残忍，行为具有攻击性，参加集体活动有困难，情绪易波动，遗尿，常常惹人嫌。学龄中期表现：注意力集中短，好做白日梦，不能静坐，对挫折的耐受性差，对刺激的反应过强，学习困难，不能完成作业，具有攻击行为，好冲动，喜招惹其他孩子以致经常与人吵架，与同伴相处困难。学龄后期表现：注意时间短暂，缺乏动力，具有攻击性，易冲动，对刺激的反应强烈，过失行为多，情绪易波动，爱说谎。成年期表现：注意力容易转移，好冲动，情感易爆发，与同伴的关系难持久，参加集体活动有困难，酗酒，戏剧性表现，不能胜任工作，经常与人争吵。

多动症有一系列的原发症状和继发症状，需要全面加以了解：

（一）原发症状

1. 注意力不集中

注意力不集中是儿童多动症最关键的症状，有的多动症儿童无明显的多动不安症状，主要表现为注意上的困难。与同龄儿童相比，这类儿童的注意力显著涣散，很难集中，无论多么令他感兴趣的事物，都无法长久吸引他的注意，极易受环境的影响，因而做事常常有头无尾、半途而废。这一症状在儿童上学后表现更为明显：在课堂上，总是东张西望、心不在焉，或者表面看似安静却听而不闻，集中注意力听课的时间非常短暂，常对老师的讲解和布置的作业听

---

① 肖征. 儿童多动症的心理诊断与防治 [J]. 丹东师专学报，2003，25（4）：72-73.

不清楚；在课后，做作业马马虎虎、拖拖拉拉、边做边玩、粗心大意、错误率高，常常不能顺利完成作业。

2. 活动过多

活动过多是多动症最显著的特点，表现为难以静坐、常常不停地动、好哭闹、话多、喧闹、爱插嘴。上学以后，多动症儿童的表现为：上课做小动作、摇桌子、晃椅子、捉弄旁边同学、撕作业纸等；课间则在教室里乱跑，喜欢冒险的游戏。这类孩子的活动一般与其他孩子不一样，他们的活动缺乏组织性和目的性，显得杂乱，他们常常不怕危险，情绪激动的时候，更容易出现不良行为，比如在路上毫无目的地乱跑等。晚上睡觉前在床上还要闹腾一番，入睡后也不能安静下来，经常是乱踢乱滚、爱磨牙、说梦话甚至尿床、夜游，这种孩子身上好像装了个发动机一样，总是忙碌不停。

3. 行为冲动，情绪不稳定

多动症儿童自控能力差，冲动又任性，做事情不考虑后果，比如上课的时候会突然大叫或者随便插话，做游戏时不遵守游戏规则也不能耐心等待，他们总是频繁地变更活动内容和方式，难以控制和调节自己的活动水平。多动症儿童的情绪容易波动，高兴的时候又唱又跳、得意忘形，不高兴的时候则易被激怒、发脾气；还有的孩子会表现出感情脆弱的一面，喜欢和比自己小的孩子一起玩。多动症孩子的行为多先于思维，具有突发性，往往会造成很多不良后果。

4. 神经系统功能失调

有一部分多动症儿童存在神经系统功能失调的情况，会出现知觉活动和综合分析障碍。比如，他们在临摹图画时往往分不清主题与背景的关系，不能分析图形的组合，也不能将图形中的各部分综合成一个整体；约有一半孩子会出现动作不协调的情况，如在完成单脚跳或系纽扣、鞋带时动作比较笨拙；有些孩子存在空间定位方面的障碍，如分不清左右、把 6 看成 9、把 b 看成 d、文字倒读、写反字等；还有些多动症儿童听力差，易混淆相似的声音，并可能伴有口吃、语言表达能力差等问题。[①]

（二）继发症状

1. 学习困难

多动症儿童的智力正常或接近正常，但学习成绩明显落后于其智力水平。这些孩子上课时注意力不集中，在老师布置作业时经常不注意听，从而导致课

---

① 张榕芳. 儿童多动和儿童多动症 [J]. 山东教育，2000（28）：10.

后作业不能保质保量完成，错误率较高。少数多动症儿童还伴有认知功能缺陷，主要表现为视听或视动功能障碍，以致动作不协调，在阅读、计算、书写、绘画以及分析图形方面存在困难。

2. 言行具有侵犯性

多动症儿童常常不遵守课堂纪律，对同学出言不逊，总是惹是生非，欺负同学，所以这些儿童一般与同学关系不好。

3. 自信心低下

这类孩子由于成绩落后，不遵守纪律，因此不断遭到老师的批评、家长的责骂和同学们的排斥，虽然他们也承认自己的错误，但就是无法控制自己的行为，总是改不了。

4. 引发其他心理与行为障碍

多动症儿童因上述问题可能经常受到老师的批评和家长的责骂，导致患儿不但面临焦虑障碍、心境障碍等情绪问题，也容易出现对立违抗性障碍、品行障碍等行为问题，患儿早期表现为行为幼稚、违拗、与同学相处不良或是退缩、孤独，继而演变成撒谎、偷窃、离家出走乃至少年犯罪。

上述表现并非每个患儿都有，同一种问题在不同患儿身上表现的程度也不完全一样。

三、多动症的诊断与评估

对于多动症的诊断目前采用实验室检查、病史或成长史（包括家长和教师所提供的情况）收集与心理测评、临床评定相结合的方法进行。

（一）病史

多动症的病史必须由与患儿关系密切的家长提供，且要正确、完整，还要收集母孕期有无有害物质的接触史、有无嗜烟酒史，围生期有无窒息史，家族中有无多动史，患儿发育史及健康史等信息。

（二）体格和辅助检查

这主要是检查患儿有无遗传病史，心理是否健康，能否独立完成翻手试验、点指试验、指鼻试验等行为测试。

另外，通过仪器可以检查患儿的神经递质分泌、生长发育、微量元素血铅水平是否正常，还要对患儿进行感觉统合能力测试、综合心理测评、综合素质测试等辅助检查。

（三）心理测评与诊断

心理测评需要测量儿童的智力、学习成就和语言功能以及注意状况。[①]

目前 ADHD 的诊断多参照美国《精神障碍诊断与统计手册（第四版）》（DSM-Ⅳ）的诊断标准。DSM-Ⅳ要求观察儿童在多个环境下的表现，对学龄儿童来说，主要是在家庭和学校的行为表现，因此通常在详细病史询问的基础上，还要求教师和家长对儿童的行为做出正式的评估，常用 Conner 父母问卷和教师问卷，新版 Conner 问卷包括了 DSM-Ⅳ的标准，因此可以根据病史询问和问卷调查，依照 DSM-Ⅳ标准获得诊断：[②]

（1）注意力不集中（至少有下述三项表现）：

①常常不能完成自己开始做的事情。

②常常不专心听讲。

③容易分心。

④难以专心完成学校功课或其他需要保持注意力的任务。

⑤难以坚持一种活动。

（2）冲动（至少有下述三项表现）：

①常在思维之前就行动。

②频繁地从一种活动转为另一种活动。

③不能组织活动（不是由于认知损害）。

④需要大量督导。

⑤常在课堂上突然大声叫喊。

⑥不能等候有次序的活动。

（3）活动过度（至少有下述三项表现）：

①过量奔跑、爬高。

②过于烦躁不安。

③不能安坐在椅子上。

④睡眠中过于辗转不安。

⑤总是在"行走"或"驾车"似的活动不停。

（4）在 7 岁以前发生。

（5）至少持续 6 个月。

（6）不是精神分裂症、情感障碍、重度精神发育迟滞患者。

---

① 张玉芝. 儿童多动症的诊断与治疗 [J]. 中国医药指南，2010（10）：50-51.

② 郑晓边. 儿童多动症的诊断和教育矫治（译文）[J]. 中国学校卫生，1992，13（4）：237.

诊断 ADHD 时需要与精神发育迟滞、抽动症、儿童孤独症等儿童心理疾病区分开来。

四、多动症的病理学基础

多动症的病因尚不清楚，有研究认为儿童多动症可能与遗传、轻微脑损伤、不当的教育、铅中毒、食物过敏等因素有关，每个多动症儿童都可能是由其中的某一种原因致病的。目前，虽然多数学者相信儿童多动症是由多种病因引起的临床综合征，但是多动症病因的各种学说如脑轻微器质性损害说、遗传因素说、生化代谢紊乱说、环境因素说等均有存疑。

（一）生理原因

1. 脑组织损伤

虽然多动症儿童中并不总是存在着脑损伤的确切证据，但有学者认为多动症产生的原因可能是轻微的脑功能失调，这种失调可能与脑的功能损害有关。在现实生活中，造成脑损伤的可能性有很多，如母亲怀孕时受到风疹等病毒的感染，脑部受过严重的撞击，服用过多有损胎儿脑组织的药物，产钳助产所致的脑损伤，窒息儿、早产儿幼年时所患的脑炎、脑膜炎、颅脑外伤等，以及其他原因造成的脑损伤等，这一切都可能引发儿童多动症。[1]

2. 遗传

国内研究表明，多动症儿童中的父母幼时顽皮多动的人数比例为36.4%，有注意力不集中的人数比例为27.1%。儿童多动症具有家族性倾向，西尔弗发现40%的多动症儿童其父母、同胞和亲属中也患有多动症。Matheny 在 1976 年进行双胞胎的纵向观察时发现，同卵双生子其中一个患多动症，则另一个的发病率可达100%；异卵双生子，一个患多动症，则另一个的患病率为17%，平均遗传率为76%。[2]

3. 铅中毒

铅进入人体后，可通过血液侵入大脑神经组织使营养物质和氧气供应不足，从而破坏儿童大脑正常的兴奋和抑制调节功能，使儿童产生行为异常和智力发育障碍，临床上则表现为儿童多动症，即出现多动和注意力不集中的情况。[3] 张建平等人对 102 例多动症患儿做了铅接触方面的问诊和末梢血铅检测

---

① 郑雪. 幼儿心理教育手册 [M]. 广州：暨南大学出版社，2007.

② 李博、李文才. 儿童多动症的成因分析及教育干预措施 [J]. 广东教育学院学报，2009，29（4）：20-22.

③ 沈晓明. 儿童铅中毒 [M]. 北京：人民卫生出版社，1996.

分析，其结果发现，59 例患儿的血铅超过其检验正常值（超标率为 58.8%），据此可推测多动症与高铅有一定关系。[①]

4. 神经生理基础异常

神经生理基础异常是因某些酶的活性降低，使神经突触间隙中的儿茶酚胺类神经递质的有效浓度不足，以至于信息下达受到影响，从而导致自制能力不足而产生的一系列症状。生理代谢障碍引起了多动症的一系列症状，而且药物治疗有一定的效果也提示了多动症儿童有特殊的生化障碍。

（二）家庭因素

国内外研究显示，家庭环境不良可导致多动症状出现或加重。父母关系不和，互相攻击、讽刺、漫骂或者粗鲁打骂孩子和干涉孩子的活动，容易挫伤儿童的自尊心和自信心。在这种环境的直接影响下，儿童的神经活动常处于高度警觉状态，唯恐触怒父母或千方百计地逃避父母的打骂、干涉，长期下去儿童就会缺乏独立性、自主性，甚至说谎、欺骗。一旦条件适宜，他们将无法控制地发泄自己的心理能量，其表现为活动过度、注意力不集中、冲动等行为问题。另外，在父母离异、亡故或冷漠的家庭中，儿童得不到足够的关爱，为了寻求更多的关怀，吸引别人的注意，从而得到周围人的认可或关怀，久而久之，这种好动的行为便形成了一种习惯，不论在什么场合下不知不觉地就会表现出来，这也是诱发儿童多动症的原因之一。

（三）其他因素

某些食品也可以诱发多动症，如调味剂、人工色素等，因这些食品中缺铁，容易引起儿童出现轻度贫血症状，从而导致其注意力减弱，暴躁并且易怒。环境污染和轻度中毒也可能加剧其活跃行为。[②]

五、多动症的心理干预

多动症的治疗一般是采用药物治疗和心理治疗相结合的方法。治疗多动症常用的西药是一些中枢神经兴奋药，但有副作用，最常见的症状为食欲减退、皮肤苍白、头晕、腹痛等。另外，这些药均可抑制儿童体重及身高的增长。因此，6 岁以下及青春期以后的患儿服药要慎重[③]，最好采用心理干预的方法。

----

① 张建平，王子婵，袁文瓒. 日用陶瓷铅溶出量与儿童多动症关系的探讨 [J]. 中国陶瓷，2007，43（12）：52.

② 要春萌. 儿童多动症的成因与矫正 [J]. 科教导刊，2005（1）：135.

③ 易法建，冯正直. 心理医生 [M]. 重庆：重庆大学出版社，2006.

（一）家庭支持疗法

支持疗法主要是改变多动症儿童的生活环境，减少患儿的挫折感，维护他们的自尊心，父母要对他们进行鼓励，帮助他们树立信心，对于儿童的良好行为要及时强化。

（1）从态度上改变对孩子的认识。作为多动症孩子的家长，首先要理解孩子是属于病态的，不能误认为孩子的病态是"不学好""故意捣乱"等，更不能因为孩子不受欢迎的不良行为而动辄打骂，加重患儿的心理压力，使他们的自我控制能力更差，症状更加严重。

（2）要对孩子有耐心，对缺点要反复帮助改正，对优点要及时表扬巩固。对他们的要求刚开始要比其他孩子低一些，等达到要求后给予鼓励，再逐渐提高要求。

（3）多为孩子提供活动的机会，使他们过多的精力能得到宣泄，多引导他们参加体育运动，教给他们交往的策略。

（4）使患儿形成规律的生活习惯，家长要督促他们遵守作息制度，起床、吃饭、游戏、学习、入睡等都要形成规律，不要过分迁就，使他们在生活中得到锻炼。在患儿能够集中注意力去做某件事时，家长不要主动去打搅他们，以防分散他们的注意力，逐渐培养他们养成专注的习惯。

（5）要营造一种温馨、祥和的家庭氛围，让孩子产生安全感。家长要及时地与老师联系，多了解孩子的在校情况，听取老师的意见。

（二）心理疗法

心理疗法可用来改变多动症儿童存在的注意力难以集中、多动及情绪问题，具体有以下几种方法：

1. 强化消退训练

在矫正多动症的过程中，使用强化原理和消退训练来辅助治疗是极其重要的。赵新喜等曾对32例多动症患儿采用了强化与消退技术进行干预，显著地减轻了患儿的多动症状，其中29例患儿获得显著疗效。对于多动症儿童安静、守纪律的行为要及给予鼓励强化；对经常发脾气、尖叫等不满行为则应及时予以制止，应用消退训练。将"消退"和"强化"结合，即对不满意行为不予理睬，对满意行为给予鼓励强化，使消退训练取得更好的效果。①

---

① 赵新喜，等.儿童多动症的心理疗法和行为矫正效果探讨［J］.实用儿科临床杂志，2001，16（5）：359.

2. 自我控制训练

自我控制训练是应用操作性条件反射的原理，通过训练使多动症儿童在头脑中形成做事前必须经过的一系列简单、固定的自我命令，从而学会控制自己行为的节奏。

3. 放松训练

通过放松训练来矫正儿童多动行为是近些年的新尝试，并取得了一定的成效。多动症儿童的身体长时间处于紧张状态，因此，让患儿的肌肉放松可以减少他们的多动症状。

4. 感觉统合训练

多动症患儿往往会出现精力旺盛、动作多的临床表现，因此，还可以应用感觉统合训练疗法，就是利用球、画板、绳等体育器材和游戏活动等开展协调训练。这些活动，可锻炼患儿动作协调能力，促进大脑统合功能的完善，使儿童对外界刺激做出适宜的反应，增强其自我控制行为的能力①。

（三）饮食疗法

在多动症儿童日常饮食中，应不吃受铅污染的食品，减少辛辣食物的摄入，控制调味品的摄入量，由此可以缓解儿童的多动行为。

近年来，对多动症儿童的大量干预案例表明，单一干预治疗对多动症儿童的矫正效果都不理想，单纯的疗法效果欠佳，综合治疗会获得更好的效果。

第二节 自闭症

案例导读：

小健，男孩，7岁，上海某特殊学校一年级学生，2岁多被诊断为自闭症。无家族遗传史，孕期母亲情况正常。该儿童常常独自一人，不与其他儿童游戏、玩耍；难以用语言表达自己的需要，有时口中喃喃自语，但内容无法让人理解，有时能模仿简单口语，但不主动与人对话；对上课、学习没有兴趣，不服从教师指令，无法完成作业；偶尔会发出尖叫，不顺心时常通过发脾气来达到目的；大小便无法自理；惧怕人多的环境；喜欢玩玩具和吃东西。该儿童曾

---

① 雷燕，李燕红. 儿童多动症的表现特征及教育干预措施［J］. 重庆职业技术学院学报，2005，14（4）：119-120.

在私营机构接受过一年左右的训练，学会了一些简单的口语，如"要""爸爸""再见"等。

自闭症患儿在社会交往、语言沟通尤其是行为方面存在严重障碍，了解自闭症的表现及发病原因对改善该类儿童身心健康水平具有重要意义。

一、自闭症

自闭症也称孤独症（autism），是一种广泛性发育障碍，其概念是由Kanner 在 1938 年提出来的，以严重孤独、缺少情感反应、语言发育出现障碍、刻板重复动作和对环境奇特的反应为特征，多起病于 3 岁之前。根据世界各国报道，儿童孤独症的发病率在 0.02%～0.20%，我国在 0.028%～0.10%，男女比例为 4.5∶1。目前，中国自闭症患者有 50 万人左右。[①]

二、自闭症的临床表现

自闭症的基本临床特征为三联征，即社会交往障碍、交流障碍、兴趣范围狭窄及刻板重复的行为方式。

（一）社会交往障碍

自闭症患儿在社会交往方面存在质的缺陷。在婴儿期，患儿回避目光接触，对人的声音缺乏兴趣和反应，没有期待被抱起的姿势或被抱起时身体僵硬、不愿与人贴近。在幼儿期，患儿仍回避目光接触，呼之常无反应，对父母不产生依恋，缺乏与同龄儿童交往或玩耍的兴趣，不会以适当的方式与同龄儿童交往，不能与同龄儿童建立伙伴关系，不会与他人分享快乐，不愉快或受到伤害时也不会向他人寻求安慰。在学龄期，随着年龄增长及病情改善，患儿可能对父母、同胞变得友好而有感情，但仍明显缺乏主动与人交往的兴趣和行为。虽然部分患儿愿意与人交往，但交往方式仍存在问题，他们对社交常情缺乏理解，对他人情绪缺乏反应，不能根据社交场合调整自己的行为。成年后，患儿仍缺乏交往的兴趣和社交的技能，不能建立正常的恋爱关系和婚姻关系。

（二）交流障碍

1. 非言语交流障碍

该症患儿常以哭或尖叫表示他们的需要或身心状态。稍大的患儿可能会拉着大人的手走向他想要的东西，但缺乏相应的面部表情，表情常显得漠然，很少用点头、摇头、摆手等动作来表达自己的意愿。

---

① 肖凌燕. 儿童孤独症的类型以及家庭干预［J］. 社会心理科学，2011, 26（1）：89-91.

2. 言语交流障碍

该症患儿在言语交流方面存在明显障碍，包括：①语言理解力不同程度受损。②言语发育迟缓或不发育，也有部分患儿2~3岁前曾有表达性言语，但以后逐渐减少，甚至完全消失。③言语形式及内容异常：患儿常常存在模仿性言语、刻板重复性言语，或常把语法结构、人称代词用错，语调、语速、节律、重音等也存在异常。④言语运用能力受损：部分患儿虽然会背儿歌、背广告词，但却很少用言语进行交流，且不会提出话题、维持话题，仅靠刻板重复的短语进行交谈，纠缠于同一话题。

（三）兴趣范围狭窄及刻板重复的行为方式

该症患儿对一般儿童所喜爱的玩具和游戏缺乏兴趣，而对一些通常不作为玩具的物品却特别感兴趣，如车轮、瓶盖等圆的可旋转的东西。有些患儿还对塑料瓶、木棍等非生命物体产生依恋行为。患儿行为方式也常常很刻板，如常用同一种方式做事或玩玩具，要求物品放在固定位置，出门非要走同一条路线，长时间内只吃少数几种食物等。并且，他们常会出现刻板重复的动作和奇特怪异的行为，如重复蹦跳、将手放在眼前凝视、扑动或用脚尖走路等。

（四）其他症状

约3/4该症患儿存在精神发育迟滞。约1/3~1/4患儿患有癫痫。部分患儿在智力低下的同时可出现"孤独症才能"，如在音乐、计算、推算日期、机械记忆和背诵等方面呈现超常表现，被称为"白痴学者"。

视觉方面：自闭症儿童大多有视觉学习的优势，部分自闭症儿童对视觉性文字记忆非常好，甚至可以过目不忘。

听觉方面：大约40%的自闭症儿童对环境中的声音敏感，他们的听觉阈限可能超出正常人听到的范围，但某些特定的声音会令他们极为反感。大多数自闭症儿童具有语音分辨困难的问题，他们无法区分外界讲话的声音、自己的语言、额外的杂音和背景噪音的不同，这使得他们不能排除那些不适宜的声音和过度噪音的干扰。

嗅觉、触觉、味觉等其他感觉：自闭症儿童中有一部分有严重偏食行为，另有一些有触觉敏感问题。

注意方面：自闭症儿童经常出现注意力过于分散或极其专注而不能有效转移、易受情绪影响等问题。

记忆方面：自闭症儿童在整合当前的新经验与已储存的旧经验上有困难，有意识地提取与新经验有关的旧经验时所用的时间长。

思维与想象方面：自闭症儿童不能或很难了解物与物、人与物、人与人之间的相互关系。

情绪方面：情绪不稳定是自闭症儿童的固有表现，外界环境的变化很容易令他们感到不快。

三、自闭症的诊断与评估

通过对有关学者研究成果的分析、比较，我们可以对自闭症儿童进行鉴别、诊断与评估。

（一）评估流程

1. 转介

根据教师、家长或其他有关人员的观察和学业考核的结果，可将怀疑有缺陷的儿童送往专门的诊断机构（通常是专科医院门诊），请求进一步的鉴定和诊断。

2. 筛选

在筛选阶段不能正式确认自闭症，筛选的结论只能是这个个案不是自闭症或者可能是自闭症，在正式判断前还须做进一步的评估。

筛选工作有三个方面：①检查被转介儿童的出生史、成长发育史、病史、各科成绩和有关文字记录。②和有关教师、家长、保姆等进行谈话，了解儿童各方面的实际表现。③观察儿童的日常行为表现，察看其适应性行为水平。

3. 临床评估

专科医师将疑似个案进一步转介到自闭症门诊，由专业人员对儿童进行诊断性评估。这种评估应包括神经检查、语言评估、听力检查、智力测验等，以排除具有某些自闭症特征的非自闭症个案，这是临床评估的一个重要方面。通过综合评定，判断该个案是否是自闭症，如果确诊为自闭症，则要进一步判断自闭症的性质和程度。

4. 专业团队评估

专业团队由特殊教育教师、心理咨询师、语言治疗师等人员组成。儿童被确诊为自闭症后，特殊教育工作者或教师还要进一步使用一些儿童身心发展量表来评估自闭症儿童身心发展各方面的实际状况，以便提供一个合适而有效的个别化教育方案。

5. 决策

由教师、家长、心理学工作者、医生和其他有关人员参加决策会议，确认评估的准确性、公正性，解释和分析评估的结果，评估儿童的特殊需要，做出教育安置决定，并制订出具体的教育和训练方案。

（二）评估项目

目前，国内主要通过 ICD-10、DSM-IV、儿童自闭症筛查表、自闭症儿童行为量表来筛选、诊断和鉴别自闭症儿童。自闭症儿童一旦被鉴别出来，在教育干预前，务必要经过详细评估，才能拟定出全面、恰当的干预计划。由于自闭症儿童教育评估的范围相当广，适用的工具也相当多，为了使评估更加全面、规范、科学，可以将评估的主要项目概括为下列五大领域，即器质性评估、智力评估、自闭程度评估、发展能力与社会适应行为能力评估和家长访谈行为观察。

阅读链接：儿童孤独症评定量表（CARS）

儿童孤独症评定量表（Childhood Autism Rating Scale）是 Schoplen（1980）编制的由 15 项内容组成的供检查者使用的评定量表。本量表每项按 1~4 级评分，总分大于或等于 30 分可诊断为孤独症，低于 36 分时则为轻、中度孤独症，总分达到或大于 36 分时为严重孤独症。

一、人际关系

1分，与年龄相当：与年龄相符的害羞、自卫及表示不同意。

2分，轻度异常：缺乏一些眼光接触，不愿意，回避，过分害羞，对检查者反应有轻度缺陷。

3分，中度异常：回避人，要使劲打扰他才能得到反应。

4分，严重异常：强烈地回避，儿童对检查者很少反应，只有检查者强烈地干扰，才能产生反应。

二、模仿（词和动作）

1分，与年龄相当：与年龄相符的模仿。

2分，轻度异常：大部分时间都模仿，有时激动，有时延缓。

3分，中度异常：在检查者极大的要求下有时模仿。

4分，重度异常：很少用语言或运动模仿他人。

三、情感反应

1分，与年龄相当：与年龄、情境相适应的情感反应，以及是否有兴趣，通过面部表情的变化来表达。

2分，轻度异常：对不同的情感刺激缺乏相应的反应，情感可能受限或过分。

3分，中度异常：不适当的情感反应，反应相当受限或过分，或往往与刺激无关。

4分，严重异常：极刻板的情感反应，对检查者坚持改变的情境很少产生适当的反应。

四、躯体运用能力

1分，与年龄相当：与年龄相适应的躯体运用能力。

2分，轻度异常：躯体运用方面有些刻板，动作笨拙、缺乏协调性。

3分，中度异常：有中度特殊的手指或身体姿势功能失调的表现，比如不停地摆动手指或某些物品，经常踮起脚尖走路。

4分，重度异常：如上述的异常行为严重而广泛地发生。

五、与非生命物体的关系

1分，与年龄相当：适合年龄的兴趣运用和探索。

2分，轻度异常：轻度地对东西缺乏兴趣或不适当地使用物体，像婴儿一样咬东西，猛敲东西，或者迷恋于物体发出的吱吱声或不停地开灯、关灯。

3分，中度异常：对多数物体缺乏兴趣或表现有些特别，如重复转动某件物体，反复用手指尖捏起东西、旋转轮子或对某部分着迷。

4分，严重异常：对某一种物体表现出特殊的兴趣，反复地探究该物体，而对其他物体无任何兴趣。

六、对环境变化的适应

1分，与年龄相当：对改变产生与年龄相适应的反应。

2分，轻度异常：对环境改变产生某些反应，倾向维持某一物体活动或坚持相同的反应形式。

3分，中度异常：对环境改变表现出烦躁、沮丧的征象，当干扰他们时很难被吸引过来。

4分，严重异常：对改变产生严重的反应，假如坚持把环境的变化强加给他们，儿童可能逃跑。

七、视觉反应

1分，与年龄相当：适合年龄的视觉反应，与其他感觉系统是整合方式。

2分，轻度异常：有时必须提醒儿童去注意物体，有的回避目光接触，有的着迷于灯光。

3分，中度异常：经常要提醒他们正在干什么，喜欢观看光亮的物体，即使强迫他们，他们也很难跟周围的人进行目光接触。

4分，重度异常：对物体和人的广泛而严重的视觉回避，着迷于使用"余光"。

八、听觉反应

1分，与年龄相当：适合年龄的听觉反应。

2分，轻度异常：对听觉刺激或某些特殊声音缺乏一些反应，反应可能延迟，有时必须重复声音刺激，有时对大的声音敏感或对此声音分心。

3分，中度异常：对听觉不构成反应，或必须重复数次刺激才产生反应，或对某些声音敏感（如很容易受惊、听到某些声音会捂上耳朵等）。

4分，重度异常：对声音全面回避，对声音类型不加注意或极度敏感。

九、近处感觉反应

1分，与年龄相当：对疼痛产生适当强度的反应，触觉和嗅觉正常。

2分，轻度异常：对疼痛或轻度触碰以及气味、味道等缺乏适当的反应，有时会出现一些婴儿吸吮物体的表现。

3分，中度异常：对疼痛或意外伤害缺乏反应，比较集中于触觉、嗅觉、味觉。

4分，严重异常：过度的集中于触觉的探究感觉而不是功能的作用（吸吮、舔或摩擦），完全忽视疼痛或过分地做出反应。

十、焦虑反应

1分，与年龄相当：对情境产生与年龄相适应的反应，并且反应无延长。

2分，轻度异常：轻度焦虑反应。

3分，中度异常：中度焦虑反应。

4分，严重异常：严重的焦虑反应，可能儿童在会见的一段时间内不能坐下或很害怕、退缩等。

十一、语言交流

1分，与年龄相当：适合年龄的语言。

2分，轻度异常：语言迟钝，多数语言有意义，但有一点模仿语言。

3分，中度异常：缺乏语言或有意义的语言与不适当的语言相混淆（模仿言语或莫名其妙的话）。

4分，严重异常：严重的不正常言语，实质上缺乏可理解的语言或运用特殊的离奇的语言。

十二、非语言交流

1分，与年龄相当：与年龄相符的非语言交流。

2分，轻度异常：非语言交流迟钝，交往仅为简单的或含糊的反应，如指出或去取他想要的东西。

3分，中度异常：缺乏非语言交往，儿童不会利用非语言交往或对非语言的交往做出反应。

4分，严重异常：特别古怪的和不可理解的非语言的交往。

十三、活动量大

1分，与年龄相当：正常活动水平——不多动亦不少动。

2分，轻度异常：轻度不安静或有轻度活动缓慢，但一般可控制。

3分，中度异常：活动相当多，并且控制其活动量有困难，或者相当程度地不活动或运动缓慢，检查者很频繁地控制或以极大努力才能得到反应。

4分，严重异常：极不正常的活动水平，要么是不停，要么是冷淡的，很难得到儿童对任何事件的反应，而不断地需要大人控制。

十四、智力功能

1分，与年龄相当：正常智力功能——无迟钝的证据。

2分，轻度异常：轻度智力低下——技能低下表现在各个领域。

3分，中度异常：中度智力低下——某些技能明显迟钝，其他的接近年龄水平。

4分，严重异常：智力功能严重障碍——某些技能表现迟钝，另外一些在年龄水平以上或不寻常。

十五、总的印象

1分，与年龄相当：不是孤独症。

2分，轻度异常：轻微的或轻度孤独症。

3分，中度异常：孤独症的中度征象。

4分，严重异常：重度孤独症征象。

四、自闭症的病理学分析

虽然还不完全清楚自闭症的病因，但目前的研究表明，某些危险因素可能同自闭症的发病相关，引起自闭症的危险因素可以归纳为：遗传、感染与免疫、神经内分泌和神经递质、认知缺陷等因素。

（一）遗传因素

遗传因素对自闭症的作用已趋于明确，双生子研究显示，自闭症在单卵双生子中的共患病率高达61%～90%，而异卵双生子则未见明显的共患病情况，兄弟姐妹之间的再患病率大概在4.5%左右。[①]

许多研究也都表明自闭症高发的家族中，社会交往缺陷和刻板行为发生率

---

① 戴旭芳. 自闭症的病因研究综述 [J]. 中国特殊教育, 2006 (3): 85-86.

较高，自闭症双亲的人格特征多为冷淡、刻板、敏感、焦虑、专断、固执、缺乏言语交流等。这说明自闭症存在家族聚集现象，遗传因素对自闭症的发生有着重要影响，并且自闭症患病风险的逐级亲属递减规律也提示了自闭症不是单基因疾病，而很可能是多基因协同致病。

（二）感染与免疫因素

早在20世纪70年代末就有研究发现，孕妇感染病毒后，其子代患孤独症的概率会增大。后来的研究结果均发现孕期感染与孤独症的发生有一定关系。目前已知的相关病原体有：风疹病毒、巨细胞病毒、水痘-带状疱疹病毒、单纯疱疹病毒、梅毒螺旋体和弓形虫等。据推测，这些病原体产生的抗体，由胎盘进入胎儿体内，与胎儿正在发育的神经系统发生交叉免疫反应，干扰了胎儿神经系统的正常发育，从而导致了孤独症的发生。

（三）神经内分泌和神经递质因素

儿童行为与神经递质密切相关。有研究者认为中枢神经系统5-羟色胺和（或）多巴胺活性下降伴有下丘脑功能障碍则可产生自闭症，也有人认为自闭症表现孤独、与别人建立不起感情等症状是因脑内啡呔类物质的神经递质作用异常所致。

（四）认知缺陷因素

有人提出了认知功能与社会功能相关的学说，认为心理认知缺陷损害了孤独症患儿对他人精神状态的理解能力，导致了其社会交往能力的缺乏。有的患儿对待人就像对待无生命的物体，有的患儿则常错误理解别人的信念与意图。

（五）多种病因

许多研究表明自闭症常与某些疾病同时存在，如脆性X综合征、结节性硬化、肌营养不良、先天性风疹、苯丙酮尿症以及嘌呤代谢病等，故认为自闭症是一个多种病因的神经综合征。

五、自闭症的治疗

目前，对自闭症的治疗以心理干预和教育训练为主，并没有一套适用于所有儿童的治疗方案，只能有针对性地改善儿童的语言表达及社会交往能力。

（一）治疗原则

自闭症治疗原则：①早发现，早治疗。治疗年龄越早，改善程度越明显。②促进家庭参与，让父母也成为治疗的合作者或参与者。患儿本人、儿童保健医生、患儿父母及老师、心理医生等应共同参与治疗过程，形成综合治疗团队。③坚持以非药物治疗为主，药物治疗为辅，两者相互促进的综合化治疗培训方案。④治疗方案应个体化、结构化和系统化。根据患儿病情因人而异地进行治疗，并依据治疗反应随时调整治疗方案。⑤治疗、训练的同时要注意患儿的躯体健康，预防其他疾病。⑥坚持治疗，持之以恒。

关于自闭症治疗的几点共识：

（1）自闭症没有特效药物治疗。早期诊断和早期干预可以改善自闭症的预后，因此自闭症治疗一般认为是年龄越小效果越好，但是到目前为止并没有年龄的截止点，部分患者在年龄较大时也能获得改善。

（2）世界各国尤其是发达国家建立了许多的自闭症特殊教育和训练课程体系，尚无证据表明哪一种疗法显著优于另外一种，目前各种方法有互相融合的趋势。

（3）由于自闭症缺乏特效治疗，目前存在数百种的疗法，这些疗法缺乏循证医学证据，使用时需慎重。少部分未经特别训练和治疗的自闭症儿童有自我改善的可能。

（二）治疗方法

对于自闭症的治疗是围绕自闭症的三大核心症状展开的，因此，要对儿童进行语言训练和社会交往技能训练，另外，要发挥家庭在自闭症治疗中的持久作用。

1. 交流干预与语言教学

（1）语言训练

语言训练主要是提高孩子的语言沟通与表达能力，增强其社会适应性，一般从呼吸训练、口型和发音训练、单词训练、说句子训练、复述和对答能力的训练、朗读文章及表达能力训练、语言理解能力训练等方面展开。

（2）共同注意训练

共同注意是指与他人共同对某一对象或事物加以注意的行为。Baron - Cohen 将儿童共同注意分为两个部分：一是注视监控，即儿童追随他人的视线和指点去注视某一对象；二是元陈述指向，即儿童作为主导者去引发别人的视线接触。

共同注意训练最常见的是目光接触训练，要求患儿注意并正视说话人的脸，主动注视其目光，并逐渐延长注视时间，反复多次，并及时给予强化使患儿在"一对一"情况下，对对方的存在、言语、目光等有所注意。在患儿早期，母亲要经常看着婴儿的眼睛说话，即使孩子根本不注意母亲的言语，也要努力地对着他们低声说话。

（3）社交训练

帮助患儿学习社会性身体语言如点头、摇头等，给患儿做出示范，要求其模仿，然后反复训练，直到能理解为止。此外，还可利用实际动作或动画片训练患儿理解身体动作及表情的能力，并对患儿的正确回答及时予以强化，逐渐减少提示，直到其能正确辨别和理解为止。

可利用情景或在患儿提出要求时进行，反复训练使患儿在想满足某种要求时，能用语言表达自己的愿望。通常孤独症患儿不能很好地利用言语来表达自己的要求，有时会用尖叫和发脾气来表达，为防止这种情况，不要在患儿尖叫或发脾气时满足他的要求。另外，还可让患儿进行传话训练，传话时间开始宜短，之后逐渐延长，如此训练将使患儿能主动与他人建立关系，从而改善交往。此外，与孤独症患儿谈话时应尽量使用简单、明确的言语。

2. 行为疗法

在自闭症的治疗中，行为疗法是运用最为普遍的一种治疗方法。该疗法主要是针对自闭症儿童的攻击、自伤、愤怒、生活自理能力差等不适应性行为。目前关于行为矫治的相关研究和报道较多，一般是在高结构化的环境中对特殊行为进行矫正，具体的方法有：强化适当行为法、暂停强化法、塑造法、链条法、示范学习法、奖励与惩罚疗法、消退法和放松疗法、暴露法、厌恶疗法等。

3. 社会生活技能训练法

社交能力干预包括以技能为主的干预和以认知为主的干预，以技能为主的干预通过游戏行为和同伴媒介干预法改善其社会互动功能，认知为主的干预策略主要包括社会故事和图画会话，社会故事在传达方式上多种多样，其目的主要是协助自闭症患者了解社会互动的内涵，使之能在社会情境中表现出适当的社会行为。图画会话理念的基础是自闭症患者对视觉线索较为敏感。因此，借助线条简单的绘画图形的提示，可以使自闭症患者掌握人际交流和沟通的过程以及事件发生的先后顺序，从而增进自闭症患者对人际互动的理解。①

4. 游戏疗法

游戏疗法是以游戏活动为媒介，让儿童有机会自然地表达自己的感情、暴露问题并从中得到帮助的一种教育方法。游戏疗法主要解决自闭症患者的情绪障碍，解决其情绪上的不安、恐惧，使他们愿意与社会和他人接触，逐渐走出自闭的世界。

---

① 尤娜，杨广学. 自闭症诊断与干预研究综述 [J]. 中国特殊教育，2006（7）：27-29.

5. 家庭教育训练

孤独症的教育训练并不完全是一个医学问题，家庭的社会经济状况以及父母心态、环境或社会的支持和资源均会对孩子的预后产生影响。采用综合性教育和训练，辅以药物，孤独症儿童的预后可以有显著的改善，一部分儿童可能获得独立生活、学习和工作的能力，尤其是阿斯伯格综合征和高功能孤独症儿童。在教育或训练过程中应该坚持 3 个原则：①对孩子行为宽容和理解；②异常行为的矫正；③特别能力的发现、培养和转化。训练应该以家庭为中心，同时注意充分利用社会资源如日间训练和教育机构，在对患儿训练的同时，也向家长传播有关知识，这也是目前孤独症教育和治疗的主要措施。父母需要接受事实，克服心理不平衡状况，妥善处理孩子的教育训练与父母生活工作的关系。化爱心、耐心、恒心为动力，积极投入到孩子的教育、训练和治疗活动中，并和医生建立长期的咨询合作关系。①

除此之外，音乐疗法、感觉统合训练、地板时光疗法对自闭症也有一定的疗效。尽管自闭症障碍为慢性病程，预后较差，约 2/3 的患儿成年后无法独立生活，需要终生照顾和养护，但若能在早期进行有计划的医疗和矫治教育并能长期坚持，就有助于改善预后。

第三节　智力障碍

案例导读：

小民是一个 6 岁男孩，2008 年被诊断为中度智力发育落后。经过访谈得知，母亲在 30 岁时生下小民，7 个月时有早产迹象，而后剖腹生产，出生时有新生儿窒息史，脑白质发育不良。双眼斜视，伴有弱视，双眼球水平震颤，戴过一段时间眼镜矫正。小民下肢的运动年龄相当于 3 岁水平，有主动运动意识，但运动灵活性较差；精细动作较差；认知能力落后于同龄儿童，相当于 33 个月水平，不能区分男女，可以给小部分图片命名；语言能力相当于 39 个月儿童的能力，有简单的语言交流，可以回答简单发问，背整首儿歌有困难，服从部分指令；日常生活能力较差，需要辅助，可配合穿衣，可用勺子，不会用筷子，性格内向，行为退缩。

---

① 邹小兵. 孤独症的治疗 [J]. 中国实用儿科杂志，2008，23（3）：170-172.

一、智力障碍的定义

智力障碍也就是智力低下、智力迟滞等。在医学上，往往把这种现象称为精神发育迟滞、脑发育障碍、脑发育不全等。

由于研究智力障碍的重点和角度不同，研究者对智力障碍的界定也完全不相同，但最常用的还是美国智力障碍协会（AAMR）下的定义。1973 年该协会将智力障碍定义为："一般智力功能水平明显低于平均水平并同时存在适应性方面的缺陷，表现于发展时期并对儿童的教育表现产生不利影响。"[①] 后来，智力障碍的定义几经调整与演变，直到 2002 年被定义为个体在 18 岁以前在智力功能与适应行为两方面受到明显限制而表现出来的一种障碍，这一概念随即也成为诊断智力障碍的标准[②]：

（1）智力障碍儿童的智力显著低于正常人的平均智力水平。正常人的平均智商为 100。当一个儿童的智商为 90~100 时表示智力正常，若智商在 70 分以下，就被称为"显著低于"平均水平（简化为"智商低于 70 分"）。智商低于 70 分的儿童，在 100 个同龄儿童中仅有两个左右。

（2）智力障碍的发病通常在发育年龄阶段，通常在 18 周岁以前。这一条规定将发育期出现的智力障碍与成年后各种原因造成的智力障碍进行了区别。智力障碍的发病率一般不超过 2%。有的智力障碍儿童同时伴随有一定程度的异常行为和心理疾病，也会影响其日常社会生活。根据新的发展趋势，人们越来越重视智力障碍儿童的社会适应问题，因为社会适应障碍直接影响着他们的个人功能和社会生活的参与。

（3）智力障碍儿童在日常社会生活适应方面具有明显的障碍。年龄小的智力障碍儿童在日常生活中表现为动作、语言发展迟缓，不会人际交往，上幼儿园或小学时适应困难。

2003 年 12 月，卫生部、公安部、残联、国家统计局和联合国儿童基金会联合发布的 0~6 岁残疾儿童抽样调查结果显示：0~6 岁儿童残疾的发生率为 1.362%，其中，智力残疾为 0.931%，在各类残疾儿童中所占比例最高。

二、智力障碍的诊断与分类

（一）智力障碍的诊断

智障障碍的诊断是指通过一系列必要的正式及非正式的测验手段和日常观

---

① 王苗苗.智力落后的成因及早期预防 [J].绥化学院学报，2011, 31（6）：37-38.
② 苏小玲.国外智力落后儿童的教育干预 [J].教育评论，2014（5）：162.

察来鉴别出有智力障碍的儿童，并对他们做出适当的教育和安置。

智力障碍的程度不同，其症状发生的时间也不同。一般来说，中等以上的智力障碍者在婴儿期就会表现出比较明显的症状；而轻度智力障碍者则通常在学龄期才被发现，当儿童在学习方面存在明显的困难时才被怀疑是否属于智力低下儿童。当教师、家长或医务人员发现儿童有智力障碍的症状，并怀疑该儿童是否属于智力障碍儿童的时候，首先应该系统地观察儿童在日常生活情境和教育情境的表现，然后由专业人员对儿童进行测验，结合两部分所得结论做出诊断。

1. 观察

观察是有目的、有计划地考察儿童在日常生活、游戏和学习过程中的整体表现，分析儿童发展状况的方法，也是全面了解儿童身心发展情况最基本的方法。

在观察前，观察者要做好相应的准备，明确观察目标，必要时应制订观察计划。在观察的过程中要尽量使儿童保持自然的状态，做好详尽、准确、客观的观察和记录。此外，观察还应该排除儿童行为的偶然性，因此需要对儿童进行反复多次的观察。观察的内容一般包括以下四个方面：①面容和体态，某些具有先天遗传缺陷的新生儿有着明显的面部特征；②对外界的反应性，由于智力障碍儿童的感知觉以及注意力差，所以对外界刺激的反应也较差；③情绪情感方面，智力障碍儿童的情感体验发展较晚且不丰富，不能恰当地表现出自己的情绪情感，因此常常出现情感表达与情感体验不一致的现象；④语言和动作的发展，智力障碍儿童的语言和动作发展相比一般儿童更为缓慢。①

2. 测验

在对智力障碍儿童进行观察的基础上，要利用标准化智力测验量表对他们的智力水平进行评估，一是确定其智力缺陷的程度，二是确定其智力缺陷的类型。除此之外，还要对儿童的社会适应能力进行测验，综合两部分的测验结果才能下初步的结论。

（1）智力测验

智力筛查是指把智力异常和可疑的儿童，通过快速、简易的方法从一般儿童群体中鉴别出来，以便对其进行进一步的智商鉴定。在智力筛查中常使用的工具有：①丹佛发育筛查筛选量表，其适用对象为出生后两周到 6 岁的儿童；②新生儿行为评估量表，其测量对象是出生后第一天到满月为止的婴儿，是目

---

① 程黎. 特殊儿童早期干预［M］. 北京：北京师范大学出版社，2012.

前测量对象年龄最小的行为量表；③画人测验，是一种能够引起儿童兴趣且简单易行有效的测验方法，适用于 6~12 岁儿童；④瑞文测验，适用于大规模的智力筛查及对智力进行初步分类等，测验对象的年龄为 5~75 岁，包括幼儿、儿童、成年人及老年人。智力筛查测验能够省时省力地从大量儿童中初步筛选出可能有发育问题和障碍的儿童，并为之后是否需要做进一步诊断性测验提供信息。

（2）适应行为测验

适应行为是人在其生活环境中适应社会要求的能力，它是后天习得的，可以矫正，是智力障碍儿童的诊断标准之一，将适应行为引入智力障碍定义是有积极意义的。由于适应行为是由后天习得，可以经过训练而得到矫正或改善，因此那些程度较轻的智力障碍儿童，经过较长时间的教育和训练，成年以后，都能较好地适应社会和职业的要求，能积极地、比较正常地参与社会生活。

目前，国际上用来测量儿童适应能力的量表种类繁多，美国曼彻斯特大学设计的 PIP 发展量表（Parental Involvement Project）是我国使用较为广泛的量表，该量表概括了 0~5 岁儿童正常发育标准和应具备的相应技能，适用于所有学龄前儿童，也适用于发育迟缓和有功能障碍的学龄期智力低下儿童。PIP 发展量表共分为五个领域，每个领域又分别包括几个部分。这五个领域是：身体发展（移动、爬行、协调），社会发展（进食、大小便、清洗、穿衣、独立性），手眼协调（伸展、抓握、趋向物体），游戏发展（画图、社交游戏、模仿游戏、角色游戏）和言语发展（表达语言、应用语言、模仿发音、理解和非语言交流）。PIP 发展量表的特点是便于操作，经过一定的训练以后，家长也能使用该量表，并在家庭情景中测查其子女的发育和技能发展状况。

判断儿童是否为智力低下儿童是一件严肃的事情，我们既不能漏判，也不能误判，要保证在诊断过程中的每一个步骤都是严谨的。最简单的诊断就是将被试的行为与正常的同龄儿童的行为进行比较，决定其行为是否符合大多数同龄儿童的正常标准，在诊断中应该注意：

（1）智力测验应由有资格的专业人员进行。测验报告不能只报告一个测验结果分数，要比较详尽地了解孩子的生长发育情况、病史以及在测查过程中的行为与情绪表现，结合测查结果做统一分析，然后做出判断，并提出指导性意见以帮助矫治。

（2）只有在对被试的适应行为做了精细的个别观察并发现有适应行为缺陷的情况下，才能将儿童诊断为智力障碍儿童。由于适应行为标准并不像智商那样有量化的标准，所以专业人员需要通过对儿童的直接观察和与家长的面谈了解儿童社会生活能力的情况，从而对儿童的适应行为功能水平做出比较客观的评价。

（3）不能将仅是成绩差的儿童就诊断为智力障碍儿童。

（4）在对儿童进行诊断时，应设法创造一种良好的气氛，引起被试者对测验的兴趣和信心，让其对试验人员产生信任感。

（5）把握好测试的时机。不能在儿童已经疲劳时进行测验，而应在儿童处于最佳精神状态时进行测试。

（二）智力障碍的分类

美国教师联合会按照患者在教育程度上的表现，将智力障碍划分为可教育的、可训练的和可监护的 3 个等级，当前采用的更普遍的划分方法是 DSM-Ⅲ-R 的四分法，将智力障碍分为轻度智力障碍、中度智力障碍、重度智力障碍和极重度智力障碍四个等级。

1. 轻度智力障碍

轻度智力障碍者在学龄前可发现说话、走路发育稍晚，进入学校后，年级越高越感困难，一般难以达到中学水平。可胜任简单的工作，这种患者性格脾气常有某些特点：稳定性者一般较安静，易于接受教育，能掌握一定的劳动技能，容易得到别人的同情和照顾；不稳定性者则常常喋喋不休，易使人讨厌或遭到戏弄。

2. 中度智力障碍

中度智力障碍者能学会一般的语言，但不能表达复杂的内容，口齿不清，接受能力及理解能力较同龄小孩差，学习水平只能维持在二年级左右。经过训练可以学会生活自理，并从事一些简单劳动，但常需别人指导和照顾。

3. 重度智力障碍

重度智力障碍者从小就有躯体及神经系统方面的异常，只能学会一些简单语言，只能在监护下生活，不能进行生产劳动。

4. 极重度智力障碍

极重度智力障碍者在出生时有明显的躯体畸形及神经系统异常，不能学会走路和说话，感觉迟钝，不知躲避，常因伴有其他先天性疾病或继发感染而夭折。

三、智力障碍的病因

世界卫生组织《智力障碍术语和分类手册》中将智力障碍的病因分为十大类型：①感染和中毒；②外伤和物理因素；③代谢障碍和营养不良；④大脑

疾病；⑤不明的产前因素和疾病；⑥染色体异常；⑦早产；⑧重症精神障碍；⑨心理社会剥夺；⑩其他非特异性的原因。

智力障碍产生的原因是多种多样的，除了一些已有定论的由疾病引起的中、重度智力障碍的原因外，绝大多数造成轻度智力障碍的原因仍有争议，并处在不断的探讨之中。目前一般认为，智力障碍的原因可分为遗传因素和环境因素两大类。

（一）遗传因素

一项研究报告指出，母亲智商低，则儿童智商低的可能性便越大。当然，这个相关发现并不一定有因果关系，但可以确信的是父母智商低会使儿童的生活环境与养育环境恶化，无法提供促使儿童智力发展的足够刺激。

研究发现，25%智力障碍者的引起因素是器质性的，例如染色体异常、隐性和有缺陷的基因等。

（二）环境因素

形成智力障碍的环境因素共有三种：出生前的因素、生产时的伤害以及出生后的因素。

1. 出生前的因素

导致出现智力障碍的出生前的因素主要有三种：

（1）母亲怀孕时遭受病毒或细菌感染。梅毒、风疹、巨细胞病毒以及寄生虫等病毒透过羊水传染给胎儿，使胎儿产生脑部发炎和脑部组织恶化，这些病毒对母亲似乎没有什么影响，但对胎儿却可造成不可逆转的损伤。

（2）胎儿酒精综合征。这是由母亲怀孕时饮酒过量造成的，母亲体内的酒精将直接作用在胎儿身上，形成脑部伤害和各种身体及心理的缺陷，其中的一个影响便是小头症（脑部过小），小头症将引起轻度或重度的智力障碍。

（3）药物滥用。母亲服用药物引起感染，这些药物对母体没有什么伤害，但对胎儿的影响很大，尤其是激素、抗生素、组织新陈代谢的药物，药物的作用与母亲服用药物的时间有关，越是在怀孕的早期服药，对胎儿的影响就越大。

此外还需特别注意的是，在妊娠期间的一些有害射线，如 X 光线、强烈的雷达射线等对胎儿大脑发育不利，而不良情绪、疲劳等因素也可能导致产前缺氧。

2. 出生时的伤害

儿童出生时有多种情况可能会伤害其脑部并且造成其智能不足，如生产时间过长、难产、早产、过期产、胎儿缺氧、新生儿窒息等。

3. 出生后的因素

智力障碍不是由某种具体的原因引起的，而是诸多环境因素交互作用的结果。

（1）高烧、抽搐

高烧和抽搐是导致智力障碍的高危因素。因为婴幼儿早期大脑并未发育成熟，高烧和抽搐容易导致脑细胞功能紊乱，反复、长时间的高烧、抽搐会引起脑损伤从而导致智力障碍。

（2）脑炎等神经系统疾病

患脑炎、脑膜炎后存活下来的儿童中大约一半的儿童在短期就显示出神经系统方面的疾病，较常见的有智力和运动方面的障碍，如惊觉性疾病、耳聋和视力障碍等。受到损伤的年龄越早，其影响就越大，损害程度也越严重。

（3）全身麻醉与脑外伤

因手术需要，有的婴幼儿需全身麻醉，麻药有时也会使婴幼儿致残。此外，脑外伤、脑震荡也会引发神经方面的问题。

（4）铅中毒

血液中含铅水平与 IQ 之间存在着负相关，血液中含铅量在 $100\mu g/L$ 左右时即可能对大脑发育产生危害。儿童主要通过接触玩具上的含铅油漆或颜料，吸入含铅量高的灰尘、废气，以及使用含铅量高的食品而摄入铅。

（5）营养不良

在生长发育期出现较长期的营养不良，也会影响儿童的脑发育，产生智力障碍。这种情况往往在食物供应不足的贫困地区比较常见，特别是蛋白质与维生素不足都会导致营养不良。另外，代谢性疾病、消耗性疾病、进食性障碍等容易引起营养缺乏，单纯由营养不良而导致的智力障碍程度较轻。

（6）社会心理因素

由于社会心理因素所涉及的面非常广，且难以加以定量，因此，社会心理因素与智力障碍之间的关系并无统一的说法，而是以贫困与智力落后之间的关系来加以说明。贫困与智力落后之间的关系并无明确的定论，但经济条件差的儿童，其生活环境中会有一些不利于生理、心理和行为发展的因素，在贫困的环境中，诸如营养不良、孕期照料的滞后或缺乏、低体重、母亲智力落后、虐待或忽视会共同构成对儿童发展的威胁。

阅读链接：一位智力障碍儿童母亲的自述

女儿的出生，为我们夫妇俩带来了欢乐，我们给了她全部的爱。

可是，高兴的日子不长，在养育的过程中，我越来越感到她有点异常，总是赶不上同龄儿童的发育水平，心里有些疑惑：她会有什么病吗？

到孩子 10 个月时，她还不会坐，头颈无力，抬不起头，表情呆滞。我和爱人真的着急了，抱着女儿到省立医院去看病，神经科主任诊查以后对我说："你的孩子是先天性脑发育不全。"这句话如晴天霹雳，我们简直惊呆了。我急忙问："医生，她能学会走路吗？她将来能上学吗？"主任回答说："你的孩子可能既不会说话也不会走路，只能让你们照顾她一辈子。"这番话使我如坠入无底深渊，从头凉到脚，痛不欲生。我永远也不会忘记当时的情景，简直无法接受面前的这个现实。

那几天我心情很乱，有时也在想：会不会是诊断错误？她是不是说重了？

后来，我抱着孩子跑了很多地方和医院，只要听人说某个地方有治疗办法，我就千方百计地去打听，不论地方有多远，路有多难走，我都带孩子去治。用过的方法有中西药、导平、激光、按摩等。我甚至期盼着有一天孩子突然会走路、会说话，一切正常了。可是，经过 8 个多月奔波，仍然没有什么进展。

——摘自妈妈论坛

四、智力障碍的预防与治疗

（一）智力障碍的预防

世界各国都有卫生系统设计的智力障碍预防方案，大体可分为三种：初级预防、二级预防和三级预防。

1. 初级预防

初级预防是指在发病之前的干预。例如：普及婚前检查，进行计划生育宣传，妇女怀孕前做好充分的物质和心理准备，提倡优生优育，反对近亲结婚，缺碘地区的重点人群及时补碘等，这些都可以有效地预防智力障碍的发生。

2. 二级预防

二级预防主要是对高危孕妇进行必要的产前照顾、产前筛查，以便早期诊断，及早干预，达到健康生育的目的。

母亲孕期中很多有害因素可损害胎儿脑发育而造成智力障碍，故孕期保健非常重要。在妊娠期间应注意营养，尽可能避免接触有害化学物质，如烟、酒、致畸药品，避免接触放射线，预防病毒感染。

目前对一部分遗传性代谢病和染色体异常已可进行产前诊断，比如运用羊膜穿刺术可以帮助确诊胎儿是否异常，以决定是否需终止妊娠，减少智力缺陷胎儿出生。近年来,分子生物学方法已开始应用于基因诊断,能更准确地判断胚胎状况,防止智力障碍儿童出生。对异常分娩要及早发现和及早采取有效的措施,尤其是注意助产器械的使用,尽可能减少窒息、产伤和颅内出血的发生率,加强对新生儿的监护。

3. 三级预防

三级预防是指新生儿缺陷的治疗和意外防护,包括新生儿护理及疾病筛查、早期诊断、早期干预等。其具体包括:预防传染病及中枢神经系统感染,避免发生颅脑外伤,及时诊治遗传性或内分泌障碍疾病等。

(二)智力障碍的干预

1. 早期干预的形式

早期干预的形式按照安置场所可以分为三类:①以家庭为中心,以儿童家庭为安置场所,在家庭中展开干预活动,使家长直接参与训练方案的实施,让儿童行为目标更具功能性,将其所学的技能直接应用在日常生活中,这种形式的优点是家长与孩子不分离,节省资金和时间,不需要特殊的场地;① ②以机构为中心,以康复机构、特殊幼儿班为安置场所,将需要接受干预的儿童送至相关机构接受服务,机构提供专业的服务,家长则可以正常工作,优点是训练机构的设施设备齐全,专业力量相对集中;② ③通过融合教育将特殊儿童融合在普通班级中,使其有更多的机会与普通同伴接触,从而有利于他们的社会融合③。

2. 早期干预的内容

智力障碍儿童的早期干预通常涉及感知觉、动作、语言、认知、社会性、自理能力这六大领域:④

(1)感知觉训练主要是针对智力障碍儿童的视觉、听觉、触觉、嗅觉和味觉方面的训练,知觉能力的干预训练主要包括空间知觉和时间知觉两个方面。

(2)动作能力的训练分为大运动能力和精细运动能力的训练。大运动能力包括基本的动作训练(如头部控制、坐、爬、翻身等)和平衡协调训练。精细动作的训练侧重于手眼协调、用手抓物及双手协调能力的发展。

(3)根据智力障碍儿童语言发展的特点,干预训练可以从以下几个方面

---

① 陈云英. 智力落后心理、教育、康复 [M]. 北京:高等教育出版社,2001.
② 张福娟,杨福义. 特殊儿童早期干预 [M]. 上海:华东师范大学出版社,2011.
③ 刘春玲,马红英. 智力障碍儿童的发展与教育 [M]. 北京:北京师范大学出版社,2011.
④ 程黎. 特殊儿童早期干预 [M]. 北京:北京师范大学出版社,2012.

考虑：发音功能训练（主要是舌功能和唇功能）、语言理解能力训练（言语理解和非言语理解两部分）、语言表达能力训练（言语表达和非言语表达能力）。

（4）认知能力的干预训练可以从三个方面进行：注意能力（通过多感觉通道综合引导以引起和维持注意）、记忆能力以及思维能力。

（5）社会性能力训练包括早期社会基本行为训练和社会交往技能训练，社会交往技能训练常采用的方法是自然情景法、游戏法等。

（6）生活自理能力的训练对于智力障碍儿童来说意义重大，我们对智力障碍儿童进行多方面干预的主要目的是让他们能够独立生活。自理能力训练内容主要包括饮食能力训练、穿脱衣能力训练、洗漱能力训练、大小便能力训练。

对智力障碍儿童进行早期干预既是其成长发展的内在需求，也是全纳教育理念的体现。早期干预教育对智力障碍儿童，甚至是所有的特殊儿童都意义非凡，它不仅能弥补其因身心发展障碍而带来的不良后果，而且能最大限度地发挥他们的潜能才智，促进他们健康顺利地成长。另外，在特殊儿童的早期干预中，特殊儿童家庭的参与是很重要的，父母及家庭的积极参与和全力配合会给干预带来良好的效果，父母对特殊儿童的鼓励也会大大增加他们的训练成效。

第七章　与小学生身体健康有关的障碍

◆进食障碍

◆睡眠障碍

◆排泄障碍

◆肥胖症

第一节　进食障碍

案例导读：

六岁的宁宁突然出现了胃疼、腹胀、呕吐的症状，并且数日没有缓解，于是她妈妈带她到医院检查，经过检查后发现她腹部似乎有一个肿块，在专家的建议下，宁宁做了胃镜，检查显示宁宁胃部的贲门至胃窦处可见一长形的巨大毛发团，其中混杂食物，并已黏着在胃壁上。

据妈妈回忆，大约两年前的一天，妈妈发现宁宁前额的头发明显变少了，大便中有时还会夹杂着头发，妈妈就怀疑少了的头发是不是被宁宁自己吃掉了。经过一番询问，宁宁承认了，"中午幼儿园老师要求大家睡觉，但我睡不着，所以无聊的时候就躲在被窝里拽头发嚼，然后就吃进去了"。了解情况后，宁宁的家人就开始关注和纠正孩子的这一行为。妈妈发现宁宁除了喜欢吃头发外，还会啃食指甲，扯拽枕头上的丝状纤维放入口中，即便家长一再制止，宁宁仍然无法控制吃头发的行为，妈妈只好带着宁宁前往医院治疗。

经过近两年的治疗，宁宁的"异食癖"基本得到控制，一家人原以为此事就这样过去了，却没想到曾经吃进去的头发不仅留在了胃里，还会慢慢"长大"、变硬，甚至需要手术才能取出。医生说，宁宁胃里的毛发团相对较大，已经无法通过胃镜取出了，目前只能开腹，这对孩子来说创伤还是比较大的，会留下一个大约十公分的手术伤疤。

进食是一种本能行为，是个体生命得以存在的基本保证。然而，由于生物、心理和社会等方面的原因，人们出现了厌食、贪食、异食等问题与障碍。

进食障碍原本只受到医学方面的关注，有关其病因学和治疗的研究也集中在探讨这些障碍的生理机制和严重的生物学后果方面，直到近些年，进食障碍才开始被看作一种心理健康问题，导致其产生的相关心理社会因素也开始得到研究。本节将着重介绍小学阶段儿童易发的几种进食障碍。

一、进食障碍概述

（一）什么是进食障碍

进食障碍是一种表现为进食行为异常的慢性精神疾患，它包括神经性厌食症、神经性贪食症和不典型进食障碍等，该障碍具有复发率高、病程长的特点。[1]

（二）进食障碍的病因理论

1. 生物学因素

生物学理论主要专注于探讨遗传因素和神经递质对进食障碍的影响。在遗传因素的研究中，肯德勒（Kendler，1991）等人通过调查发现，同卵双生子的暴食症患病率明显高于异卵双生子，有进食障碍家族史的个体罹患进食障碍的风险是普通人的 11 倍。

关于神经递质的作用，主要探讨 5-羟色胺对进食障碍的影响，5-羟色胺是一种能够使人产生愉悦情绪的递质，几乎影响大脑活动的每一个方面，从调节情绪、维持记忆力到塑造人生观。研究表表明，5-羟色胺对进食行为具有调节作用，在进食行为调节中，位于下丘脑腹内侧部位的饱食中枢，有使食量减少、进食时间缩短的作用。因此，增加 5-羟色胺能导致进食行为减少，而减少 5-羟色胺则能促进进食行为。[2]

2. 心理学理论

心理学理论主要从人格和神经动力学两个方面探讨进食障碍的病因。研究者认为人格类型对进食障碍产生了一定影响。患有进食障碍的个体通常存在某种类型的人格异常，如低自我评价、高神经质水平、抑郁、焦虑、冲动、完美主义倾向等。[3]

---

① 保罗·贝内特. 异常与临床心理学 [M]. 陈传锋，等译. 北京：人民邮电出版社，2005.

② 孔伶俐. 五羟色胺与进食障碍 [J]. 国际精神病学杂志，2006（3）：159-161.

③ 武萌，武成莉. 进食障碍影响因素的探讨 [J]. 社会心理科学，2006，21（4）：88-92.

从神经动力学来说，处在童年期的个体常从日常饮食中体验到本能的满足和不适感的缓解，如果在这个时期受到不良的家庭关系或喂养方式的影响，就可能会引起严重的进食障碍。另外，压抑的性本能可能导致儿童向早期发育阶段倒退，从而在进食方面体现出来。

3. 社会文化理论

社会文化理论认为社会文化背景对进食障碍的影响是至关重要的，社会文化背景因素包括家庭和社会两个方面。研究发现，进食障碍者的家庭通常存在缺陷，如家庭成员之间的沟通方式不良、家庭凝聚力不足、父母对孩子的关心程度欠缺等。这样的家庭通常对患者的情感需求持否定或敌对态度，因此进食障碍成为孩子表达对家庭的反对与控制的一种手段。

从社会层面来说，现代社会文化观念中，人们把身材苗条作为女性自我约束、成功和有魅力的衡量标准，社会的过度宣传容易让孩子产生错误观念，使一些儿童从小学就表现出对苗条身材的追求。

二、神经性厌食症

（一）什么是神经性厌食症

神经性厌食是以患者主动拒食，致体重明显减轻，伴有体象障碍的一种进食障碍，常引起严重的营养不良、代谢和内分泌障碍，伴有间歇性发作性多食。[①]

神经性厌食症多在青春期发病，较高发病的年龄段为 13~18 岁，因女童进入青春期年龄提前，神经性厌食症随之有低龄化趋势，7~12 岁的儿童也成为高发病人群。

在校女生患病率高达 2%，女生的终身患病率约 0.5%；女性显著多于男性，女性与男性的比例约为 10∶1；神经性厌食的病死率为 10% ~ 20%。

（二）神经性厌食症的具体表现

神经性厌食症在生理及心理方面均有表现：

（1）精神状态异常，其主要特征有：

①神经性厌食症患者多否认自己有病并拒绝治疗。

②自我体像认知障碍。过分估计自己的体形和体重，尽管其与多数人一样苗条，但仍对自己的体重过分关注，限制进食，即使体重严重不足，非常消瘦，也仍坚持认为自己非常肥胖。

---

① 罗学荣. 儿童心理行为及其发育障碍 [J]. 中国实用儿科杂志, 2002（8）：497–499.

③伴有抑郁心境、情绪不稳定、社会退缩、易激惹、失眠、强迫等症状。

④精力与体重下降程度不相称，虽极度消瘦仍能坚持日常工作。

（2）厌食。日进食量≤150g，严重者仅以少量的蔬菜或菜汤度日，神经性厌食症患者在整个病程中的表现为：失去食欲，无饥饿感或忽视饥饿感；严格地控制食物的摄取量，以尽量限制热量的摄入。其实，神经性厌食症患者不时地控制饮食，已在此病发作前1年就发生了。

（3）消瘦。在发病后数月内体重下降，多在标准体重15%以下，神经性厌食症患者往往进行超负荷的运动，因为这样有助于体重的下降。若厌食症和贪食症合并发作，体重可为正常或偏胖。

（4）消化道症状。神经性厌食症患者经常诉说腹痛、腹胀、早饱，有些患者因胃肠排空减慢会导致便秘，也有些患者因服用泻药会引起腹泻，少数患者会因贪食症导致胃扩张或破裂。

（5）营养不良及低代谢。其表现为营养不良，全身皮下脂肪减少、面容消瘦、第二性征减弱；基础代谢降低，感到疲乏无力；体温调节能力下降，出现怕冷、低体温；皮肤干燥、贫血、营养不良性水肿等；严重时可出现各种器官系统功能障碍。

（6）闭经及第二性征退化。几乎100%的神经性厌食患者会发生闭经，多数患者闭经发生在厌食及消瘦之后，但也有少数发生在厌食前。

（7）可伴有低血糖，多尿，抵抗力明显降低，常伴发感染。

厌食症在小学阶段的主要表现为：无食欲，食物摄入量与同龄儿童相比明显较少，体重出现明显下降，机体营养状态不佳，自身防御和抵抗力降低，易发生感冒等症状[1]。

阅读链接：神经性厌食症的诊断标准

神经性厌食症的诊断标准有：

（1）明显比正常平均体重减轻15%以上，或者Quetelet体质量指数为17.5或更低，或在青春期前期不能达到所期望的躯体增长标准，伴有发育延迟或停止。

（2）自己故意造成体重减轻的情况，至少有下列1项：①回避"导致发胖的食物"；②自我诱发呕吐；③自我引发排便；④过度运动；⑤服用厌食剂

---

① 金健. 小儿厌食症与生长发育的相关性及护理研究 [J]. 中国卫生标准管理, 2015 (12): 198-199.

或利尿剂等。

（3）常有病理性怕胖：异乎寻常地害怕发胖，病人常给自己制订一个过低的体重界限，这个界值远远低于其病前医生认为是适度的或健康的体重。

（4）常可有下丘脑−垂体−性腺轴的广泛内分泌紊乱。女性表现为闭经（停经至少已3个连续月经周期，但妇女如用激素替代治疗可出现持续阴道出血，最常见的是用避孕药），男性表现为性兴趣丧失或性功能低下。

（5）症状至少已3个月。

（6）可有间歇发作的暴饮暴食。

（7）排除躯体疾病所致的体重减轻。

（三）神经性厌食症的病因

神经性厌食症的病因复杂，为多因素疾病，涉及社会文化、心理学和生物学等多方面。

1. 遗传

患者的同胞姐妹中，同病者有6%~10%，远高于正常人群的预期患病率，说明了遗传因素对本病的影响。

2. 心理发育

本症患者存在体象障碍，其心理发育素质的形成可能与以下因素有关：①婴幼儿期有饮食问题；②病人的父母过于关注饮食；③家庭关系影响了儿童期自我认同的发展，有人认为厌食是向儿童期退行的表现，是对青少年期情绪问题的回避。

3. 家庭因素

神经性厌食患者及其家庭成员之间往往缺乏亲密度，甚至存在相反的行为方式。交流障碍、较多的体重问题、较多的躯体疾病、情感性疾病和饮酒也是常见的家庭致病因素。

4. 社会因素

青春期是儿童性的生理及性的心理发展最快的阶段。对于性心理发育尚不成熟的女孩，对自身的第二性征发育和日益丰腴的体形缺乏足够的心理准备，容易产生恐惧和羞怯感，有强烈的使自己的体形保持或恢复到发育前的"苗条"状态的愿望。

社会的压力及流行趋势会影响个人的观念及行为。现代社会常以身材苗条作为有能力、高雅、有吸引力的标志，使体重偏低者受到人们的青睐，这些观念难免会对正在发育中的孩子造成影响。

5. 个体的易感素质

一方面，神经性厌食症者常有争强好胜、做事尽善尽美、喜欢追求表扬、自我中心、神经质的特点；另一方面，他们又常表现出不成熟、不稳定、敏感多疑、对家庭过分依赖、内向、害羞等个性特点。

（四）神经性厌食症的治疗

一般来说，神经性厌食症患者不会主动求医，他们否认自己存在问题。对于神经性厌食症病人，通常是要求其住院治疗，因为这样才能对病人的进食给予细致的监测并使其进食量逐步增加。为了达到更好的治疗效果，目前临床上对神经性厌食症的治疗实施生物医学治疗及心理干预。

1. 生物医学治疗

治疗神经性厌食症患者，首先要补充营养，因为神经性厌食症患者体重过低，会导致营养不良，而严重营养不良的患者可能会有生命危险。这时的治疗为纠正水电解质的平衡，补充钾、钠、氯，并进行监测。对于营养不良者，需要补充身体所需微量元素；对于血浆蛋白低下者，应静脉补充水解蛋白、鲜血浆等；对于贫血者，及时补充铁，口服叶酸，补充维生素。由于神经性厌食症患者长期不进食，胃肠功能极度衰弱，因此进食应从软食、少量多餐开始逐渐增加，体重应以每周增加 1~1.5 千克为宜。除了补充营养，还应对神经性厌食症患者进行药物治疗。药物治疗不能明显增加患者的体重或改善患者的病理心理，因此单独使用药物治疗神经性厌食症是不适当的，尤其在改变患者的进食态度和行为上必须配合心理干预。

2. 心理治疗

由于神经性厌食症与心理和社会文化因素密切相关，治疗相当困难，且药物治疗的作用有限，因此成功的治疗往往需要在不同阶段介入心理干预，如认知行为治疗、行为治疗、人际关系心理治疗、认知分析治疗、聚焦式心理治疗以及个体支持性治疗。由于神经性厌食症患者的病程慢性迁延，缓解和复发周期性交替，因此心理干预往往需要至少 1 年，甚至持续多年。

由于神经性厌食症的治疗效果并不令人满意，因此研究人员致力于寻求在病人发展成神经性厌食症之前，对其进食方面表现出的病态行为、态度进行干预，以减少神经性厌食症的发病率。目前已有的对青少年进食态度和行为的干预方法中，比较有效的是 O'Dea 和 Abraham 提出的一种以增强自尊为基础的方法，即通过增强青少年的自尊来改善其体象和进食态度及行为。这种方法可以成功地改善青少年的体象和进食态度及行为，包括那些被认为有可能发展成进食障碍的少年。因为这种方法会促使学生在自我知觉和价值方面出现正性改变，其着重于让青少年找到自我的积极方面，因此这种方法适于在学校中对青少年进行心理干预。

经过一系列综合治疗，约45%的神经性厌食患者预后较好，无任何后遗症；约30%的患者预后中等，仍有不少症状和体型、体重问题；约25%的患者预后较差，很难达到正常体重，有慢性、反复发作特征，通常需要反复住院治疗。5%~15%的患者最后死于心脏并发症、多器官功能衰竭、继发感染、自杀等。病程短、起病年龄小的患者预后较好。

三、神经性贪食症

（一）什么是神经性贪食症

神经性贪食症是指反复发作的暴食行为，并有强烈控制体重的观念。患者采用自我引吐、导泻和过度运动等措施，以避免所吃食物的"发胖"效应。患者意识到这种进食模式不正常，但不能控制，暴食后出现抑郁情绪和自责想法，体重高于或低于正常体重。

神经性贪食症常与神经性厌食交替出现，两者具有相似的病理心理机制及性别、年龄分布，多数病人是神经性厌食症的延续者，发病年龄较神经性厌食症晚。本症应排除神经系统器质性病变所致的暴食，也不是癫痫、精神分裂症等精神障碍继发的暴食。贪食症的发生率约为厌食症的2~3倍，患者多能维持理想体重，所以不像厌食症那样容易被发现。患者对于自己暴食之后又催吐的行为会极力隐瞒，而且充满内疚感及罪恶感。这种异常的行为，若每周达两次，且持续超过3个月以上，则可诊断为神经性贪食症。

在校学生中，暴食并伴有自我诱导呕吐、滥用利尿药或泻药者高达20%；女性显著多于男性，女性与男性的比例约为10∶1；女性终身患病率为2%~4%；患者体重正常或者轻微超重，有30%~80%的神经性贪食症患者有神经性厌食史。

（二）神经性贪食症的临床表现

神经性贪食症者的行为特征主要为暴食-排泄循环，表现为冲动性进食行为，且缺乏饱食感或对饱食感失去正常反应。这些行为常与挫折感、孤独或有诱惑的食物有关。暴食通常是有计划的，进食前伴有明显的焦虑和兴奋。神经性贪食症患者通常在出现罪恶感或躯体不适如恶心、腹痛时终止暴食行为，继之是补偿性排泄行为。当进食清除后，又可产生暴食行为，继而采取补偿性清除行为，这样反复循环。

暴食者的暴食和清除性行为通常具有秘密性，其行为常不被家人和朋友注意，多偷食食物。暴食行为通常发生在白天，发生次数和暴食时间不等。即暴食行为会突然发作，并且在发作时，进食量很大、很快，一般仅在数小时内就能摄入大量的食物，是常人食量的数倍。最初羞怯，进食时常常避开人，一个人偷偷地、迅速地吃，而在公共场所则会尽量克制自己的暴食行为。

神经性贪食和其他精神障碍关系密切，可合并重型抑郁、心境恶劣障碍和双相情感障碍等心境障碍，以重型抑郁症最为常见。

（三）神经性贪食症的诊断标准

神经性贪食症的诊断标准有：

（1）有反复发作性的暴食行为，在短时间内迅速进食大量食物；发作时无法控制过度进食。

（2）为了防止体重增加，采用自我引吐、滥用泻药、间断禁食，或使用某种药物如食欲抑制剂、利尿剂。

（3）每周出现2次以上暴食，病程出现3个月以上。

（4）常有病理性怕胖、经常过分关注自己体形和体重的情况，多有神经性厌食发作的既往史。

（5）排除神经系统器质性病变以及癫痫、精神分裂症等精神病症所导致的暴食行为。

（四）神经性贪食症的治疗方法

神经性贪食症的病因和发病机制目前尚不明确。但调查发现，神经性贪食症患者多来自饮食丰盛的家庭，并常有家族、个人儿童期、青少年期肥胖史。目前常见的治疗方式有以下几种：

1. 对症支持治疗

对于由贪食症引起严重躯体合并症的患者，应及早住院，在医生的指导下给予对症支持治疗。

2. 心理治疗

贪食症是用来处理压力以及不愉快感觉的一种方式，患者在生理上并不需要进食，而在心理上却有长期饥饿的感觉。需指出的是，它并不能真正起到解除心理压力的功能，反而使"吃"变成了处理焦虑不安、寂寞和生气的不当方式。通常，贪食症患者是为了处理比暴饮暴食和过分关注体重更加严重的心理问题才患贪食症的，如严重的焦虑。因此，处理情绪问题在该症状的治疗中便显得尤为重要。

（1）认知治疗。认知治疗是指纠正患者对饮食、体重、体型等方面在认知上的偏差，并使患者能认识和接受自己个性中的不足，从而帮助患者建立起健康的审美观念，并改善患者个性中的问题，促进其人格的健康发展。同时，应给予患者支持和鼓励，让患者明白他们有能力控制自己的饮食情况。

（2）结构式家庭治疗。调查显示，患有贪食症的孩子家庭结构常存在问题，因此我们应该着眼于其整个家庭情况，从家庭结构中存在的问题入手，展开结构式家庭治疗，从而改善患者家庭结构中的问题，为患者的康复提供良好的环境。

3. 行为治疗

记录患者每天的进食次数和进食量，严格评分，并配合奖惩措施进行。当患者表现良好时应给予奖励，进行强化，促使其良好行为能够再次出现；当患者再次出现不良行为时，应给予惩罚，使其不良行为出现次数逐渐减少。通过行为治疗方法可以逐渐增强患者对进食的自控能力。

4. 药物治疗

可针对患者的病情进行药物治疗，如抗抑郁药、盐酸氟西汀、三环类抗抑郁药可减少暴食、改善抑郁症状，但需要去相关医院，在医生的指导下用药。

四、异食症

（一）什么是异食症

异食症指发生于婴幼儿和童年期，以持续性嗜食非食物和无营养的物质为特征（即吞噬不宜食用的物质，如头发、昆虫、油漆屑等），且并非由其他精神障碍所致的一种进食障碍。异食症可见于儿童的各个年龄段，以 5~10 岁的儿童最为常见，青春期逐渐消失。一般而言，男童发病率高于女童，农村儿童患病率高于城市儿童。

（二）异食症的临床表现

异食症患儿通常会自觉或不自觉地持续性咬食一些人们认为是非食物和无营养的物质，并以此为乐。他们一般先咬，然后吞食，也有些患儿在口中咀嚼后吐出，然后再咀嚼新的物质。这类患儿异食的常见物质有毛发、黏土、油漆、布块、粪便、石头等。患儿一般消瘦，营养不良，症状具有顽固性和持续性的特点，虽然该行为被人阻止，但仍然喜欢偷偷咬食。多数患儿性格怪异，常伴有行为和情绪障碍。

另外，异食症会有一系列合并症，如肠梗阻、贫血、缺锌、铅中毒、肠道寄生虫等。

（三）异食症的诊断与评估

当儿童表现出异食症状时，需要对其做全面的医学评估，包括出生史以及疾病史方面的内容。医学评估可以检查出其身体是否有寄生虫感染的情况，是否有铅中毒或者其他中毒情况，还可以检查出是否缺乏铁或锌元素。另外也需要做营养学评估，这可以检查出其异食癖行为所导致的营养缺乏情况。如有必要，还需进行胃肠检查。[①]

目前，异食症一般由专业人员采用《精神疾病诊断与统计手册》（DSM-IV）的相关诊断标准进行诊断。DSM-IV中，异食癖属于喂养和饮食障碍中的一种，其诊断标准为：

（1）持续食用非营养物质至少一个月以上；

（2）食用的物质被认为不应出现在其年龄水平；

（3）食用非营养物质的行为并不是患者所属文化习俗的一部分；

（4）如果异食行为仅发生在其他精神疾患（如智力障碍、广泛性发育障碍、精神分裂症）的病程中，则必须在临床上给予高度重视。

（四）异食症的成因

一般而言，异食癖行为与寄生虫病、微量元素缺乏密切相关，同时还与喂养方式、饮食习惯、家庭社会环境、精神心理因素等有关。

1. 生物医学角度

营养学认为异食症患儿体内缺乏某种营养物质，并试图从非食用性物质中摄取，有学者认为异食行为的产生可能与锌的缺乏有关，异食癖行为与寄生虫病、嗅觉和味觉等感官发展迟滞以及胃肠道功能失调有关。[②]

2. 心理及社会因素的影响

异食行为是发育迟缓幼儿的一种正常现象，患儿将嘴作为感知器官去感触外部世界，是行为发育不成熟的表现，也有学者认为异食癖是后天习得的行为，具有获得关注或寻求注意的功能，或是个体为了逃避不利的情境或事物而表现出的行为。

异食症也受到社会因素的影响，如物质剥夺、父母分离或家庭破裂、父母对儿童忽视等，不良的社会因素可能导致儿童的异食症。

（五）异食症的治疗方式

异食症是一种严重的危及生命的自伤行为，由误食所致的中毒或窒息死亡是异食症群体所遭受的最大危害，此外，该症状还会引起铅中毒、营养失调、肠道黏膜损伤、消化道阻塞、便秘、腹痛、寄生虫感染以及牙齿损伤等并发

---

① 白茹. 自闭症异食癖行为研究综述 [J]. 现代特殊教育（高教），2015（5）：33-34.

② 静进，刘步云. 孤独症儿童饮食行为与营养问题 [J]. 中国实用儿科杂志，2011（3）：171-172.

症，因此必须加以治疗。对异食症行为的干预方法主要有以下几种：

1. 一般性治疗

一般性治疗要求治疗师在家长和老师的协助下改善患儿所处的环境，对父母和患儿进行指导和教育，让他们了解有关异食进食的基本信息，帮助患儿了解什么是科学、适当的进食行为，矫正异食行为，指导父母加强对患儿的饮食照顾，烹调营养可口的食物，改变不良的进食方式或习惯。

2. 药物疗法

研究表明，许多异食症的患儿存在缺锌、缺铁的情况，因此可以在医生的指导下补充一定剂量的锌。家长在对患儿的食谱安排上，应注意选择含锌量高的食物，定期给孩子做健康检查，一旦发现问题就及时进行治疗。

3. 行为治疗

治疗师还应该监督患者的饮食情况，当患者能够正常进食时，应对患者的积极行为给予奖励，进行强化，促使良好行为能够再次出现；当患者出现吞食异物等不良行为时，可以进行厌恶治疗，如给予酸味剂、苦味剂、催吐等方法，使不良行为的出现次数逐渐减少。

4. 营养治疗和合并症治疗

大多数异食症孩子存在营养不良的情况，家长要注意改善患儿的营养状况，同时，对由异食症引起的并发症要予以重视、及时治疗。

第二节　睡眠障碍

案例导读：

五年级男生超超，在校寄宿，体形稍胖，因为自己的睡眠问题主动向父母提出要做心理辅导。超超每天晚上到12点多都睡不着，脑子里总在想一些问题，而自己也觉得不应该想这些问题。每天深夜睡不着时，他就起床在寝室里游走或者上厕所，看到大家都睡着了，又觉得自己很孤独，也很害怕。好不容易睡着了，却总是容易醒来，醒来发现自己只睡了1个多小时，然后又要隔好久才能再次睡着。超超每天晚上都会不停地看手表，随着时间的变晚，慢慢陷入紧张、恐慌的状态。他担心自己又会到很晚都不能入睡，害怕自己一个人在寝室里游走，更担心睡不好会影响第二天的学习，这样的状态持续了将近一个月了。父母说他这一段时间学习成绩下降了不少，好几次接到老师的电话也是反映他上课发呆、反应迟钝、无精打采。

睡眠作为基本生命活动在人类生活中占有重要地位。健康的睡眠对处于快速生长发育期儿童的脑、神、心发育起到了至关重要的作用；相反，睡眠障碍直接影响着儿童的生长发育、情绪、认知状态等。而现在，越来越多的儿童出现了睡眠障碍，影响到了儿童的正常生活和学习，值得引起我们的重视和思考。

一、什么是睡眠障碍

睡眠障碍是指在睡眠过程中出现的各种影响睡眠的异常表现，它可由儿童所处的物理环境与心理环境引起，也可由呼吸、神经、消化等各系统的疾病引起。研究表明，15%~30%的成人患有不同类型的睡眠障碍，儿童睡眠障碍患病率更高。上海儿童医学中心调查发现，该市1~6岁儿童睡眠障碍患病率高达46.79%，睡眠障碍已经成为严重影响患者生活质量的原因。

二、儿童睡眠障碍的分类与诊断

（一）儿童睡眠障碍的分类

根据美国DSM-V疾病诊断手册，儿童睡眠障碍可分成四类：①最基本的儿童睡眠障碍，包括睡眠失调和异态睡眠；②与其他精神紊乱相关的睡眠障碍；③由通常的内科疾病引起的睡眠障碍；④药物引起的睡眠障碍。

儿童睡眠障碍主要包括三种类型：①睡眠失调，指各种因素导致的睡眠量、质或时序方面的变化，以睡眠不安、睡眠减少或睡眠过多为特征。前者有入睡困难、频繁夜醒等表现。后者常见于发作性睡病、阻塞性睡眠、呼吸暂停综合征和原发性白天嗜睡征等疾病。②异态睡眠，指在睡眠中出现的异常发作性事件，如梦行、梦魇、梦吃、夜惊等。③病态睡眠，指由躯体、精神疾病诱发的睡眠障碍。

（二）儿童睡眠障碍疾病诊断

儿童睡眠障碍主要表现为很难建立稳定的睡眠规律，以入睡困难和频繁夜醒较多见。

1. 入睡困难

入睡困难是指因在入睡时缺乏习惯伴随物或熟悉的环境因素而产生的入睡和睡眠维持困难。该疾病通常发生在6个月以上儿童中，3岁以后显著减少，6个月~3岁儿童的患病率为15%~20%，多数患儿通常在3~4岁时可自行缓解症状，少数患儿症状则持续至7~8岁。

2. 阻塞性睡眠呼吸暂停综合征（OSAS）

阻塞性睡眠呼吸暂停是夜间上呼吸道反复梗阻引起的严重的睡眠障碍，占睡眠障碍的 1%~3%，2~6 岁是此类睡眠障碍的高发年龄阶段，主要是由腺样体和扁桃体肿大所致。睡眠呼吸暂停最显著的症状是睡眠时打鼾和呼吸困难，甚至会出现数秒钟的呼吸暂停。此类症状会导致患儿夜间经常咳嗽、躁动不安，出现多汗或遗尿等生理反应，白天则会伴随晨起头痛、困倦、易激惹、鼻塞、嗜睡、注意力不集中等表现。

3. 梦魇

梦魇又称梦中焦虑发作，是指儿童因做了内容恐怖的梦而引起的焦虑、恐怖发作，约有 7%~15% 的儿童有梦魇的情况，发病高峰在 3~6 岁，3 岁以前则很少发病。

4. 失眠

失眠是一种以入睡困难或难以维持睡眠及在睡后仍觉疲倦为特征的睡眠障碍。青少年较常见，通常与情绪问题、过度服用某些使中枢神经兴奋的物质及学业压力有一定关系。部分患儿会因数次失眠后对睡眠怀有恐惧心理而形成条件反射，即上床后就担心睡不着，从而形成习惯性失眠。

三、儿童睡眠障碍的危害

（一）影响神经系统发育

睡眠障碍如梦魇、呼吸暂停等可能导致呼吸障碍，并因缺氧而加重对脑部发育的影响，由此还可继发导致儿童认知功能如记忆力、注意力、空间认知以及创造力等方面的发育明显迟缓。[①]

（二）生长发育

儿童睡眠障碍会减慢生长激素合成代谢速率，降低生长激素分泌水平，从而阻碍儿童的生长发育。

（三）对儿童情绪及行为的影响

睡眠障碍亦能间接导致儿童产生心理障碍，使其感到苦恼。一些睡眠障碍的儿童会表现出强烈的睡前紧张。还有某些疾病如睡行症，会使儿童感到自卑，从而逃避结交朋友等进而发生社交困难，造成社交孤立。发作性睡病的患儿也会表现出自卑、抑郁或具有攻击性等。另外，许多研究报道称睡眠呼吸暂停的患儿有精神障碍及认知缺陷，包括学习困难、注意缺陷和多动障碍。

---

① 赵忠新. 临床睡眠障碍学［M］. 上海：第二军医大学出版社，2003.

四、儿童睡眠障碍的治疗

儿童睡眠障碍的治疗，在临床上通常建议以行为治疗为主。父母的支持、鼓励和安慰对儿童睡眠问题的解决是相当重要的，父母应了解孩子潜在的忧虑并随时给予可能的支持，不能粗暴地恐吓和惩罚。睡觉的时间也应是有规律、固定的，应将变动限定在最小范围内。睡觉前的一段时间应是安静、平和的，应避免在睡前观看导致其神经兴奋或紧张的电视剧。对于发作性睡病的儿童，则可以帮助他们建立睡眠时间表，平时在饮食上应避免摄入高糖，家长应尽可能予以精神鼓励。因梦行症的儿童有遭受伤害的可能，所以父母更应注意其安全。对于夜惊的儿童，则应阻止孩子睡在父母的房间，让他们在睡前洗个暖水澡、吃少量的点心，并陪他们安静地待一会儿，或者还可以为他们点一盏夜灯或将房门开着，这些都有助于其睡眠。

1. 病因学治疗

儿童睡眠障碍的治疗主要是针对其诱因进行干预，特别是病因明显的睡眠障碍，应积极开展针对病因的治疗。对于这类睡眠障碍的儿童，应以心理治疗为主并配以药物治疗。

2. 心理治疗

小学时期儿童睡眠障碍的症状虽然与成人相似，但其发病原因更多与其情绪问题、心理问题以及学业负担过重等有关。对于小学生的睡眠障碍，应该主要由父母给予支持性心理治疗，先要查明引起睡眠障碍的心理原因，去除失眠诱因和不利睡眠的因素，再给患儿足够的心理支持以帮助其消除精神压力，同时还要采取一些有助睡眠的方法帮助其松弛身心并养成规律睡眠的习惯。

3. 药物治疗

在药物治疗方面，由于镇静催眠类药物通常作用于中枢神经系统，而儿童正处于发育阶段，其神经、内分泌系统发育尚不健全，长期使用药物会产生精神及躯体上的依赖性，因此对儿童一般不使用药物治疗。但是在其他治疗手段无效的情况下，可在医生指导下用药。

五、儿童睡眠障碍的预防

睡眠质量直接影响着孩子的身体健康状况和大脑发育过程，良好的作息习惯和睡眠卫生（包括睡觉时不要开灯、保持室内空气流通、睡姿正确、睡前不要吃过多的东西等）是大脑得到充分休息和得以正常发育的必备条件。因此，家长需要充分了解儿童睡眠障碍的危害，及早预防睡眠障碍的发生，具体而言，应从以下方面做起：

首先，父母应为儿童创造良好的睡眠环境。尽量保持空气清新，光线较暗，温度适宜；注意卧室和个人卫生，常给儿童洗澡、换衣服和被褥。对梦游儿童要更加注意控制环境，如睡前关好门窗、收藏好各种危险物品，以免儿童梦游发作时外出走失或伤害他人。

其次，疏解孩子的心理压力，舒缓孩子的焦虑情绪。避免容易使孩子遭受心理刺激或创伤的环境与事件，从客观上消除孩子的心理压力。同时，以讲故事、做游戏的方式，对孩子进行有针对性的心理疏导，让他们解除焦虑、放松身心，培养他们坚强的意志和开朗的性格。在孩子上床后，家人应亲切地陪孩子说话或共同听一段轻松的音乐，从而使孩子能心情愉快地入睡，这也是避免夜惊的好方法。

最后，调整孩子的饮食和作息习惯。尽量避免让孩子在睡觉前进食流质类食物，更不要饱食入睡。白天则适当缩短孩子的睡眠时间、增加户外活动量等，这些都可以有效预防儿童睡眠障碍的发生。

总之，家长应该掌握睡眠与健康的相关知识，有意识地去避开这些危险因素，并且在发现影响孩子睡眠的原因后及时带孩子就诊，解除影响因素，从而大大减少和避免孩子因睡眠不足和睡眠障碍而产生的健康隐患。

第三节　排泄障碍

案例导读：

薇薇是个性格内向、不善交际的女孩。她从小尿床，工作忙碌的父母开始并不在意，认为孩子长大了自然就会好。可是，薇薇在8岁之后还经常尿床，父母便开始着急起来。最初，父母听说尿床可能是身体虚弱的缘故，便给孩子吃了一些营养品，但仍未好转。于是，父母只得每天提醒，有时难免抱怨几句。薇薇总在睡觉前担心会尿床，紧张之下，尿床现象非但没有改善，反而加重了。

小学阶段的儿童自我控制能力有所提高，能够有意识地控制自己的排泄，但是有一些孩子却无法做到，出现大便失禁或者遗尿症。排泄问题的产生不仅说明孩子存在生理上的发育问题，而且会影响到其心理的发展，容易导致孩子产生自卑感，从而影响孩子健全人格的形成和潜能的发展。

一、大便失禁

（一）什么是大便失禁

大便失禁又称功能性遗粪症，属排泄功能障碍，是指 4 周岁以上的儿童，在无器质性疾病的情况下仍在厕所以外的场所不自主地排出粪便的现象。[①]

（二）大便失禁的分类

功能性遗粪症分为原发性和继发性两类：原发性是指儿童从未养成控制大便的习惯，从婴儿期就开始持久存在的遗粪症状；继发性是指儿童已养成控制排便的习惯，但之后又发生遗粪。

（三）大便失禁的诊断标准

大便失禁的诊断标准有：

（1）年龄或智龄在 4 岁以上，反复出现在不恰当的地方排便（如裤子里、地板上）的情况，大便形状通常正常或接近正常。

（2）每月至少有 1 次遗粪，时间至少已有 6 个月。

（3）非精神发育迟滞、脊髓神经病变、意识障碍、腹泻或肛门括约肌功能障碍所致。

（四）大便失禁的原因

造成儿童大便失禁的原因既有生理原因又有心理因素，具体原因因人而异。通常，需要着重考虑以下几个因素：

1. 社会心理因素

强烈的精神刺激、过强的情绪和严重的精神创伤对大脑皮质的排便中枢有抑制作用，可导致其不能完成正常的排便动作，结果肛门失去控制从而使大便溢出。如果在养成良好排便习惯的关键时期有重大不良事件使儿童心理极度恐惧或精神抑制，将影响其掌握排便要领和养成规律的排便习惯，使之不会选择马桶或便盆，而引起遗粪症。有些学龄期儿童因学习负担沉重或学习成绩不良经常受到家长和老师的训斥、歧视，或因对粗暴的教育方式产生心理矛盾而紧张焦虑，均可导致遗粪现象的发生。

2. 神经系统功能不全

目前有学者认为肛门括约肌的去神经支配是功能性遗粪症发生的原因之一，即支配肛门括约肌的神经损伤，主要是支配肛门外括约肌的阴部神经损伤

---

① 王敬彩，衣明纪. 儿童功能性遗粪症研究进展 [J]. 中国妇幼健康研究，2007（05）：398-400.

所致。学者研究发现，功能性遗粪症患者阴部神经末梢运动潜伏期较正常人明显延长，以致神经传导减慢，肛门括约肌不能及时舒缩从而导致遗粪发生。

3. 肥胖因素

研究发现，肥胖与功能性大便失禁有关，其原因可能是肥胖儿童的低纤维素和高能量饮食导致大便干结形成粪团，然后儿童在不经意时便将粪块落在内裤里或其他地方。

4. 其他因素

儿童生活环境、遗传素质等对功能性遗粪症的发生也有一定影响。有学者调查了一群功能性排便障碍患者，将其分为有阳性家族史（在发病概率上表现出有家族的聚集性和延续性）和无阳性家族史两组，结果发现有阳性家族史组排便障碍症状发生时间较早、持续时间较长、并发症较多且诱发因素较少。

（五）大便失禁的治疗

功能性遗粪症是一种不应被忽视的疾病，其对儿童的影响不仅限于躯体，更重要的是影响其心理的发展，甚至影响其良好人格的形成，最终影响儿童能力和潜力的正常发挥。因此，父母和老师等应予以重视，并采取积极的措施进行防治。

1. 心理行为治疗

我们应详细查找病因，并进行有针对性的治疗。治疗需要家庭、学校和社会互相配合，并根据儿童大便失禁的不同原因，有针对性地进行心理治疗及排便习惯训练。如果通过行为干预可使患儿的症状得到改善，则患儿可同时接受更广泛的干预治疗。对于部分年龄较小的患儿拒绝排便训练或药物治疗时，可给予有效的社会心理干预，制定排便日记，但需要掌握严格的训练日记。

临床医师在积极治疗遗粪症的同时，应针对患儿的心理状态予以科学地解释和支持，着重解除患儿紧张、焦虑和抑郁等不良情绪，帮助其消退羞耻感，并告知家长遗粪症对患儿心理的影响，让家长注意尊重患儿的自尊心，避免采用斥责、威胁和惩罚的手段加重其心理创伤。家长应多安慰、鼓励患儿，这也是治疗成功的先决条件。

2. 药物治疗

确定伴有便秘的患儿，可以使用导泻药。大便失禁伴有便秘的患儿有必要长期使用这类药物，数月至数年不等。对伴有情绪焦虑、抑郁者则可在医生指导下辅以药物治疗。

3. 中医治疗

对部分功能性遗粪症患者,可用一些中药加以纠正,其治疗原则为通因通用。针灸、推拿和穴位电刺激亦有较好的疗效。

(六) 大便失禁的预防

从小训练孩子养成良好的排便习惯,是预防该病最为有效的方法。孩子18个月时,可培养其每日定时排便,鼓励孩子每日在便器上坐一会儿,教会孩子允许排便的地方和排便的程序,从小纠正儿童随地大小便的不良习惯,加强对患儿卫生习惯的训练和教育指导。

二、遗尿症

(一) 什么是遗尿症

遗尿症俗称尿床,是指 5 岁以上儿童在夜间睡眠时出现的无意识排尿行为。患儿除夜间尿床外,日间常有尿频、尿急或排尿困难、尿流细等症状。

(二) 遗尿症的分类

遗尿症可分为原发性遗尿和继发性遗尿、单纯性遗尿和复杂性遗尿。原发性遗尿是指遗尿由婴儿期延续而来,从未有过 6 个月以上不尿床;继发性遗尿是指有过 6 个月以上的不尿床期后又出现尿床。单纯性遗尿是指仅有夜间尿床,白天无症状,无泌尿系统或神经系统功能异常;复杂性遗尿是指除夜间尿床外,白天伴有泌尿系统症状,常为继发性泌尿系统或神经系统疾病。儿童最常见的为原发性单纯性遗尿症。

(三) 遗尿症的病因机制

遗尿症的病因至今仍不明确,近年的研究认为是多病因所致。目前,关于遗尿症的病因机制主要有以下几种看法:①

1. 遗传因素

大部分遗尿患者有家族史。据研究,父母有遗尿史者,子代出现遗尿症的发生率为 77%。有研究报道称,遗尿基因定位于 13 号染色体。

2. 睡眠觉醒障碍

大部分患儿夜间睡眠过深,难以唤醒。这种觉醒反应是随年龄的增长而逐渐完善的,而遗尿则是由这种发育过程的延迟或障碍所致。临床观察发现,这部分孩子的体格发育较正常儿童延迟。

---

① 徐虹,曹琦.儿童遗尿症病因病机的研究和治疗进展 [J]. 中国中西医结合杂志,2003(10): 793-794.

3. 血管加压素（AVP）分泌异常

有研究发现，约70%的遗尿症患者存在夜间 AVP 分泌不足现象。正常人夜间 AVP 分泌增多，在凌晨1～2点达到峰值，使夜间尿量控制在一定范围内，而遗尿症患者，夜间 AVP 分泌不足，导致夜间尿量增多，尿渗透压降低，不能适应膀胱容量而导致遗尿。

4. 膀胱功能障碍

膀胱功能障碍主要表现在膀胱容量减少、逼尿肌不稳定和尿道梗阻致逼尿肌过度收缩等方面。遗尿症患儿膀胱容量较正常儿童小、逼尿肌不稳定、膀胱在充盈过程中发生无抑制性收缩，于是，患儿即便白天也有尿频、尿急的现象。有的患儿遗尿是因尿道机械性梗阻所致，因此需要进行尿道造影和尿流动力学检查。

5. 心理因素

临床观察发现，大部分遗尿儿童都存在心理问题，如焦虑紧张、自卑、不合群，严重者甚至有攻击行为等。但近年来的研究发现，这些心理行为问题是由于长期遗尿而产生，并非是导致遗尿的病因。

（四）遗尿症的治疗方法

遗尿症的治疗要根据其发病原因制订相应的治疗方案，除了药物治疗，常见的治疗遗尿的方法有以下几种：

1. 唤醒治疗

唤醒治疗即使用尿湿报警器或闹钟，将湿度感应器放在患儿内裤上，一排尿则报警唤醒患儿，以训练患儿对膀胱膨胀的敏感性并及时苏醒。此法安全有效、无副作用，但短期内不能见效，须长期坚持使用，治愈率达 70%，复发率低。[①]

2. 中医中药

中医认为遗尿症发生的原因与肾和膀胱虚寒不能固摄有关，此外也与脾、肺等脏腑功能失调有关，因此中医对遗尿症的治疗原则是培元补肾为主。

3. 心理治疗

近年来，国外已有研究证实，长期遗尿将降低患儿的生活质量，影响儿童心理和人格的健康发展，出现孤僻、自卑、表达能力下降等特征，并引起社会交往障碍等心理问题，进而影响他们的学习和智能发育。我们应该注重患儿自我意识评价的状态，对患儿进行常规心理评估，及早发现问题。同时，要避免

---

① 洪颖. 小儿遗尿症的研究进展 [J]. 黑龙江中医药，2010（03）：63-64.

指责和惩罚，要予以适当鼓励，并通过使用正性强化等各种良好方法对儿童进行心理疏导，减少遗尿症对儿童成长造成的不良心理影响。

第四节　肥胖症

案例导读：

林林自打出生就是个巨大儿，平时喜欢吃一些高热量的零食，比如薯片、炸鸡等，不喜欢吃家里的饭菜。父母对他非常宠爱，并没有制止其摄入高热量食物。随着年龄的增长，林林十岁就成了一名肥胖儿童，可身体素质却很差，今天感冒、明天发烧，四季闹病，还早早架上了眼镜，父母为此非常担忧。

近年来，随着世界经济的快速发展以及人民生活水平的不断提高，肥胖症在全球许多国家日趋流行，儿童肥胖率和超重率也呈逐年增长趋势。遗传、环境、饮食等是导致肥胖发生的因素，现还发现病毒感染也与其有一定的关系。肥胖不仅影响了儿童的身心健康，而且其造成的成人期代谢综合征及心血管疾病等还会降低其生活质量。如何使孩子保持适当体重，是我们需要认真思索的事情。

一、什么是肥胖症

儿童肥胖症是由于能量摄入长期超过人体消耗，使体内脂肪过度积聚、体重超过一定范围的一种营养障碍性疾病。在肥胖儿童中，95%～97%属于单纯性肥胖。单纯性肥胖是指排除先天性遗传病和代谢性疾病及神经和内分泌疾病等所引起的病理性肥胖，是单纯由某种饮食行为因素造成的肥胖①。

二、肥胖症的诊断标准

（一）身高标准体重法

世界卫生组织认为身高标准体重是评价青春期前（10岁以下）儿童肥胖的最好指标。本方法以身高为基础，采用同一身高人群的标准体重，超过该标准体重10%～19%的为超重、超过20%～29%的为轻度肥胖、超过30%～49%的为中度肥胖、超过50%的为重度肥胖。

---

① 王四美，龚群. 儿童肥胖症的研究进展 [J]. 中国妇幼保健，2010（34）：5 152-5 156.

（二）体重指数法

体重指数法（BMI），即体重除以身高的平方，世界卫生组织建议在 10 岁以上的青少年中使用，并将大于等于第 85 百分位数定义为超重，大于等于第 95 百分位数定义为肥胖。

（三）皮褶厚度

皮褶厚度（测皮下脂肪厚度）因测量工具尚未统一，又没有适合的国内参考值，因而没有得到广泛的应用。如超过同年龄、同性别正常儿童第 85 百分位数，则有肥胖的趋势。

三、肥胖症的发病因素

（一）遗传因素

目前认为儿童肥胖症的发病并不是某个单一基因作用的结果，而是许多微效基因作用相叠加的结果，属于多基因遗传病，有明显的遗传倾向。研究表明，父母双方均肥胖，子女的肥胖率为 33.6%；父母一方肥胖，子女的肥胖率为 19.9%；父母均不肥胖，子女的肥胖率为 11.1%。

（二）家庭环境对儿童的影响

影响儿童肥胖的因素是多方面的，也是不容忽视的。首先是家长的喂养观念和行为习惯。儿童生来具有较强的效仿性和被引导性，父母的不良生活方式和饮食行为直接导致了儿童不良生活习惯的形成，如饭后不活动，长时间坐在沙发上看电视、吃零食、喝饮料等。其次是父母双方受教育的程度以及家庭收入水平。国外有研究表明，肥胖与双亲接受教育的年数和数量呈正比关系，双亲均接受过高等教育比父母一方接受过高等教育的子女患肥胖症的危险性要低。

（三）饮食因素

随着生活水平的提高，家长倾向于给孩子提供大量食物，希望给孩子加强营养。但有些孩子无法克制自己的食欲，大量摄入一些垃圾食品如汉堡、薯条等，父母也不加以限制，这样很容易引起儿童肥胖。不仅如此，儿童的饮食行为、习惯也不容忽视。调查发现，多数肥胖儿童存在进食速度过快，睡前吃零食，喜欢吃肥肉、甜点和油炸食品，经常喝碳酸饮料等饮食习惯，而这些恰恰是导致肥胖的高危因素。因而要想儿童减肥，不仅要改变其饮食结构，更重要的是改变孩子的不良饮食习惯。

（四）体力活动相关因素

儿童缺乏适当的活动和体育锻炼，致使能量消耗少，也是发生肥胖的重要原因。肥胖儿童多数存在能量摄入过多而运动过少的状况。

（五）心理因素

目前关于心理因素对肥胖的影响的研究不多。如果精神紧张、压抑（如胆小、社交不良、学习压力大、学习成绩不佳等）、情感创伤（如家庭变故、父母离婚、亲人死亡等）等引发了儿童的焦虑情绪，他们就容易通过暴饮暴食来消除内心焦虑情绪以求得安慰。

四、肥胖症的治疗方法

由于儿童处在特殊的生长发育阶段，因而儿童肥胖的治疗跟成年人肥胖的治疗是不同的，各种治疗措施均应在不影响儿童生长发育的前提下进行，如外科手术治疗和药物控制等均不适合儿童肥胖的治疗。当前国内外公认的适合儿童肥胖的治疗方法为：以学校和家庭为基础，采取干预措施如行为矫正、饮食调整和运动等综合方案。但最近科学家发现基因治疗有望给全球的肥胖患者带来新的希望。

（一）行为矫正

行为矫正治疗通过改正错误的日常饮食行为和运动行为等达到降低或控制体重的目的。为了利于孩子的执行，家长或老师可以帮助孩子列出矫正目标和矫正的具体内容等，并且严格根据其表现情况给予奖惩。比如当孩子吃饭细嚼慢咽或参与户外活动时，应给予其鼓励和支持，促使其良好行为继续出现。当孩子暴饮暴食，吃高热量的食物、吃零食和不规律进食时，应给予其惩罚，以减少其该类行为的出现。

（二）饮食治疗

在保证孩子生长发育日常所需营养的情况下合理安排饮食。肥胖儿童的三餐应尽量以白水煮的、凉拌的、清蒸的、低糖低脂肪的膳食为主，并严格限制红烧肉、炸鸡腿、薯条、碳酸饮料、奶油等高脂肪、高热量食品的摄入量。此外，还提倡高纤维饮食，多食新鲜果蔬，这对保持减肥中儿童的营养均衡也是非常重要的。

（三）运动治疗

根据个体差异制订适合的运动方案，应遵循安全、有趣、易长期坚持，有氧运动和无氧运动交错进行的原则。推荐的活动一般有慢跑、快走、跳绳、打篮球、游泳等，每天中等强度的运动量以 1 小时左右为宜，长期坚持下去才有良好的减肥效果。

（四）基因治疗

当今治疗肥胖已经成为全球研究的热点问题，最新研究成果——基因治疗为解决这一世界难题提供了一种新的方法。研究表明，下丘脑是管理人体体重和能量平衡的主要部位，而基因 BDNF 是其中一个关键的调节基因。通过对小白鼠进行的实验结果表明，BDNF 基因治疗不仅可以减肥，还可以预防高脂肪饮食导致的肥胖。虽然该技术目前还没有应用于人体，但是随着研究在动物身上获得的巨大成功，基因治疗的下一个目标就是将该技术应用于人体，为肥胖患者带来新的治疗方法。

（五）肥胖症的预防

儿童肥胖不仅给患儿机体带来了一系列的健康问题，而且影响到患儿的心理健康发育，但长期以来，儿童肥胖的治疗都是医学上的难点，因此肥胖的预防显得尤为重要。人体脂肪细胞数量的增多主要发生在出生前 3 个月、出生后第一年和青春发育期这 3 个阶段，因而儿童肥胖的预防一定要早抓，抓关键期。

首先，应从小给孩子养成按时饮食、不偏食、不挑食、不吃零食等好习惯，给孩子提供多元化饮食，并对孩子的高糖、高脂进食行为进行干涉。

其次，家长应多鼓励孩子每日放学后进行适当运动，比如从事简单的家务劳动，做自己力所能及的事情，或者培养孩子的体育爱好如跑步、打篮球等。

最后，除了日常生活中注意饮食控制和加强运动外，和谐的家庭环境也是有效预防儿童肥胖的重要因素，温暖和谐的家庭环境不仅能满足孩子的情感需求，还能缓解儿童的心理压力和学习压力，预防肥胖的发生。肥胖的日常预防不只是针对超重儿童，正常体重儿童也应养成良好的饮食和运动习惯。

参考文献

［1］ VASEY M, BORKOVEC T D. A catastrophising as-sessment of worrisome thoughts ［J］. Cognitive Therapy and Research, 1992 (16): 505-520.

［2］ RUSSELL C C, AMY K, ERIN L S. Understanding and treating social phobia ［J］. Journal of Counseling and Development, 2004 (1): 3.

［3］ GOLDA S G, RACHEL L G. Assessing and treating social phobia in children and adolescents ［J］. Pediatric Annals, 2005 (2): 119.

［4］ JOHN BRIERE, CATHERINE SCOTT. 心理创伤的治疗指南 ［M］. 徐凯文, 等译. 北京: 中国轻工业出版社, 2009.

［5］ 埃里克·J. 马什, 戴维·A. 沃尔夫. 异常儿童心理 ［M］. 徐浙宁, 苏雪云, 译. 上海: 上海人民出版社, 2009: 11-15.

［6］ 艾里克·J. 马施, 大卫·A. 沃尔夫. 儿童异常心理学 ［M］. 孟光暗, 等译. 广州: 暨南大学出版社, 2004.

［7］ 郑日昌, 吴九君. 学生心理辅导 ［M］. 北京: 开明出版社, 2012.

［8］ 赵淑文. 小学生心理发展与心理健康 ［M］. 北京: 首都师范大学出版社, 2005.

［9］ 戴晓阳. 常用心理评估量表手册 ［M］. 北京: 人民军医出版社, 2015.

［10］ 王建平, 梁耀坚, 汤宜朗. 变态心理学 ［M］. 北京: 高等教育出版社, 2005.

［11］ 余晓敏. 小学生行为问题及影响因素研究 ［D］. 武汉: 华中科技大学, 2010.

［12］ 林格伦. 课堂教育心理学 ［M］. 昆明: 云南人民出版社, 1998.

［13］ 任传波, 李晓非, 姜季妍, 等. 大连市 1 200 名儿童行为问题的调查研究 ［J］. 中国健康心理学杂志, 2005, 13 (3): 218-219.

［14］ 陈锦光. 气质与儿童行为的研究 ［J］. 中国医药导报, 2007, 4

（17）：140.

［15］赖爱平，徐秀芳. 行为问题儿童的"亲子互动"干预研究［J］. 中国儿童保健杂志，2006，14（1）：364-367.

［16］白波燕. 小学生入学适应及干预研究［D］. 开封：河南大学，2010：5-7.

［17］杨雪梅. 儿童的学校适应研究综述［J］. 四川心理科学，2002（2）：21.

［18］杨敏，印义炯. 从哈克教授的幼小衔接断层理论看法国的幼小衔接措施［J］. 天津市教科院学报，2009（4）：55-56.

［19］王向红. 小学一年级学生入学适应的个案研究——以潍坊市奎文区A小学为例［D］. 烟台：鲁东大学，2014：4-8.

［20］陈建文. 论社会适应［J］. 西南大学学报（社会科学版），2010（1）：11-15.

［21］曾琦，芦咏莉，邹泓，等. 父母教育方式与儿童的学校适应［J］. 心理发展与教育，1997（2）：46-51.

［22］杨润田. 小学生学业不良现象的成因及对策［J］. 西北成人教育学报，2011（1）：71-72.

［23］龙成志，刘志梅，吴喜雁. 大学生自主学习策略对学习绩效的影响：学习动机的调节作用［J］. 心理技术与应用，2017，5（2）：90-91.

［24］雒强. 学习障碍儿童特征研究及干预建议［D］. 西安：陕西师范大学，2013：5-8.

［25］辛自强，俞国良. 学习不良的界定与操作化定义［J］. 心理学动态，1999，7（2）：52-57.

［26］徐芬. 学业不良儿童的教育与诊治［M］. 杭州：浙江教育出版社，1997.

［27］陈学锋，谢天壬. 5~10岁儿童发展性学习困难的教育干预研究［J］. 心理发展与教育，2001（2）：13-18.

［28］翁玉婷，王云霞. 儿童分离性焦虑障碍的研究述评［J］. 中国校外教育，2011（4）：15-16.

［29］王凯，苏林雁，朱焱. 儿童焦虑性情绪障碍筛查表的中国城市常模［J］. 中国临床心理学杂志，2002，10（4）：270-272.

［30］马会斌，李振宇，孙丽娟. 结构家庭疗法对儿童分离性焦虑症的疗效分析［J］. 中国民康医学，2014（16）：35-36.

［31］韩雪. 广泛性焦虑障碍的元认知理论［J］. 社会心理科学，2007，22（1）：220.

［32］姜男. 广泛性焦虑障碍［M］. 北京：北京大学出版社，2015.

［33］沈颖芳. 小学生考试焦虑心理及教育策略研究［J］. 中国校外教育，2015（11）：3.

［34］郑日昌，陈永胜. 考试焦虑的诊断与治疗［M］. 哈尔滨：黑龙江科学技术出版社，1990.

［35］腰秀平，姚雪梅. 中小学生考试焦虑研究综述［J］. 内蒙古师范大学学报（教育科学版），2005，18（4）：47-49.

［36］郑海燕，张姝. 儿童社交恐惧症的评估与治疗［J］. 中国特殊教育，2005（12）：75-76.

［37］冒慧芳. 小学生学校恐惧症形成原因及教育对策［J］. 中国校外教育，2009，8：562-563.

［38］李曼. 学校恐惧症的成因表现与矫治［J］. 校园心理，2011，09（6）：396-397.

［39］钱昀，施慎逊，杜亚松. 学校恐惧症的研究发展［J］. 上海精神医学，2005，17（2）：112-114.

［40］中华医学会精神科分会. 中国精神障碍分类与诊断标准［M］. 济南：山东科学技术出版社，2001.

［41］美国精神医学学会. 精神障碍诊断与统计手册［M］. 张道龙，等译. 5版. 北京：北京大学出版社，2014.

［42］郭爱鸽. 小学生异常心理的类型及其识别与干预［J］. 教育探索杂志，2010（6）：130-131.

［43］蔡成后，杨柳慧. 强迫症治疗中心理干预的方法学特征［J］. 中国临床康复，2005（3）：122-123.

［44］丁盛芳. 典型儿童强迫症个案的整合主义心理治疗分析［J］. 浙江海洋学院学报，2008（25）：106-107.

［45］陈杨. 游离与牵引——小学生学业不良形成与及转化的个案研究［D］. 上海：华东师范大学，2007.

［46］夏竹筠，徐媛. 儿童创伤后应激障碍干预原则和方法述略［J］. 幼儿教育，2000（9）：32-35.

［47］张曼华，陈楠. 儿童抑郁症的临床特征及心理干预［J］. 中国妇幼保健，2008（32）：4 589-4 591.

［48］王鑫强.阅读疗法在中学生心理健康教育中的应用［J］.赣南师范学院学报，2009（1）：95-96.

［49］张丽莉.选择性缄默症研究综述［J］.山西师大学报（社会科学版），2009，36（11）：98-99.

［50］龚艺华，李霞.儿童选择性缄默症研究进展［J］.社会心理科学，2004（1）：60-63.

［51］徐汉明，盛晓春.家庭治疗——理论基础与实践［M］北京：人民卫生出版社，2010.

［52］龚艺华，黄希庭.儿童选择性缄默症的研究现状［J］.中国行为医学科学，2005（4）：377-378.

［53］杨光辉，王宁丹.儿童社交退缩行为述评［J］.濮阳职业技术学院学报，2008（3）：127-129.

［54］郑淑杰，张永红.学前儿童社会退缩行为研究综述［J］.学前教育研究，2003（3）：15-17.

［55］叶平枝.儿童社会退缩的概念、分型及干预研究述评［J］.学前教育研究，2005（11）：39-44.

［56］董冠伟.小学生对社会退缩的认识［D］.烟台：鲁东大学，2015：2.

［57］于海琴.亲子依恋对儿童社会性发展影响的研究进展［J］.华中科技大学学报，2002（1）：80-83.

［58］潘佳雁.中学生同伴交往接受和拒绝的归因研究［J］.心理科学，2002，25（1）：64-68.

［59］于增艳，刘爱书，张修竹.儿童期社交退缩与人际关系的研究综述［J］.中国健康心理学杂志，2006，3（14）：358.

［60］张连云.小学生社会退缩行为产生的原因及对策［J］.教育探索，2004，（5）：91-93.

［61］王美芳.儿童社会技能的发展与培养［M］.北京：华文出版社，2003.

［62］哈平安，等.病理语言学［M］.北京：北京师范大学出版社，1998.

［63］周兢.学前儿童语言教育［M］.南京：南京师范大学出版社，2001.

［64］黄昭鸣，等.言语障碍的评估与矫治［M］.上海：华东师范大学出版社，2006.

［65］甘昭良.学前特殊儿童语言障碍的矫治策略［J］.教育导刊，2009

（3）：53-54.

[66] 蔺秀云，李文琳，李泽，等.对立违抗儿童家庭问题分析［J］.北京师范大学学报（社会科学版），2014（3）：23-24.

[67] 李冰.对立违抗性行为障碍的行为特征及影响因素的研究［D］.济南：山东大学，2006.

[68] 黄广文.儿童对立违抗性障碍有关影响因素研究［D］.长沙：中南大学，2005.

[69] 苏科，李菁.儿童攻击性行为研究［J］.中北大学学报（社会科学版）2006，22（5）：86-87.

[70] 简福平.小学儿童攻击性行为发展特点的研究［D］.重庆：西南大学，2005.

[71] 彭晶.小学生撒谎的成因分析及矫正策略［D］.武汉：华中师范大学，2010.

[72] 韩进之，魏华忠.我国中、小学生自我意识发展调查研究［J］.心理发展与教育，1985（1）：11-12.

[73] 林崇德.发展心理学［M］.北京：人民教育出版社，2009.

[74] 肖征.儿童多动症的心理诊断与防治［J］.丹东师专学报，2003，25（4）：72-73.

[75] 张榕芳.儿童多动和儿童多动症［J］.山东教育，2000（28）：10.

[76] 张玉芝.儿童多动症的诊断与治疗［J］.中国医药指南，2010（10）：50-51.

[77] 郑晓边.儿童多动症的诊断和教育矫治（译文）［J］.中国学校卫生，1992，13（4）：237.

[78] 郑雪.幼儿心理教育手册［M］.广州：暨南大学出版社，2007.

[79] 李博，李文才.儿童多动症的成因分析及教育干预措施［J］.广东教育学院学报，2009，29（4）：20-22.

[80] 沈晓明.儿童铅中毒［M］.北京：人民卫生出版社，1996.

[81] 张建平，王子婵，袁文瓒.日用陶瓷铅溶出量与儿童多动症关系的探讨［J］.中国陶瓷，2007，43（12）：52.

[82] 要春萌.儿童多动症的成因与矫正［J］.科教导刊，2005（1）：135.

[83] 易法建，冯正直.心理医生［M］.重庆：重庆大学出版社，2006.

[84] 赵新喜，等.儿童多动症的心理疗法和行为矫正效果探讨［J］.实

用儿科临床杂志，2001，16（5）：359.

[85] 雷燕，李燕红. 儿童多动症的表现特征及教育干预措施 [J]. 重庆职业技术学院学报，2005，14（4）：119-120.

[86] 肖凌燕. 儿童孤独症的类型以及家庭干预 [J]. 社会心理科学，2011，26（1）：89-91.

[87] 戴旭芳. 自闭症的病因研究综述 [J]. 中国特殊教育，2006（3）：85-86.

[88] 尤娜，杨广学. 自闭症诊断与干预研究综述 [J]. 中国特殊教育，2006（7）：27-29.

[89] 邹小兵. 孤独症的治疗 [J]. 中国实用儿科杂志，2008，23（3）：170-172.

[90] 王苗苗. 智力落后的成因及早期预防 [J]. 绥化学院学报，2011，31（6）：37-38.

[91] 苏小玲. 国外智力落后儿童的教育干预 [J]. 教育评论，2014（5）：162.

[92] 程黎. 特殊儿童早期干预 [M]. 北京：北京师范大学出版社，2012（7）：57.

[93] 陈云英. 智力落后心理、教育、康复 [M]. 北京：高等教育出版社，2001.

[94] 张福娟，杨福义. 特殊儿童早期干预 [M]. 上海：华东师范大学出版社，2011.

[95] 刘春玲，马红英. 智力障碍儿童的发展与教育 [M]. 北京：北京师范大学出版社，2011.

[96] 保罗·贝内特. 异常与临床心理学 [M]. 陈传锋，等译. 北京：人民邮电出版社，2005.

[97] 孔伶俐. 五羟色胺与进食障碍 [J]. 国际精神病学杂志，2006（3）：159-161.

[98] 武萌，武成莉. 进食障碍影响因素的探讨 [J]. 社会心理科学，2006，21（4）：88-92.

[99] 罗学荣. 儿童心理行为及其发育障碍 [J]. 中国实用儿科杂志，2002，（8）：497-499.

[100] 金健. 小儿厌食症与生长发育的相关性及护理研究 [J]. 中国卫生标准管理，2015（12）：198-199.

[101] 白茹. 自闭症异食癖行为研究综述 [J]. 现代特殊教育 (高教), 2015 (5): 33-34.

[102] 静进, 刘步云. 孤独症儿童饮食行为与营养问题 [J]. 中国实用儿科杂志, 2011 (3): 171 -172.

[103] 赵忠新. 临床睡眠障碍学 [M]. 上海: 第二军医大学出版社, 2003.

[104] 王敬彩, 衣明纪. 儿童功能性遗粪症研究进展 [J]. 中国妇幼健康研究, 2007 (5): 398-400.

[105] 徐虹, 曹琦. 儿童遗尿症病因病机的研究和治疗进展 [J]. 中国中西医结合杂志, 2003 (10): 793-794.

[106] 洪颖. 小儿遗尿症的研究进展 [J]. 黑龙江中医药, 2010 (3): 63-64.

[107] 王四美, 龚群. 儿童肥胖症的研究进展 [J]. 中国妇幼保健, 2010 (34): 5 152-5 156